DEIN COACH ZUM ERFOLG!

So geht's ins Active**Book**:

Du kannst auf alle digitalen Inhalte (Prüfung 2021, ActiveBook) online zugreifen. Registriere dich dazu unter **www.stark-verlag.de/mystark** mit deinem **persönlichen Zugangscode**:

Gültig bis 31. 07. 2022

Active**Book**

Das Active**Book** *bietet:*

- Viele interaktive Übungsaufgaben
- Tipps zur Bearbeitung der Aufgaben
- Sofortige Ergebnisauswertung und Feedback

DEIN COACH ZUM ERFOLG!

So kannst du interaktiv lernen:

Interaktive Aufgaben

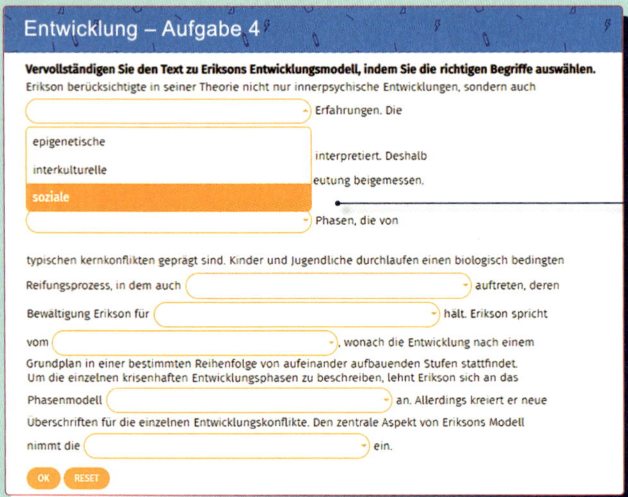

Unterschiedliche Aufgabenformen zur gezielten Wiederholung

Erklärung zur richtigen Lösung

Sofortige Ergebnisauswertung

Systemvoraussetzungen:

- Windows 7/8/10 oder Mac OS X ab 10.9
- Mindestens 1024×768 Pixel Bildschirmauflösung
- Chrome, Firefox oder ähnlicher Webbrowser
- Internetzugang

2022

Abitur

Original-Prüfungsaufgaben
mit Lösungen

Gymnasium · Gesamtschule NRW

Erziehungswissenschaft GK

STARK

12. ergänzte Auflage
www.stark-verlag.de

Inhalt

Sobald die Original-Prüfungsaufgaben 2021 zur Veröffentlichung freigegeben sind, können Sie sie als PDF auf der Plattform MyStark herunterladen (Zugangscode vgl. Farbseiten vorne im Buch).

Autorinnen und Autoren:

Felix Backherms: Übungsaufgabe 2, Lösungen 2017 (3), 2018 (1), 2019 (1), 2020 (1)
Alexandra Drees: Lösungen 2017 (1), 2019 (2)
Martina Klein: Übungsaufgabe 5
Stephanie Kleinwegener: Übungsaufgaben 1 und 6; Lösung 2020 (2)
Renate Kupka: Übungsaufgabe 3
Cora Ruhrmann: Lösungen 2018 (3)
Dr. Thomas Schwerdt: Übungsaufgabe 4, 7, Lösungen 2017 (2), 2018 (2), 2019 (3); 2020 (3)
Dr. Christoph Storck †, Dr. Elmar Wortmann: Hinweise

Vorwort

Liebe Schülerinnen und Schüler,

der vorliegende Band unterstützt Sie bei der effektiven Vorbereitung auf die zentrale Abiturprüfung im Fach Erziehungswissenschaft.

- Sie finden zunächst **Hinweise** zu allen wichtigen Vorgaben. Darin erfahren Sie, welche Inhalte vorausgesetzt werden, wie die Abituraufgaben konstruiert sind und worauf Sie achten sollten, um sie erfolgreich zu bearbeiten.
- Um Ihnen einen realistischen Eindruck von den Anforderungen zu geben, werden Ihnen die **Original-Prüfungsaufgaben** der letzten Jahre mit einem von unseren Autorinnen und Autoren ausgearbeitetem **Lösungsvorschlag** angeboten.
- Im Übungsteil finden Sie **abiturähnliche Übungsaufgaben**, die auf die Schwerpunktthemen für das Abitur 2022 abgestimmt sind.
- Zusätzlich erhalten Sie **Tipps zum Lösungsansatz**, die aufzeigen, worauf es in der Aufgabe ankommt und Ihnen beim Verfassen einer Lösung hilft.
- Die **Lösungsvorschläge** zeigen beispielhaft, wie die Aufgaben fachspezifisch begründet und sinnvoll strukturiert bearbeitet werden können. Beachten Sie aber, dass die Muster nicht den Anspruch erheben können, die einzig richtige Lösung vorzugeben. Besonders wenn es um das Bewerten und Herstellen von Bezügen geht, sind andere sinnvolle Lösungsvarianten möglich.
- Zusätzlich zum gedruckten Buch erhalten Sie im **ActiveBook „Basiswissen Erziehungswissenschaft“** Zugriff auf zahlreiche digitale Aufgaben zu den abiturrelevanten Themen. Zu den interaktiven Aufgaben gelangen Sie über die Plattform MyStark (Zugangscode vgl. Farbseiten zu Beginn des Buches).

ActiveBook Interaktives Training

Sollten nach Erscheinen dieses Bandes noch wichtige Änderungen in der Abitur-Prüfung 2022 vom Kultusministerium NRW bekannt gegeben werden, finden Sie aktuelle Informationen ebenfalls auf der Plattform MyStark.

Die Autorinnen und Autoren des Bandes wünschen Ihnen viel Erfolg bei Ihren nächsten Klausuren und besonders im Zentralabitur.

Stichwortverzeichnis 2017 – 2020

Hinweise und Tipps zum Zentralabitur

Was erwartet Sie?

Bei der zentralen Abiturprüfung im Fach Erziehungswissenschaft werden Ihnen drei Aufgaben vorgelegt. Eine davon müssen Sie zur Bearbeitung auswählen. Im Grundkurs stehen Ihnen für die Arbeit 3 Stunden (180 Minuten) zur Verfügung. Hinzu kommen 30 Minuten für die Auswahl Ihrer Abituraufgabe.

Die drei Aufgaben entsprechen bestimmten Vorgaben. Der Kernlehrplan legt dazu allgemein fest:
„Die Gesamtaufgabe muss so formuliert sein, dass sie sich auf mehrere Schwerpunkte bezieht und zu ihrer Lösung eine pädagogische Perspektive einzunehmen ist." (KLP, S. 46)

Weitere konkrete Vorgaben für die Aufgaben sind:

- Sie sind einer bestimmten Aufgabenart zugeordnet.
- Die Themen sind den vier Halbjahren der Qualifikationsphase (Q) entnommen.
- In der Abiturprüfung werden alle Kompetenzerwartungen vorausgesetzt, die der Kernlehrplan für das Ende der Qualifikationsphase der gymnasialen Oberstufe vorsieht.
- Zu einigen der im Kernlehrplan genannten inhaltlichen Schwerpunkte werden im Hinblick auf die Abiturprüfung sogenannte „Fokussierungen" (das sind inhaltliche Konkretisierungen) vorgenommen.
- Die drei zur Auswahl gestellten Aufgaben greifen unterschiedliche Schwerpunkte aus diesen Vorgaben auf. Das gilt auch für jede einzelne Aufgabe: Sie fordert Wissen aus verschiedenen Inhaltsfeldern der Qualifikationsphase.
- Die Aufgaben verlangen von Ihnen Leistungen auf drei aufeinander aufbauenden Niveaustufen, den Anforderungsbereichen.
- Die Aufgabenstellungen enthalten einheitlich definierte „Operatoren". Das sind die Verben in den Arbeitsanweisungen, die angeben, welche Tätigkeiten (Operationen) beim Bearbeiten von Aufgaben auszuführen sind.
- Ihre Bearbeitungen werden nach landeseinheitlichen Vorgaben im Hinblick auf inhaltliche Leistung und Darstellungsleistung bewertet.

1. Welche Aufgabenart wird eingesetzt?

Die Aufgaben für die schriftliche Abiturprüfung im Fach Erziehungswissenschaft sind „**materialgebundene Aufgaben mit untergliederter Aufgabenstellung**". Die Materialien in den Abiturprüfungen der letzten Jahre waren Texte. Sie können z. B. mit wissenschaftlichen, populärwissenschaftlichen und autobiografischen Texten oder auch Fallbeispielen konfrontiert werden.
Es werden drei Teilaufgaben formuliert, wobei sich die erste in der Regel auf das vorgelegte Material bezieht (z. B. Aufforderung zur Auswertung des Textes unter bestimmten Gesichtspunkten). Die weiteren Teilaufgaben bauen auf den ersten Arbeitsergebnissen auf und verlangen, Bezüge zu erlerntem Wissen herzustellen, darüber hinaus zu bewerten oder problemlösend weiterzudenken. Meist gibt es Anmerkungen zu wenig bekannten Begriffen, zum Autor und dem wissenschaftlichen Kontext, auf den der Text sich bezieht.
Dabei ist die erste Teilaufgabe eine Darstellungsaufgabe und die zweite eine Analyseaufgabe. Die dritte Teilaufgabe kann eine Beurteilungsaufgabe oder eine Gestaltungs- bzw. Produktionsaufgabe sein. Diese Aufgabentypen sind im Kernlehrplan für Erziehungswissenschaft folgendermaßen definiert:

- **Darstellungsaufgabe:** Zusammenfassung von Textaussagen, Wiedergabe von Theorien
- **Analyseaufgabe:** Analyse unterschiedlicher Textsorten, Auswertung statistischen Materials, Analyse von Fallbeispielen, Bildanalyse
- **Beurteilungsaufgabe:** Abwägen von Handlungsoptionen, Beurteilung der Reichweite verschiedener Theorien, Bewertung vor dem Hintergrund weltanschaulicher Setzungen
- **Gestaltungs- bzw. Produktionsaufgabe:** Leserbrief, Rezension, Kommentar, Gestaltung von pädagogischen Räumen nach vorgegebenen Kriterien, Grafische Darstellung von Zusammenhängen

2. Welche Inhalte werden vorausgesetzt?

Der Kernlehrplan für Erziehungswissenschaft ist kompetenzorientiert, d. h. im Fokus stehen die fachbezogenen Kompetenzen, die Sie im Zusammenhang mit dem Unterrichtsstoff erwerben sollen. Der Lehrplan legt inhaltliche Schwerpunkte fest, denen „Kompetenzerwartungen" zugeordnet sind. Diese bestimmen, was Sie am Ende der Einführungsphase und der Qualifikationsphase wissen und können sollen. Die inhaltlichen Schwerpunkte und Kompetenzerwartungen schreiben in vielen Fällen nicht vor, welche konkreten Theorien im Unterricht behandelt werden sollen. Eine Ausnahme stellen die „Fokussierungen" in den Abiturvorgaben dar, die in der folgenden Übersicht als Unterpunkte aufgeführt sind. Die hier genannten Theorien müssen im Unterricht behandelt werden, damit alle Schülerinnen und Schüler, die das Abitur ablegen, gleichermaßen über die notwendigen inhaltlichen Voraussetzungen für eine angemessene Anwendung der Kompetenzen bei der Bearbeitung der zentral gestell-

ten Aufgaben verfügen. Zusätzlich sind aber auch **alle anderen im Kernlehrplan genannten Themen verbindlich**.
Der Lehrplan Erziehungswissenschaft gibt für die Qualifikationsphase vier Inhaltsfelder vor. Jedem Inhaltsfeld wiederum sind mehrere obligatorische Themen zugeordnet. In der folgenden Übersicht sollten Sie die Themen Ihres Unterrichts wiederfinden.

Inhaltsfeld 3: Entwicklung, Sozialisation und Erziehung

- Interdependenz von Entwicklung, Sozialisation und Erziehung
  - Moralische Entwicklung am Beispiel des Just-Community-Konzeptes im Anschluss an L. Kohlberg
  - Sozialisation als Rollenlernen (symbolischer Interaktionismus) und Entwicklungsaufgaben des Jugendalters nach K. Hurrelmann
- Erziehung in der Familie
- Erziehung durch Medien und Medienerziehung
- Unterschiedliche Verläufe von Entwicklung und Sozialisation
- Pädagogische Praxisbezüge unter dem Aspekt von Entwicklung, Sozialisation und Erziehung in Kindheit, Jugend und Erwachsenenalter

Inhaltsfeld 4: Identität

- Besonderheiten der Identitätsentwicklung in Kindheit, Jugend und Erwachsenenalter sowie deren pädagogische Förderung
  - Streben nach Autonomie und sozialer Verantwortlichkeit im Modell der produktiven Realitätsverarbeitung
- Anthropologische Grundannahmen zur Identität und ihre Auswirkungen auf pädagogisches Denken und Handeln
  - Unzureichende Identitätsentwicklung am Beispiel von aggressivem Verhalten nach Heitmeyer
- Identität und Bildung
  - Bildung als Ausbildung von Selbstbestimmungs-, Mitbestimmungs- und Solidaritätsfähigkeit bei Klafki

Inhaltsfeld 5: Werte, Normen und Ziele in Erziehung und Bildung

- Historische und kulturelle Bedingtheit von Erziehungs- und Bildungsprozessen
- Erziehung in verschiedenen historischen und gesellschaftlichen Kontexten
  - Prinzipien der Erziehung im Nationalsozialismus am Beispiel der Jugendorganisationen HJ und BDM
  - Montessoripädagogik als ein reformpädagogisches Konzept
- Interkulturelle Bildung

Inhaltsfeld 6: Pädagogische Professionalisierung in verschiedenen Institutionen

- Institutionalisierung von Erziehung
  - Funktionen von Schule nach H. Fend
  - Chancen und Grenzen pädagogischer Einwirkungen in Vorschuleinrichtungen
- Vielfalt und Wandelbarkeit pädagogischer Berufsfelder

Tipps:

- Ordnen Sie kontinuierlich Ihre Materialien den oben aufgeführten Inhalten zu und heften Sie sie übersichtlich ab.
- Erarbeiten Sie **Zusammenfassungen** zu verschiedenen Positionen und Theorien.
- Stellen Sie Bezüge zwischen diesen Positionen her, indem Sie sie z. B. nach pädagogischen Kriterien vergleichen.
- Entwickeln Sie **begründete Stellungnahmen** zu diesen Positionen, indem Sie z. B. aus pädagogischer Perspektive Bewertungen vornehmen.
- Stellen Sie ein **Glossar** (ein Wörterverzeichnis) wichtiger Begriffe zusammen.

Man kann die Übungsaufgaben dieses Bandes sowie die Original-Prüfungsaufgaben der Jahre 2017 bis 2020 folgendermaßen den inhaltlichen Schwerpunkten des Kernlehrplans zuordnen:

Inhalts-feld	**Inhaltliche Schwerpunkte für die Abiturprüfung 2021**	**Übungs-/Abitur-prüfungsaufgaben**
3	Interdependenz von Entwicklung, Sozialisation und Erziehung	Ü 1, Ü 2, Ü 4, Ü 5 2017-A1, A2 2018-A2, A3 2019-A1, A2, A3 2020-A2, A3
3	Erziehung in der Familie	Ü 1, Ü 7 2017-A1 2018-A2 2020-A2
3	Erziehung durch Medien und Medienerziehung	Ü 2 2018-A3 2020-A2
3	Unterschiedliche Verläufe von Entwicklung und Sozialisation	2017-A2 2019-A1
3	Pädagogische Praxisbezüge unter dem Aspekt von Entwicklung, Sozialisation und Erziehung in Kindheit, Jugend und Erwachsenenalter	2018-A2 2019-A3

4	Besonderheiten der Identitätsentwicklung in Kindheit, Jugend und Erwachsenenalter sowie deren pädagogische Förderung	Ü 2, Ü 3, Ü 5, Ü 6, Ü 7 2017-A3 2018-A1, A2 2020-A1, A2
4	Anthropologische Grundannahmen zur Identität und ihre Auswirkungen auf pädagogisches Denken und Handeln	Ü 2, Ü 5 2017-A3 2018-A1
4	Identität und Bildung	Ü 7 2020-A1
5	Historische und kulturelle Bedingtheit von Erziehungs- und Bildungsprozessen	Ü 4, Ü 6, Ü 7 2017-A1
5	Erziehung in verschiedenen historischen und gesellschaftlichen Kontexten	Ü 3, Ü 4, Ü 6 2017-A1 2018-A3 2019-A1, A2
5	Interkulturelle Bildung	Ü 5 2020-A3
6	Institutionalisierung von Erziehung	Ü 3, Ü 6 2017-A2, A3 2019-A3 2020-A1, A2
6	Vielfalt und Wandelbarkeit pädagogischer Berufsfelder	

3. Wie werden die unterschiedlichen inhaltlichen Schwerpunkte in einer Aufgabe vernetzt?

Jede Aufgabe bezieht sich auf **mehrere inhaltliche Schwerpunkte**, wobei verschiedene Halbjahre den Hintergrund bilden können. In der **Textvorlage** wird meist eine wissenschaftliche Position angesprochen bzw. vorgestellt. Die **erste Teilaufgabe** fordert dann in der Regel von Ihnen, eine Theorieposition vorzustellen und/oder zentrale Begriffe herauszuarbeiten.
Häufig wird bereits in der Textvorlage auf andere Theorien Bezug genommen. Ein Text zur Gewaltprävention ist z. B. aus sozialpsychologischer Sicht verfasst. In ihm wird die psychoanalytische Position kritisiert und zurückgewiesen. In der **zweiten Teilaufgabe** können Sie dann aufgefordert werden, den Bezug zwischen beiden Theorien mit Rückgriff auf im Unterricht erarbeitetes Wissen zu entfalten. Ggf. müssen Sie auch Bezüge herstellen (z. B. vergleichen, anwenden, aus anderer Theorieperspektive darstellen), ohne dass in der Textvorlage ein konkreter Bezug zu einer anderen Theorieposition vorkommt. Oft wird in der **dritten Teilaufgabe** verlangt,

die vorher angesprochenen Theorien zu bewerten oder zur Lösung von pädagogischen Handlungsproblemen einzusetzen.
Die **Teilaufgaben** werden **durch die Aufgabenstellung miteinander verbunden**. Die inhaltlichen Schwerpunkte zu jeder Prüfungsaufgabe lassen sich meist leicht erkennen. In diesem Buch finden Sie bei allen Aufgaben Hinweise zur Zuordnung der Texte und Aufgaben.

4. Welche Rolle spielen die Anforderungsbereiche?

Anforderungsbereiche beschreiben unterschiedlich anspruchsvolle Leistungsebenen innerhalb einer Abituraufgabe. So ist es z. B. leichter, gelerntes Wissen wiederzugeben, als es problemlösend anzuwenden. Die Stufen der kognitiven Entwicklung nach Piaget nur aufzuzählen ist einfacher, als sie zur Analyse kindlichen Verhaltens in einem Fallbeispiel gezielt einzusetzen.

Die **drei Niveaustufen** einer Aufgabe lassen sich allgemein folgendermaßen kennzeichnen:
I. Reproduktion bzw. Reorganisation (Wiedergabe von Kenntnissen)
II. Transfer (Anwenden von Kenntnissen)
III. Problemlösen und Werten

Die jeweils niedrigere Leistungsebene bildet die Basis für das Erreichen der nächsthöheren: Sie müssen z. B. Piagets Stufenlehre zunächst erarbeitet und verstanden haben, um sie dann bei der Analyse von Fallbeispielen anwenden bzw. begründet bewerten zu können.

Warum ist es für Sie wichtig, die Anforderungsbereiche zu kennen?

Sie müssen die Art der Anforderungen, die an Sie gestellt werden, genau erkennen. Machen Sie nicht den Fehler, bei Aufgaben, die die Anforderungsbereiche II und III betreffen, auf Anforderungsbereich I zurückzufallen. Bei den beiden höheren Anforderungsebenen müssen Sie Theorien unter der vorgegebenen Fragestellung korrekt zuordnen, nicht nur wiedergeben. Wenn es z. B. darum geht, die Abwehrmechanismen nach Freud bei der Analyse eines Fallbeispiels einzusetzen, ist es Ihre Aufgabe, auszuwählen, welche Abwehrmechanismen hier zur Erklärung des Verhaltens herangezogen werden müssen und welche nicht weiterhelfen. Eine noch so umfangreiche Aufzählung und Darstellung aller Abwehrmechanismen hilft hier nicht weiter!

Im Kernlehrplan Erziehungswissenschaft (S. 44/45) werden die Anforderungsbereiche genauer ausdifferenziert:

Anforderungsbereich I

„Anforderungsbereich I umfasst das Wiedergeben von Sachverhalten und Kenntnissen im gelernten Zusammenhang, die Verständnissicherung sowie das Anwenden und Beschreiben geübter Arbeitstechniken und Verfahren."

Anforderungsbereich II

„Anforderungsbereich II umfasst das selbstständige Auswählen, Anordnen, Verarbeiten, Erklären und Darstellen bekannter Sachverhalte unter vorgegebenen Gesichtspunkten in einem durch Übung bekannten Zusammenhang und das selbstständige Übertragen und Anwenden des Gelernten auf vergleichbare neue Zusammenhänge und Sachverhalte."

Anforderungsbereich III

„Anforderungsbereich III umfasst das Verarbeiten komplexer Sachverhalte mit dem Ziel, zu selbstständigen Lösungen, Gestaltungen oder Deutungen, Folgerungen, Verallgemeinerungen, Begründungen und Wertungen zu gelangen. Dabei wählen die Schülerinnen und Schüler selbstständig geeignete Arbeitstechniken und Verfahren zur Bewältigung der Aufgabe, wenden sie auf eine neue Problemstellung an und reflektieren das eigene Vorgehen."

5. Welche „Operatoren" werden eingesetzt?

Um die Anforderungsbereiche bestimmen und genau definieren zu können, was von Ihnen erwartet wird, müssen Sie die **Operatoren** kennen. Operatoren werden die Verben in den Arbeitsanweisungen genannt, die angeben, **welche Handlung (Operation)** Sie ausführen sollen, um die Aufgabe zu lösen. Was die einzelnen Operatoren bedeuten, ist **verbindlich festgelegt**. Alle Operatoren werden einem der drei Anforderungsbereiche zugeordnet. Die folgende Liste umfasst alle offiziell vom Ministerium für Schule und Weiterbildung für das Fach Erziehungswissenschaft zugelassenen Operatoren mit den verbindlichen Definitionen.

Operatoren wie **Herausarbeiten** sind als formale Formulierungen allerdings nicht immer eindeutig nur einem einzigen Anforderungsbereich zuzuordnen; unter Berücksichtigung des jeweilig angesprochenen inhaltlichen Komplexitätsgrades können sie auch in einem weiteren Anforderungsbereich vorkommen.

Anforderungsbereich I

Operatoren	Definitionen
beschreiben	die Merkmale eines Bildes oder anderen Materials mit Worten in Einzelheiten schildern
darstellen formulieren	den Gedankengang oder die Hauptaussage eines Textes oder eines anderen Materials mit *eigenen Worten* darlegen ggfs. unter Berücksichtigung der Textsorte

Operatoren	Definitionen
herausarbeiten	aus einem wenig komplexen Text bzw. Material (z. B. einer Statistik) die Aussagen zu einem Sachverhalt oder einer Position ermitteln und darstellen
nennen	ausgewählte Elemente, Aspekte, Merkmale, Begriffe, Personen etc. darlegen
skizzieren	einen Sachverhalt in seinen Grundzügen ausdrücken
zusammenfassen	die Kernaussagen eines Textes oder anderen Materials komprimiert und strukturiert darlegen

Beispiel: ***Formulieren*** *Sie die Hauptaussage des Autors und stellen Sie den Inhalt des Textes strukturiert dar, indem Sie die Bedingungsfaktoren des Egozentrismus sowie die Merkmale und Auswirkungen der alten und neuen Pädagogik herausarbeiten.* (2019, Aufgabe 3.1)

Anforderungsbereich II

Operatoren	Definitionen
analysieren	Sachverhalte und Zusammenhänge in ihren Einzelaspekten nach vorgegebenen oder selbst gewählten Kriterien darstellen
belegen nachweisen	Behauptungen durch Materialbezug (z. B. Textstellen) oder bekannte Sachverhalte fundieren
einordnen zuordnen	einen bekannten oder erkannten Sachverhalt in einen neuen oder anderen Zusammenhang stellen oder die Position eines Verfassers bezüglich einer bestimmten Denkrichtung etc. unter Verweis auf Textstellen und in Verbindung mit Vorwissen bestimmen
erklären erläutern	einen Sachverhalt, eine These etc. ggf. mit zusätzlichen Informationen und Beispielen nachvollziehbar veranschaulichen
herausarbeiten	aus einem komplexeren Text bzw. Material (z. B. einer Statistik) die Aussagen zu einem Sachverhalt oder einer Position ermitteln und darstellen
in Beziehung setzen	nach vorgegebenen oder selbst gewählten Gesichtspunkten Gemeinsamkeiten, Ähnlichkeiten und/oder Unterschiede ermitteln und darstellen
vergleichen	nach vorgegebenen oder selbst gewählten Gesichtspunkten Gemeinsamkeiten, Ähnlichkeiten und/oder Unterschiede ermitteln und darstellen

Beispiel: ***Setzen*** *Sie die Aussagen der Autorin* ***in Beziehung*** *zu einem Modell der kognitiven Entwicklung sowie zu den anthropologischen Grundannahmen Maria Montessoris.*
(2018, Aufgabe 3.2)

Anforderungsbereich III

Operatoren	Definitionen
belegen	Behauptungen durch Materialbezug (z. B. Textstellen) oder bekannte Sachverhalte fundieren
beurteilen bewerten Stellung nehmen	zu Aussagen oder Sachverhalten sich begründet positionieren (Sach- bzw. Werturteil)
entwerfen gestalten	sich kreativ (z. B. fiktives Gespräch oder Visualisierung) mit einer Fragestellung auseinandersetzen
erörtern	zu einer vorgegebenen Problemstellung eine reflektierte, kontroverse Auseinandersetzung führen und zu einer abschließenden, begründeten Bewertung gelangen
Handlungsoptionen entwickeln	begründete Handlungskonsequenzen zu einer Fallstudie entwerfen
interpretieren	einen Text oder ein anderes Material (Bild, Karikatur, Tondokument, Film, Statistik etc.) sachgemäß analysieren und auf der Basis methodisch reflektierten Deutens zu einer schlüssigen Gesamtauslegung gelangen
Konsequenzen ziehen	aus einer Position Schlussfolgerungen ziehen
prüfen	eine Meinung, Aussage, These, Hypothese, Argumentation nachvollziehen, kritisch hinterfragen und auf der Grundlage erworbener Fachkenntnisse begründet beurteilen
sich auseinandersetzen mit	ein begründetes, abgewogenes eigenes Urteil zu einer Position oder Theorie entwickeln
Stellung nehmen aus der Sicht von …	eine neue oder andere Argumentation oder Theorie aus der Sicht einer bekannten kritisieren oder in Frage stellen und sich begründet positionieren

Beispiel: ***Ziehen*** *Sie vor dem Hintergrund Ihrer bisherigen Erarbeitungen und auf der Grundlage des Modells der produktiven Realitätsverarbeitung pädagogische* ***Konsequenzen*** *für die von der Autorin skizzierte Problematik.*
(2018, Aufgabe 1.3)

Die Operatoren zeigen auf, welche Leistungen von Ihnen erwartet werden. Operatoren der höheren Anforderungsbereiche beinhalten oft verschiedene Handlungsschritte oder Teil-Operationen. „Prüfen“ verlangt z. B. drei Teiloperationen:

1. „**eine Meinung, Aussage, These, Hypothese, Argumentation nachvollziehen**“
   Zunächst geht es darum, die Meinung etc. darzustellen. Oft müssen dazu aus einem umfangreichen Theorieansatz (z. B. Montessoripädagogik) die für die Prüfung/Überprüfung geeigneten Aspekte ausgewählt werden. Dabei ist auch zu beachten, ob in der Aufgabenstellung ein bestimmter Aspekt oder eine bestimmte Perspektive angegeben wird, die bei der Prüfung leitend sein sollten.

2. „**kritisch hinterfragen**"
   Im zweiten Schritt sollen die Meinungen oder Aussagen daraufhin geprüft werden, ob sie überzeugen. Dazu ist zu prüfen, auf welchen Voraussetzungen sie beruhen und ob diese haltbar sind. Oft werden in pädagogischen Texten Aussagen gemacht, die das wirkliche Leben, z. B. der Jugendlichen, beschreiben (sog. empirische Aussagen). Hier ist zu fragen, ob und wie diese Aussagen wissenschaftlich gestützt sind. Vielleicht handelt es sich ja um bloße Vermutungen oder um unzulässige Verallgemeinerungen von Einzelbeobachtungen.
3. „**auf der Grundlage erworbener Fachkenntnisse begründet beurteilen**"
   Erst im dritten Schritt kommt es zu einem Sach- und/oder Werturteil, das durch „Fachkenntnisse" fundiert sein soll. Es genügt also nicht, auf alltagstheoretischer Ebene zu bleiben, auch wenn das zu plausiblen Urteilen führen mag. Gefordert ist das Einbringen der fachwissenschaftlichen Kenntnisse, die Sie im Unterricht erworben haben sollten.

Tipps:
- Nutzen Sie die Operatoren auch, um sich darüber Klarheit zu verschaffen, was Sie **nicht tun** sollen. Dies ist besonders wichtig, wenn Sie die Teilaufgaben 2 und 3 bearbeiten.
- Benutzen Sie diese Operatorenliste **kontinuierlich vor** bzw. **bei jeder Klausur** (wenn es Ihre Fachlehrerin bzw. Ihr Fachlehrer zulässt) sowie bei der **alltäglichen Arbeit im Unterricht**. Eignen Sie sich die Operatoren, ihre Definitionen, Zuordnungen und Teilschritte zu den Anforderungsbereichen immer sicherer an.

Im folgenden Kapitel stellen wir ein Beispiel für einen sinnvollen Umgang mit den Operatoren vor.

6. Wie arbeitet man sinnvoll mit Operatoren?

Die Benotung der Abiturklausuren erfolgt **auf der Basis von Punkten**. Jeder der drei Teilaufgaben ist eine bestimmte Punktzahl zugeordnet, die maximal erreicht werden kann. Die **Teilaufgaben sind noch einmal in unterschiedliche Teilschritte gegliedert**, die **Teilleistungen** definieren. Für das Erbringen dieser Teilleistungen können Sie jeweils eine bestimmte Anzahl von Punkten erreichen.

Die **Aufgliederung** einer Teilaufgabe in Teilschritte **wird Ihnen nicht vorgegeben, Sie müssen sie vielmehr selbst vornehmen**. Wenn Sie also eine Teilleistung nicht erfüllen, weil Sie einen bestimmten Einzelschritt übersehen oder diesen für unwichtig gehalten haben, können Sie keine Punkte dafür bekommen. Umgekehrt dürfen Sie zumindest einen Teil der maximalen Punktzahl erwarten, wenn Sie die Zwischenschritte einhalten, aber die entsprechenden Teilleistungen nicht vollständig erbringen. Darum ist es notwendig, dass **Sie jede Aufgabe in Einzelschritte zerlegen**, bevor Sie mit der konkreten inhaltlichen Bearbeitung starten. Sie müssen dazu die **Fragestellung Wort für Wort lesen**, um keinen relevanten Aspekt zu übersehen. Dieses

Aufteilen von Aufgaben in Teilschritte sollten Sie auf jeden Fall im Unterricht und bei der Klausur- und Abiturvorbereitung üben. **In diesem Buch** finden Sie dazu in jeder Musterlösung **detaillierte Hinweise**.

Für die Bewertung Ihrer Klausur liegt Ihrer Lehrerin bzw. Ihrem Lehrer ein **Punkteschlüssel** vor. Darin sind die von Ihnen zu erbringenden **Teilleistungen** bei jeder Teilaufgabe vorgegeben und mit einer maximal erreichbaren Punktzahl versehen. Die erreichten Punktwerte werden am Ende addiert und nach einer vorgegebenen Tabelle in Noten umgerechnet. Wenn Sie also bei der Lösung der Aufgabe einzelne Schritte übersehen, kann das zu Punktverlusten und zu einem Absinken Ihrer Note führen. So sollten Sie z. B. Überleitungen zwischen den einzelnen Aufgaben herstellen. Diese können kurz gefasst sein, Sie sollten aber zeigen, dass Sie mit der jeweils folgenden an die vorausgehende(n) Aufgabe(n) anknüpfen. Des Weiteren sollten Sie noch beachten, dass für jede Aufgabe Zusatzpunkte vergeben werden dürfen. Diese Punkte können Sie erhalten, wenn Sie Gesichtspunkte anführen, die nicht im Kriterienraster berücksichtigt sind. Das können z. B. begründete kritische Anmerkungen unter Bezugnahme auf Theoriewissen sein. Allerdings können diese Punkte nur dann vergeben werden, wenn Sie sich bei Ihrer Argumentation auf die Aufgabe beziehen.

Wie ein sinnvoller Umgang mit den Operatoren gestaltet werden kann, wird im Folgenden an einem Beispiel aus dem Abitur 2016 konkret verdeutlicht. Das erste Thema des Grundkurses in der Abiturprüfung 2016 basiert auf einem Textauszug aus dem Artikel „Partizipation von Kindern in Kindergärten: Hintergründe, Möglichkeiten und Wirkungen" von Stefan Danner. Die **erste Teilaufgabe** verlangt:

„Arbeiten Sie die den Partizipationsprojekten zugrunde liegende Intention heraus und stellen Sie die wesentlichen Merkmale der im Text geschilderten Beteiligungsformen dar. Skizzieren Sie die Struktur des Textes."

Insgesamt können Sie hier 18 Punkte erwerben. Die Bearbeitung soll in drei Arbeitsschritten erfolgen:

- Zunächst sollen Sie die Zielsetzung der im Text vorgestellten Partzipationsprojekte herausarbeiten. *(6 Punkte)*
- Dann müssen Sie die wesentlichen Merkmale der drei Beteiligungsformen darstellen. Damit zeigen Sie, dass Sie den vorgestellten Sachverhalt erkannt und verstanden haben und mit eigenen Worten beschreiben können. Der Operator „darstellen" beinhaltet auch die Aufforderung, nach Möglichkeit Fachsprache zu verwenden. Sie können dabei fachsprachliche Begriffe aus der Textvorlage, aber auch Fachbegriffe ihrer Wahl benutzen. *(8 Punkte)*
- Abschließend müssen Sie die Struktur des Textes noch einmal zusammenfassen. Sie sollen in Grundzügen den Gedankengang des Autors erläutern und dabei skizzieren, wie er seine Thesen oder Forderungen entwickelt, begründet oder belegt. *(4 Punkte)*

Bei der **zweiten Teilaufgabe** sind bis zu 32 Punkte möglich. Die Aufgabe lautet:

„Vergleichen Sie die Partizipationsprojekte mit der Pädagogik Maria Montessoris, indem Sie Gemeinsamkeiten und Unterschiede herausarbeiten."

Sie sollten sich jetzt auf ein im Unterricht erarbeitetes Theoriekonzept beziehen. Danners Darstellung ist Ihnen durch die Textarbeit zur Lösung von Teilaufgabe 1 bekannt.
Der Operator „vergleichen“ fordert Sie auf, „nach vorgegebenen oder selbst gewählten Gesichtspunkten Gemeinsamkeiten, Ähnlichkeiten und/oder Unterschiede zu ermitteln und darzustellen“. In diesem Fall ist die Bezugstheorie in der Aufgabe vorgegeben: Sie sollen Anknüpfungspunkte zwischen den Aussagen von Danner und der Pädagogik Montessoris finden. Um diese zu finden, müssen Sie sich noch einmal die Kernaussagen von Danner vor Augen führen. Anschließend sollten Sie in Grundzügen Montessoris Konzept vorstellen.

- Sie sollten zunächst Kriterien für den Vergleich entwickeln. *(6 Punkte)*
- Erläutern Sie zentrale Textaussagen, die an den von Ihnen ermittelten Kriterien orientiert sind. *(4 Punkte)*
- Sie sollten gezielt die Gesichtspunkte des Ansatzes von Montessori erläutern, die sich sinnvoll auf die Aussagen von Danner sowie auf Ihre Kriterien beziehen lassen. Sie müssen begründen, warum Sie bestimmte Elemente der Überlegungen Montessoris mit Danners Ausführungen vergleichen. Sie müssen diese Elemente also sorgfältig auf die Aussagen der Textvorlage hindeuten und bedenken. *(8 Punkte)*
- Arbeiten Sie anschließend Gemeinsamkeiten, Ähnlichkeiten und Unterschiede zwischen den Partizipationsprojekten und den Methoden der Montessoripädagogik heraus. *(10 Punkte)*
- Am Ende sollte Ihre Stellungnahme stehen, in der Sie die Gemeinsamkeiten und Unterschiede zwischen den Annahmen von Danner und Montessori zusammenfassen und bewerten. *(4 Punkte)*

Machen Sie sich bewusst, dass diese Aufgabe insbesondere prüft, inwieweit Sie fachliches Wissen begründet und gezielt mit Blick auf eine konkrete argumentative Vorlage anwenden können. Vergessen Sie nicht, dass in dieser Aufgabe die höchste Punktzahl von allen Teilaufgaben erreicht werden kann.

Die **dritte Teilaufgabe**, bei der Sie maximal 30 Punkte erreichen können, verlangt, dass Sie sich eigenständig kritisch auseinandersetzen:

„Setzen Sie sich vor dem Hintergrund Ihrer bisherigen Ausführungen sowie Ihrer weiteren Kenntnisse über Entwicklung und Sozialisation in der Kindheit kritisch mit den Partizipationsprojekten auseinander. Beziehen Sie sich dabei entweder auf Aspekte mehrerer Ansatze oder vertieft auf einen Erklärungsansatz.“

Bei dieser Aufgabe werden Sie dazu aufgefordert, die Wirkung der Partizipationsprojekte kritisch zu reflektieren. Darüber hinaus sollen Sie sich auf Ihre Fachkenntnisse zu Entwicklung und Sozialisation beziehen. Dabei können Sie sich vertieft auf eine Theorie stützen oder mehrere Ansätze zur Entwicklung und Sozialisation heranziehen. Sie sollen ein eigenes begründetes Urteil über die Partzipationsprojekte entwickeln.

- Formulieren Sie zunächst das Beurteilungsproblem – in diesem Fall die Erörterung der Vor- und Nachteile der Partizipationsprojekte. *(4 Punkte)*
- Sie müssen auch hier Danners Kerngedanken zugrunde legen und auf dieser Basis das Beurteilungsproblem erläutern. *(4 Punkte)*
- Sie sollten dann zunächst einen oder mehrere Ansätze zur Entwicklung und Sozialisation in den Grundzügen vorstellen und dabei darauf achten, dass sich Ihre Erläuterungen mit Ihren bisherigen Ausführungen verknüpfen lassen. *(8 Punkte)*
- Danach sollten Sie aus den Erkenntnissen von Danner und Ihren Erläuterungen zur Entwicklung und Sozialisation pädagogisch relevante Schlussfolgerungen ableiten. *(10 Punkte)*
- Zuletzt sollten Sie Ihr eigenes Urteil in einem Fazit differenziert erläutern. Wichtig ist, dass Sie Fachwissen herangezogen haben und auch den Aussagen von Danner gerecht geworden sind. *(4 Punkte)*

In dieser letzten Aufgabe können Sie Ihre eigene Auffassung entwickeln. Sie müssen dabei fachliches Wissen berücksichtigen und zeigen, dass Sie differenziert und fachbezogen nachdenken und prüfen können. Diese hohen Ansprüche erklären sicherlich, warum in dieser Aufgabe 30 Punkte – also relativ viele – vergeben werden.

Wenn Sie die Punktwerte addieren, kommen Sie auf die bei allen Abituraufgaben vorliegende Gewichtung: Es gibt **maximal 80 Punkte für die inhaltliche Leistung**. Hinzu können maximal 20 Punkte für die Darstellungsleistung kommen, zu der Sie weiter unten genaue Hinweise erhalten.

Zur Untergliederung einiger häufig gebrauchter Operatoren möchten wir Ihnen noch weitere Hinweise geben. In Teilaufgabe 2 sollen Sie oft Begriffe, Thesen oder Positionen, die Sie im ersten Arbeitsschritt (Teilaufgabe 1) genannt, dargestellt, beschrieben oder herausgearbeitet haben, „analysieren" oder „erläutern". Hier bietet es sich an, zunächst die Position oder These noch einmal kurz zusammenzufassen, auf die sich die Analyse bzw. Erläuterung beziehen soll. An diese Zusammenfassung werden dann die Beispiele und weiteren Informationen angebunden. Wichtig ist dabei, dass diese Analyse und Erläuterung nicht einfach nur angeführt wird, sondern ausdrücklich die Bezüge zwischen Beispiel bzw. weiterer Information und der zu analysierenden Position oder These hergestellt werden. In der dritten Teilaufgabe werden Sie oft aufgefordert, etwas zu erörtern, zu prüfen, zu beurteilen oder sich mit etwas auseinanderzusetzen. Auch hier sollte die Position, These oder Theorie, um die es gehen soll, zunächst kurz zusammengefasst werden. Bei der Erörterung, Prüfung bzw. Auseinandersetzung sollten Sie dann die Kriterien, an denen Sie sich dabei orientieren, ausdrücklich nennen. Ein abschließendes Fazit kann Ihnen weitere Punkte einbringen.

Die hier exemplarisch vorgenommene „Zerlegung" der Aufgabenstellung in Einzeloperationen hilft Ihnen dabei, die Anforderungen so zu verstehen, dass Sie die zu vergebenden Punkte auch effektiv einsammeln können. Es kommt bei der Arbeit mit diesem Buch nicht darauf an, dass Sie immer genau die formulierten Lösungsvorschläge treffen. Entscheidender ist, dass Sie **immer alle wichtigen Gesichtspunkte einer Klausur erfassen**, indem Sie sich die einzelnen Teilschritte bewusst machen.

Tipp:
Wichtig für Ihre Arbeitsplanung während der Abiturklausur sind die **Punktwerte**, die **hinter den Teilaufgaben** stehen. Sie geben die Höchstpunktzahl an, die bei einer Teilaufgabe zu erreichen sind. Achten Sie also bei Ihrer Arbeitsplanung zu Beginn der Klausur darauf, wofür Sie Zeit und besondere Sorgfalt investieren müssen.

7. Was sollten Sie über die Bewertung der Klausuren wissen?

Folgende Aspekte der Bewertung der Klausuren sind auch für Sie interessant:

- Bei jeder Prüfungsaufgabe werden **Teilleistungen** ausformuliert, die je nach Schwierigkeitsgrad mit zwei bis höchstens zwölf zu erreichenden Punkten gewichtet sind.
- Es können **höchstens 100 Punkte** erreicht werden.
- Unterschieden werden „**inhaltliche Leistung**“ und „**Darstellungsleistung**“.
- Bis zu 80 Punkte können bei der inhaltlichen Leistung erreicht werden und somit höchstens 20 bei der Darstellungsleistung.
- Ein „Gut“ gibt es bei mindestens 75 Punkten, ein „Ausreichend“ bei mindestens 45.
- Für ein „Mangelhaft minus“ müssen mindestens 20 Punkte erreicht werden.
- Die möglichen Höchstpunktzahlen für die inhaltliche Leistung werden, mit kleinen Unterschieden bei den einzelnen Aufgaben, in diesem Verhältnis verteilt:
  - Teilaufgabe 1 (Anforderungsbereich I): 2
  - Teilaufgabe 2 (Anforderungsbereich II): 4
  - Teilaufgabe 3 (Anforderungsbereich III): 3
- Der Schwerpunkt liegt also nicht, wie man vermuten könnte, im Anforderungsbereich III, sondern im Anforderungsbereich II.

8. Was sollten Sie im Hinblick auf die Darstellungsleistung beachten?

Die Darstellungsleistung wird bei allen Aufgaben in **fünf Bereiche** unterteilt, in denen jeweils 3–5 Punkte gesammelt werden können. Das entspricht einer Notentendenz (z. B. zwischen 3 und 3+). In den Bewertungsvorgaben heißt es:

„Der Prüfling

1. strukturiert seinen Text schlüssig, stringent sowie gedanklich klar und bezieht sich dabei genau und konsequent auf die Aufgabenstellung. *Maximale Punktzahl: 5*
2. bezieht beschreibende, deutende und wertende Aussagen schlüssig aufeinander. *Maximale Punktzahl: 4*

3. belegt seine Aussagen durch angemessene und korrekte Nachweise (Zitate u. a.). *Maximale Punktzahl: 3*
4. formuliert unter Beachtung der Fachsprache präzise und begrifflich differenziert. *Maximale Punktzahl: 4*
5. schreibt sprachlich richtig (Grammatik, Orthografie, Zeichensetzung) sowie syntaktisch und stilistisch sicher." *Maximale Punktzahl: 4*

Zu 1:
Hier geht es um den Aufbau Ihrer Darstellung. Er soll „schlüssig", „stringent" (logisch zwingend) und „klar" sein. Sie können sich leicht klarmachen, was gemeint ist, wenn Sie sich das Gegenteil vorstellen. Der Text wäre dann assoziativ, sprunghaft und unzusammenhängend. Voraussetzung für schlüssige, stringente und klare Texte sind zunächst Kriterien für den Aufbau, die zu einer schlüssigen Gliederung führen. Das bezieht sich auf die Grobgliederung der Antworten zu den drei Teilaufgaben, die ja durch die Aufgabenstellung vorgegeben sind. Man stellt z. B. zunächst eine Theorie möglichst objektiv dar, um sie danach im Hinblick auf ihren pädagogischen Nutzen zu befragen und zu bewerten. Oder man führt zuerst Beispiele an, um darauf bezogen eine These aufzustellen (induktives Vorgehen), bzw. umgekehrt: Man geht von der These aus und stützt sie durch Beispiele und Belege.
Die Stringenz eines Textes zeigt sich dann auf der Ebene der Satzverknüpfungen. Die Bezüge zwischen Sätzen können durch Ober- bzw. Unterordnung gekennzeichnet sein: These, Argument, Beleg. Die logischen Bezüge können vielgestaltig sein: Ein Satz gibt z. B. den Grund, den Zweck oder die Bedingung für einen anderen an. Auch innerhalb eines Satzes (zwischen Haupt- und Nebensätzen) können solche Beziehungen bestehen.
Auch die Anforderung, sich konsequent auf die Aufgabenstellung zu beziehen, ist leicht nachvollziehbar. Sie sollten z. B. nicht einfach alles wiedergeben, was Sie jemals zu dem in einer Aufgabe angesprochenen Thema gelernt haben, und dabei hoffen, die für die Aufgabenstellung relevanten Informationen seien dabei. Da man bei Teilaufgabe 1 am vorgelegten Text arbeitet, ist die Gefahr der Abweichung nicht so groß. Bei den Teilaufgaben 2 und 3 kann es dagegen leicht zu einer Themaverfehlung kommen.
Wichtig für die konsequente Berücksichtigung des Aufgabenbezugs ist vor allem die genaue Lektüre der Aufgabenstellung. Bedenken Sie die Definition des verwendeten Operators und berücksichtigen Sie die Arbeitsschritte, die dieser erfordert! Beachten Sie auch genau, welche zusätzlichen Hinweise in der Aufgabenstellung enthalten sind. Hier ist jedes Wort wichtig. Es ist ein Unterschied, ob Sie eine bestimmte Theorie „auch" oder „vor allem" berücksichtigen sollen. Manchmal bleibt es Ihnen selbst überlassen, welche Theorie bzw. Theorien Sie einbeziehen sollen, manchmal ist es vorgegeben. Es ist im Nachhinein sehr ärgerlich, wenn man nur deshalb Punkte verschenkt hat, weil man nicht darauf geachtet hat, ob eine Theorie herangezogen wird oder ob man mehrere aufgreifen und verarbeiten soll.

Zu 2:
Die im zweiten Bereich genannten drei Ebenen der Beschreibung, Deutung und Bewertung greifen die drei Anforderungsbereiche auf. Dies spielt nicht nur bei der Grobgliederung Ihrer Antworten eine Rolle (auch die Teilaufgaben sind ja nach den Anforderungsbereichen geordnet), sondern auch auf der Mikroebene der Sätze und Satzverbindungen. Keine Punkte gibt es z. B., wenn Deutungen und Bewertungen ohne hinreichende sachliche und analytische Grundlagen erfolgen.

Zu 3:
Aussagen, die Sie über den vorgelegten Text machen, sollten Sie belegen. Dies kann durch direkte Zitate geschehen, die der Textvorlage immer wörtlich entnommen sein müssen. Sie stehen in Anführungszeichen. Jede Veränderung, die Sie vornehmen, ist zu kennzeichnen. Wenn Sie also in das Zitat einen erklärenden Zusatz einfügen, müssen Sie ihn in Klammern setzen und als von Ihnen eingefügt markieren. Ein solcher Zusatz kann z. B. notwendig werden, wenn ein Pronomen nicht eindeutig zugeordnet werden kann. Beispiel: „Er (Kohlberg, XY) übernimmt von Piaget, dass die Entwicklung in irreversiblen Stufen abläuft.“ X und Y stehen in diesem Fall für die Anfangsbuchstaben Ihres Vor- und Nachnamens. Auch grammatische Veränderungen sind zu kennzeichnen. Wenn Sie z. B. ein Genitiv-s anfügen müssen, damit der Satz grammatisch korrekt ist, setzen Sie es in Klammern. Ihre Initialen müssen Sie in diesem Fall nicht hinzufügen.
Sie können Ihre Aussagen auch mit indirekten Zitaten belegen. Indirekte Zitate sind eng an die Textvorlage angelehnt. Dass Sie einen Text wiedergeben, müssen Sie in diesem Fall durch den Gebrauch des Konjunktivs oder durch geeignete Einschübe signalisieren („… ist nach der Auffassung von x …“). Wenn durch solche Einschübe klar zu erkennen ist, dass nicht Sie diesen Gedanken vortragen, können Sie auch den Indikativ benutzen.

Zu 4:
Der vierte Bereich der Darstellungsleistung bezieht sich auf die Wortwahl. „Präzise“ Sprache zielt auf die Definition der Begriffe. Oft wird der Fehler gemacht, umgangssprachliche Wörter zu wählen, obwohl präzise Fachbegriffe zur Verfügung stehen. Auch die Forderung nach einer differenzierten Wortwahl soll der Klärung der Sachverhalte und Probleme dienen.

Zu 5:
Der fünfte Punkt zur Darstellungsleistung vereinigt orthografische, grammatische und stilistische Kriterien. „Syntaktisch“ sicher bezieht sich auf den Satzbau. Nicht funktional sind z. B. unübersichtliche Satzperioden mit zahlreichen Nebensätzen und Einschüben. Andererseits sind auch Serien kurzer Sätze – von wenigen Ausnahmefällen abgesehen – nicht sachangemessen und leserorientiert. Auch die logischen Verbindungen innerhalb von Sätzen und zwischen Sätzen sind hier zu überprüfen.
Bei der Orthografie ist besondere Sorgfalt geboten. Aufgrund gehäufter Verstöße gegen die sprachliche Richtigkeit (d. h. bei zahlreichen Fehlern in den Bereichen Rechtschreibung und Zeichensetzung) kann im Anschluss an die Bewertung von inhalt-

licher Leistung und Darstellungsleistung die Note im Umfang von zwei Notentendenzen (z. B. ausreichend plus auf ausreichend minus) abgesenkt werden.

Zusammenfassende Hinweise: Vorgehen bei der Abiturklausur

1. Gehen Sie die drei Aufgaben, die Ihnen vorgelegt werden, zügig durch und untersuchen Sie diese nach folgenden Kriterien:
   - Welche **Themen** werden angesprochen?
   - Über welches **Vorwissen** verfügen Sie im Hinblick auf diese Themen? Wie sicher „stehen Sie im Stoff"?
2. Wichtiges Kriterium bei der Wahl der Aufgabe: Bei welcher Aufgabe kann ich mein Wissen und Können am wirksamsten einbringen?
3. Konzentrieren Sie sich nun auf die gewählte Aufgabe:
   - Welche **Höchstpunktzahlen** können bei den Teilaufgaben erreicht werden? Die Angaben finden Sie auf dem Blatt mit der Aufgabenstellung.
   - Prüfen Sie die Aufgabenstellung besonders sorgfältig, und zwar Wort für Wort.
     - Welche **Operatoren** werden benutzt? Welche fachlichen Vorgehensweisen verlangen sie? Und welche nicht?
     - Wichtig: In welche **Teilschritte** lassen sich die Operatoren zerlegen?
     - Welche **inhaltlichen Vorgaben** werden gemacht?
     - Gibt es in der **Aufgabenstellung** weitere Hinweise? Sollen z. B. bestimmte Aspekte besonders beachtet bzw. gründlich erarbeitet werden? Können andere Aspekte vernachlässigt werden?
     - Welchen **Anforderungsbereichen** sind die Teilaufgaben zugeordnet?
     - Welche **Themen** werden in den Teilaufgaben angesprochen?
     - Wie werden die verschiedenen Themen zueinander in **Bezug** gesetzt?
     - Welchen **Inhaltsfeldern** der Qualifikationsphase sind diese Themen entnommen?
4. Notieren Sie einen **Arbeits- und Zeitplan**, in dem Sie festhalten, wann Sie die Teilaufgaben bearbeitet haben sollten. Beachten Sie dabei auch, mit wie vielen Punkten eine Teilaufgabe höchstens in die Wertung eingehen kann, und setzen Sie danach Ihre Schwerpunkte. Kalkulieren Sie auch Zeit für eine gründliche abschließende Prüfung Ihres Textes ein. Um Ihre Klausur in Ruhe zu lesen und ggf. Überarbeitungen vorzunehmen, sollten Sie mindestens 20 Minuten ansetzen.
5. Bei jeder der drei Teilaufgaben sollten Sie nun zunächst mit der **Sammlung** und **Ordnung der Aspekte** beginnen, bevor Sie die Reinschrift anfertigen. Vorsicht! Wenn Sie sich die Reinschrift am Ende für alle drei Teilaufgaben zusammen vornehmen, kann das zu Zeitproblemen führen. Nicht zu empfehlen ist, alles vorzuschreiben. Denken Sie daran, in Teilschritten vorzugehen.
   - Arbeiten Sie die Textvorlage der gewählten Aufgabe im Hinblick auf den Arbeitsauftrag (in der Regel: Teilaufgabe 1) mehrfach gründlich durch (ggf. mehrfarbig unterstreichen; Randbemerkungen etc.), halten Sie Ihre Analyse-

ergebnisse in Stichworten fest und ordnen Sie diese.

- Fertigen Sie die Reinschrift für Teilaufgabe 1 an.
- Notieren Sie nun stichwortartig zu den Teilaufgaben 2 und 3 die wichtigen Aspekte und ordnen Sie diese. (Sie können Teilaufgabe für Teilaufgabe vorgehen oder – wenn es sich laut Aufgabenstellung anbietet – beide Teilaufgaben zusammen bearbeiten.) Beachten Sie die Anforderungsbereiche.
- Fertigen Sie die Reinschrift für diese Teilaufgaben an.

6. Führen Sie einen **abschließenden Korrekturdurchgang** durch. Achten Sie dabei auch auf die **fünf Aspekte der Darstellungsleistung**. Wenn Sie genügend Zeit haben, sollten Sie Ihre Arbeit abschließend noch einmal ausschließlich unter Berücksichtigung sprachlich-stilistischer Gesichtspunkte lesen. So finden Sie häufig noch Fehler oder Defizite, die Sie dann korrigieren können.

Grundkurs Erziehungswissenschaft – Abiturprüfung NRW
Übungsaufgabe 1

Thema: Erziehung in der Familie

Unterrichtsinhalte:
- Erziehung in der Familie (Inhaltsfeld 3)
- Interdependenz von Entwicklung, Sozialisation und Erziehung (Inhaltsfeld 3)

Katja Thimm: Abends in die Elternschule

[…] „Erziehung", sagt Sigrid Tschöpe-Scheffler, Erziehungswissenschaftlerin an der Fachhochschule Köln und Herausgeberin mehrerer Bücher zur Elternbildung, „ist ein ständiger Austausch zwischen einem Menschen mit Orientierungsvorsprung und einem Orientierungssuchenden." Beide hätten die gleiche Wertigkeit und die gleiche Würde – seien aber dennoch nicht gleich. „Eltern müssen Sachautorität und Persönlichkeitsautorität wahrnehmen": Sie wüssten, wie das Leben so läuft; sie seien in ihrer Entwicklung weiter; und sie hätten eine Funktion – ihr Elternamt. „Liebe, Achtung, Kooperation, Mitbestimmung, Strukturen schaffen, Grenzen setzen", das sei alles, womit Eltern aufwarten müssten. Erziehen bedeute, Kinder so zu bilden, dass sie die Welt interpretieren und sich in ihr zurechtfinden können.

Einleuchtend einfach klingt das, und doch suchen Scharen von Eltern, Alleinerziehende wie Paare, nach dem Königsweg zu mehr Autorität – und nach dem richtigen Ton für Kompromisse, Konflikte, Ermutigung und ein zeter- und mordiofestes „Nein!"

Dabei empfinden rund 60 Prozent ihre Söhne und Töchter als Gewinn. Auch die meisten Kinder fühlen sich laut einer Studie des Deutschen Jugendinstituts wohl in ihren Familien. Warum bloß sitzen die Eltern dann abends Punkt acht beim Erziehungstraining in Hagen? Warum in Halle, Lehrte, Trier, Berlin und anderswo? […]

Väter und Mütter scheinen in ihrer Rolle ungeübt und unsicher – und viele Söhne und Töchter spiegeln das innere Chaos ihrer Eltern wider. 20 Prozent aller Kindergartenkinder gelten als verhaltensauffällig; kleine Linas, Lenas und Toms, ängstlich, depressiv, befangen, weinerlich, einsam. Die Zahl narzisstisch gestörter Einzelkinder steigt, und immer mehr Ärzte diagnostizieren Kindern die Aufmerksamkeitsstörung ADHS. […]

Würden Kinder falsch erzogen, entstehe der ganzen Gesellschaft erheblicher Schaden, sagt Friedrich Lösel, Professor für Psychologie an der Universität Erlangen-Nürnberg und Verfasser mehrerer Präventionsstudien für das Familienministerium. „Kinder, die etwa zu Hause Gewalt erfahren, werden häufig straffällig. Tun wir jetzt nichts, zahlen wir später für Gefängnisse."

Zwar haben Kinder einen Anspruch darauf, „gewaltfrei" erzogen zu werden (Paragraf 1631 Absatz 2 Satz 1 Bürgerliches Gesetzbuch) – und das bedeutet nicht nur ein Leben ohne Schläge, sondern auch eines ohne psychische Gewalt wie Liebesentzug oder Demütigungen. Doch viele Kinder wachsen anders auf. Im Jahr 2003 veranlassten Jugendämter in 10 000 Fällen die Trennung von Kindern und Eltern. Laut einem Bericht des Familien- und des Justizministeriums aus dem gleichen Jahr erleben Jungen und Mädchen in nur 28 Prozent der Familien eine „sanktionsfreie beziehungsweise körperstrafenfreie Erziehung“, in 54 Prozent die „konventionelle Erziehung“ inklusive Klaps auf den Po, und in immerhin 17 Prozent eine „gewaltbelastete Erziehung“.

Dabei wollte nahezu niemand seinem Kind absichtlich schaden, meint Klaus Hurrelmann, Soziologe an der Universität Bielefeld. „Aber ein Drittel der Eltern ist mit der Erziehungsaufgabe schlicht überfordert.“ Präventionsforscher Lösel spricht von 15 Prozent, die „wirklich massive Probleme“ im Umgang mit ihren Kindern hätten. [...]

„Viele Mütter und Väter haben unendlich viel gelesen und sind voller gutem Willen“, so hat es Veronika Stüble beobachtet; die Sozialpädagogin arbeitet in der „Elternschule Altona“, einer öffentlichen Bildungsstätte in Hamburg. „Aber wenn Probleme auftauchen, verlassen sie sich nicht auf ihr Gefühl, sondern suchen 1-2-3-Rezepte.“ [...] Ihre einst selbstverständliche Autorität meinen Mütter und Väter künstlich erlernen zu müssen; verloren scheint das Wissen um kindliche Entwicklung, verloren die natürliche Bindung zwischen Eltern und Kindern. [...]

Doch warum nur? Psychologen, Soziologen, Historiker, Mediziner und Erziehungswissenschaftler nennen fünf Entwicklungen:

Das Pendeln der Erziehungsmethoden: Nach dem autoritären Ideal im Dritten Reich und in der Adenauerzeit schlug das Pendel heftig in die „permissive“ Richtung: Die 68er Eltern sahen sich als Freunde ihrer Kinder, hießen statt Mutter und Vater Helga und Klaus und diskutierten mit Dreijährigen über die Wasservorräte der Welt, statt zu sagen: „Die Badewanne ist voll.“ Jetzt sollen [...] Eltern wieder Vater und Mutter heißen und ihre Söhne und Töchter zwar nicht blind gehorchen, aber doch die hierarchische Beziehung achten.

Der Fluch des Individualismus: Noch nie war das Angebot an vermeintlich Bestem fürs Kind so vielfältig verwirrend wie heute. Die unsichere Zukunft vor Augen, nehmen vor allem bildungsgewohnte Eltern von allem ein bisschen und versuchen, den Nachwuchs auf die komplexe Welt der Gegenwart vorzubereiten: musikalische Früherziehung, Massage, Jiu-Jitsu, englische Vorlesestunde. Sie wissen, dass sich ihre Kinder einmal mobil und flexibel verhalten müssen, doch wie sie ihnen diese Fähigkeit zuverlässig anerziehen können, wissen sie nicht. Diese existenzielle Verunsicherung, so der Zürcher Bestsellerautor und Professor für Kinderheilkunde Remo Largo, übertrage sich früh auf die Kinder. [...]

Die Kluft zwischen Eltern und Kindern: Popkonzerte, Bungee-Jumping, Inlineskating, Kleidung: Interessen und Vorlieben von Eltern und Kindern gleichen sich immer mehr an. 40-Jährige tragen bauchfrei und 12-Jährige Wimperntusche. Vor allem die Söhne und Töchter Alleinerziehender übernehmen häufig die Rolle eines Partners für die Freizeitgestaltung. Doch gerade das führt dazu, dass in vielen Familien eine Kluft wächst.

„Viele Eltern wissen wenig über kindliche Entwicklung“, sagt der Erlanger Forscher Lösel, „oft unterfordern oder überfordern sie ihr Kind. Ein Vierjähriger zum Beispiel sollte durchaus seine Spielsachen wegräumen. Aber sein Zimmer ganz allein in Ordnung halten kann er nicht.“ Auch welche inneren Dramen ihre Kinder schon früh erleben, ahnen viele Eltern kaum. Im Schnitt beginnt die Pubertät bei Jungen heute mit zwölf, bei Mädchen mit zehn Jahren. Doch für die verwirrenden Hormonschübe sind sie weder intellektuell noch emotional reif. […]

In der virtuellen Welt ihrer Kinder kennen sich die meisten Väter und Mütter ohnehin nicht aus. Schon Grundschüler erschaffen sich beim stundenlangen Computerspiel einen Kosmos, in dem sie künstliche Personen mit Charakteren und einem turbulenten Leben ausstatten. „Diese inneren Bilder sind so lebendig, dass die Realität nicht mithalten kann“, sagt der hannoversche Kinderpsychologe und Autor Wolfgang Bergmann. Die Eltern reagieren darauf allenfalls hilflos – und verlieren Glaubwürdigkeit. „Im Zweifel fordern sie ihre Kinder auf, Bücher zu lesen statt am Computer herumzuspielen“, sagt Kindermediziner Largo. „Dabei blättern sie selbst höchstens mal durch eine Zeitung.“

Das Bermudadreieck der Verantwortung: Seit Jahren schieben sich Eltern und Lehrer die Verantwortung für Erziehung kunstfertig hin und her. Dritter im Bunde: „die Gesellschaft“, jene abstrakte Größe, die immer dann zuständig ist, wenn niemand verantwortlich sein will.

Bereits im Kindergarten, beobachtet Gerrit Gieseler-Mahlmann, Leiterin der Kita Villa Kunterbunt in Delmenhorst, delegierten die Eltern zunehmend Verantwortung: „Früher war es selbstverständlich, dass Kinder Fertigkeiten wie Händewaschen oder Tischmanieren zu Hause lernten, heute sollen wir ihnen das beibringen.“ Der Konsens über richtige Umgangsformen, über Auftreten und über Verlässlichkeit, der Eltern, Erzieher und Lehrer noch vor 30 Jahren einte, zerfällt. Mehr noch: Oft erziehen Eltern und Lehrer gegeneinander an – und geben die Schuld für das rotzfreche Benehmen der Blagen „der Gesellschaft“.

Die Sinnkrise: Selbst Stars, einst Leitbilder ganzer Generationen, überdauern heute oft kaum eine Saison. Das nährt die Zweifel. Wer merkt, wie kurz das Verfallsdatum der Vorbilder ist, fragt sich umso drängender: „Wer bin ich, woher komme ich, wo will ich hin? Von der Sinnsuche profitieren der Papst ebenso wie die Verfasser von Bildungs- und Wertekanons. „Fun und Action haben jetzt alle gehabt, nun suchen sie nach Vorbildern für das wahre Leben“, kommentiert Präventionsforscher Lösel, „auch für ihre Kinder.“

Und das, sagt Tschöpe-Scheffler, bedeute, Kindern endlich mal wieder Aufgaben zuzumuten: Verantwortung für das Abendessen, für den Müll und für ihre Schulkarriere. „Nach 1968 haben wir nichts an die Stelle der zerschlagenen Autorität gesetzt; nichts, womit wir ihnen etwas zugemutet hätten.“ Stattdessen seien Kinder aus allen Pflichten entlassen worden. Die wichtigste Aufgabe von Erziehern sei es daher, Kindern dieses Gefühl des Gebrauchtwerdens zu geben. „Und dazu braucht es Zeit, Humor, Gelassenheit und Einsicht und die eigenen Werte.“

All dies scheint vielen Müttern und Vätern zu fehlen. Derart mannigfaltig sind die Probleme, dass der Markt für Elternkurse täglich wächst. Kundenorientiert haben die Erziehungstrainer ihren Bauchladen bestückt: Grenzen setzen, Werte finden, Kinderbedürfnisse erkennen, Sinn stiften.

Katja Thimm: Abends in die Elternschule, in: Der Spiegel: Die Erziehung der Eltern. Wie Mütter und Väter um ihre Autorität kämpfen, Nr. 29/2005, S. 125–129

Aufgabenstellung

1. Formulieren Sie den Hauptgedanken des Textes, fassen Sie den Inhalt strukturiert zusammen und skizzieren Sie den Gedankengang der Autorin.

2. Erläutern Sie die im Text dargelegten Aspekte mithilfe Ihrer theoretischen Kenntnisse über die Erziehung in der Familie.

3. Ziehen Sie ausgehend von Ihren bisherigen Ausführungen Konsequenzen für die Erziehung in der Familie. Berücksichtigen Sie dabei auch Hurrelmanns Modell der produktiven Realitätsverarbeitung.

Lösungsvorschlag

1. *Die Bearbeitung der ersten Teilaufgabe besteht aus drei Schritten. Sie sollen zunächst den Hauptgedanken des Textes „**formulieren**" und dann den Inhalt des Textes strukturiert „**zusammenfassen**" sowie den Gedankengang der Autorinnen „**skizzieren**". Alle drei Operatoren entsprechen dem **Anforderungsbereich I**. Es bietet sich an, nach einer allgemeinen Quellenangabe zunächst einmal die **Hauptaussage** des Textes in **knapper Form** darzulegen. Hierauf kann nun die strukturierte und vor allem möglichst knappe **Zusammenfassung** der zentralen Aspekte folgen. Versuchen Sie unter Berücksichtigung der Zeitökonomie und der noch folgenden Teilaufgaben, sich nicht in Details zu verlieren, auch wenn der Ausgangstext recht umfassend ist. Achten Sie darauf, Ihren Text **klar** zu **gliedern**. Dies kann z. B., wie im Folgenden gezeigt, durch eine Einteilung in Teilabschnitte geschehen. Schließlich sollten Sie den **Gedankengang der Autorin** herausstellen. Sie können dies im Anschluss an Ihre inhaltliche Darstellung tun oder aber auch, so wie es hier gemacht wurde, in die Darlegung der zentralen Aspekte integrieren.*

   Der vorliegende Ausschnitt stammt aus dem Text „Abends in der Elternschule" von Katja Thimm und ist im Magazin „Der Spiegel" in der Ausgabe Nr. 29/2005 erschienen. Es geht darin um die Problematik, dass Eltern sich in ihrer Rolle als Erzieher oft unsicher fühlen. Mit der Erziehungsaufgabe seien viele Eltern schlichtweg überfordert, da ihnen die Autorität fehle. Im Rahmen von Erziehungstrainings in der „Elternschule" würden sie versuchen, sie zu erlernen.

   Der Argumentationsgang der Autorin kann in fünf Teilabschnitte untergliedert werden. Thimm beginnt mit einer **Definition von Erziehung** nach Sigrid Tschöpe-Scheffler und stellt ausgehend davon die Aufgaben der Eltern vor (vgl. Z. 1–10). Unter Erziehung versteht Tschöpe-Scheffler einen „**ständige[n] Austausch zwischen einem Menschen mit Orientierungsvorsprung und einem Orientierungssuchenden**" (Z. 3 f). Daraus ergebe sich für die Eltern, dass sie **Sachautorität** und **Persönlichkeitsautorität** zeigen müssten. Zu ihren Aufgaben gehöre es z. B., ihre Kinder zu lieben und ihre Würde zu achten, Strukturen zu schaffen und Grenzen zu setzen. Kinder müssten so gebildet werden, dass sie sich in der sie umgebenden Welt zurechtfinden können.

Die Autorin geht anschließend auf die Probleme ein, denen sich Eltern heute stellen müssen (vgl. Z. 11–23). Eltern fühlten sich in ihrer Erzieherrolle nämlich häufig unsicher und ungeübt. Die **natürliche Autorität**, die sie eigentlich bräuchten, **könnten sie oft nicht zeigen**. Die meisten Eltern fühlen sich laut Thimm zwar mit ihren Kindern wohl, und gleiches gelte auch für die meisten Kinder in Bezug auf ihre Eltern. Trotzdem besuchten viele Eltern Erziehungstrainings und viele Kinder zeigten **Verhaltensauffälligkeiten** wie **ADHS** oder **narzisstische Störungen**. Letzteres betreffe in erster Linie Einzelkinder (vgl. Z. 21 f.).
Ihre bisherigen Überlegungen stützt die Autorin im nächsten Abschnitt durch wissenschaftliche Erklärungen des Psychologieprofessors Friedrich Lösel, des Soziologen Klaus Hurrelmann und der Sozialpädagogin Veronika Stüble (vgl. Z. 24–49). Lösels These ist, dass für die gesamte Gesellschaft ein erheblicher Schaden entstehe, wenn Kinder falsch erzogen würden. Kinder, die zu Hause Gewalt erführen, würden auch selbst oft straffällig. Im Jahr 2003 habe es 10 000 Trennungen von Eltern und Kindern veranlasst durch das Jugendamt gegeben (vgl. Z. 32 f.), 17 Prozent aller Kinder und Jugendlichen erlebten eine „**gewaltbelastete Erziehung**" (Z. 37), nur 28 Prozent eine sanktionsfreie (vgl. Z. 35). 15 Prozent der Eltern hätten große Probleme mit der Erziehung ihrer Kinder (vgl. Z. 41). So ergänzt Lösel die These Hurrelmanns, dass ein Drittel der **Eltern mit der Erziehungsaufgabe überfordert** sei (vgl. Z. 39 f.). Nach Stüble kommen Eltern, die in der Regel viel über Erziehung gelesen haben, nicht zurecht, sobald Schwierigkeiten auftreten. Dann nämlich suchten sie **Rezepte** für den Umgang mit ihren Kindern, die sie in Elternschulen künstlich erlernen müssten. Das Wissen um kindliche Entwicklung und die natürliche Bindung zwischen Kind und Eltern seien verloren, Autorität müssten die Eltern erst erlernen (vgl. Z. 43–49).
Im Anschluss an den Problemaufriss stellt Thimm fünf gesellschaftliche Entwicklungen vor, die aus der Sicht vieler Wissenschaftler für die auftretenden Probleme verantwortlich sind (vgl. Z. 50–108). Die erste Entwicklung sei das „**Pendeln der Erziehungsmethoden**" (Z. 52). Das einst **autoritär** geprägte Verhältnis zwischen Eltern und Kindern habe sich in den **Sechzigerjahren** in eine von einem **antiautoritären Stil** bestimmte Beziehung gewandelt. Heutzutage sei aber wieder ein Trend zur Akzeptanz von Hierarchie zu erkennen. Als zweiten Aspekt führt Thimm den „**Fluch des Individualismus**" (Z. 59) an. Das große Angebot an Förderungsmöglichkeiten für das Kind erschwere es Eltern, das Richtige für ihr Kind auszuwählen. Daraus entstehe eine **Verunsicherung**, die sich auf die Kinder übertrage. Thimm erwähnt als weiteren Faktor, dass die Grenzen zwischen Eltern und Kindern, z. B. in Bezug auf Mode, Sport und Musik, immer mehr verschwimmen. Dies führe allerdings dazu, dass in Familien die „**Kluft zwischen Eltern und Kindern**" (Z. 68) sogar noch wachse. Da Eltern wenig über kindliche Entwicklung wissen, neigen laut Thimm viele dazu, ihre Kinder zu unter- oder zu überfordern. Für die im Schnitt früh eintretende Pubertät seien Mädchen und Jungen außerdem intellektuell und emotional noch nicht reif, und die Eltern wüssten wenig über ihre Probleme (vgl. Z. 74–80).
Als „**Bermudadreieck der Verantwortung**" (Z. 90) bezeichnet Thimm den Prozess des Zuschreibens von Verantwortung für Erziehung zwischen Eltern, Erzie-

hern und der Gesellschaft. Eltern würden sehr hohe Ansprüche an die Erzieher stellen. Eine gemeinsame Absprache über richtige Umgangsformen, Auftreten und Verlässlichkeit fehle häufig. Oft werde sogar gegeneinander erzogen. Schließlich sei auch die „**Sinnkrise**" (Z. 102) für die Probleme in der Erziehung verantwortlich zu machen. Aufgrund des kurzen Verfallsdatums von Vorbildern fragten sich viele, wer sie seien, woher sie kämen oder wohin sie wollten. Man suche heutzutage vergeblich nach Vorbildern für das wahre Leben.
Im letzten Abschnitt (vgl. Z. 109–119) werden schließlich mögliche **Handlungskonsequenzen** angesprochen, die sich aus den vorherigen Erkenntnissen ableiten lassen. Man müsse Kindern wieder Aufgaben zumuten. Erzieher sollten Kindern das Gefühl geben, gebraucht zu werden. Dazu benötige man Zeit, Humor, Gelassenheit und Einsicht in die eigenen Werte. Vielen Eltern fehle dies aber, sodass Elternkurse, die sich mit dem Setzen von Grenzen, dem Finden von Werten, dem Erkennen von Kinderbedürfnissen und dem Stiften von Sinn befassen, zunehmend attraktiver würden.

2. *Die Aufgabenstellung fordert, dass Sie die Ausführungen der Autorin mithilfe Ihrer theoretischen Kenntnisse über die Erziehung in der Familie erläutern. Hierbei sollen Sie sich auf wissenschaftliche Erkenntnisse über die Erziehung in der Familie berufen. Der Operator „**Erläutern**" bezieht sich auf den **Anforderungsbereich II**. Es wird verlangt, dass ein Sachverhalt oder eine These mit zusätzlichen Informationen und Beispielen nachvollziehbar veranschaulicht wird. Sie sollen **passende Textaussagen** finden und diese mit den **theoretischen Bezügen** näher erklären. Die theoretischen Bezüge können Sie frei wählen. In diesem Lösungsvorschlag wurden dafür die Ausführungen Winklers verwendet, da er einer der wenigen Autoren ist, die sich wissenschaftlich mit der Erziehung in der Familie auseinandersetzen. Darüber hinaus sollten Sie auch andere Ansätze befragen. Im vorliegenden Fall wurde u. a. auf Erkenntnisse von Fend und Hurrelmann zurückgegriffen.*
*Es ist für die Bearbeitung der Aufgabe wichtig, die entsprechenden **Textstellen**, auf die Sie sich beziehen wollen, **herauszustellen**. Die **Bezüge zu den theoretischen Hintergründen** der Erziehung in der Familie, die für die jeweiligen Textaussagen relevant sind, müssen jeweils **vorgestellt werden**. Dies kann, wie im vorliegenden Fall, mit direkten Bezügen zum Ausgangstext oder aber auch als geschlossener Text mit anschließendem Textbezug geschehen.*
*Schließen Sie Ihre Ausführungen mit einem **Fazit** ab, in dem Sie z. B. kurz auf Konsequenzen für die Kindererziehung eingehen.*

Die **Familie** ist für Kinder die **primäre Sozialisationsinstanz**. Diese These, bezüglich derer sich verschiedene wissenschaftliche Disziplinen einig sind, verdeutlicht die große Verantwortung, der sich Eltern heute stellen müssen. Eltern haben die Aufgabe, zu erziehen, sobald Kinder in der Familie sind. Die von Thimm zitierte Sozialwissenschaftlerin Tschöpe-Scheffler definiert Erziehung als „ständige[n] Austausch zwischen einem Menschen mit Orientierungsvorsprung und einem Orientierungssuchenden" (Z. 3 f.). Sie spielt damit auf die **Erziehungsbedürftig-**

keit von Kindern an, die sehr lange auf Hilfe und Betreuung angewiesen sind. Erziehung heißt laut Tschöpe-Scheffler, „Kinder so zu bilden, dass sie die Welt interpretieren und sich in ihr zurechtfinden können“ (Z. 9 f.).
Viele Eltern fühlen sich heute allerdings unsicher in der Erziehung ihrer Kinder. Die Probleme, die sich aus dieser Unsicherheit ergeben, können u. a. mithilfe der theoretischen Überlegungen von Michael Winkler zur Erziehung in der Familie erläutert werden.
Winkler beschreibt **Familie** als ein **unaufhebbares Realproblem**. Er erklärt, dass man der Familie nicht entkommen könne; sie sei einfach da. Es gibt heutzutage eine hohe Anzahl **unterschiedlicher Familienkonstellationen** neben der klassischen **Kernfamilie**. Diese besteht aus zwei gegengeschlechtlichen verheirateten Elternteilen und mindestens einem gemeinsamen Kind. Die Zahl der **Alleinerziehenden** und unverheirateten Elternpaare wächst, auch die Zahl der lang ersehnten Wunsch-**(Einzel)kinder**, die häufig in Familien mit akademischem und bildungsnahem Hintergrund anzutreffen sind, steigt. Eltern werden immer älter, trennen sich oft und gründen neue **Patchwork-Familien**. Eine eindeutige Beschreibung von Familie zu formulieren, ist bei der großen Vielfalt entsprechend schwer. Nach Thimm verspüren viele Eltern bei der Erziehung ihrer Kinder Unsicherheit (vgl. Z. 18 f.). Insbesondere in Patchwork-Familien kann es zu **Autoritätsproblemen** kommen. Kinder lassen sich ggf. vom neuen Partner wenig sagen, dieser hat vielleicht Hemmungen, zu sehr oder überhaupt in die Erziehung der Kinder einzugreifen. Für Familien gibt es laut Winkler ein gesellschaftlich geprägtes Idealbild, das sie erreichen wollen. Familien möchten Anerkennung von außen. Dieses Ziel ist umso schwerer zu erreichen, je variantenreicher die Familienkonzepte sind. Das Idealbild könnte vielleicht ein Grund dafür sein, dass eine natürliche Autorität nicht gezeigt wird: Eltern wollen vermeiden, dass die Umwelt über ihre Erziehung und ihren **Erziehungsstil** urteilt.
Für Winkler ist die Familie ein **System**, eine **sozialisatorische Triade**. Ein System besteht aus zusammengehörigen Teilen, die voneinander abhängig sind und sich gegenseitig beeinflussen. Wenn ein Teil des Systems defekt ist, also ein Familienmitglied ein Problem hat, gerät das System Familie aus dem Gleichgewicht. Dieses muss dann durch das Lösen der sich ergebenden Konflikte wiederhergestellt werden. **Elterliche Konflikte wirken** sich oft **auf die Kinder** aus, woraufhin sie mit nach **innen gerichteten** Autoaggressionen oder mit nach **außen gerichteten** Aggressionen reagieren könnten. Auch durch einen zu laxen oder inkonsequenten Erziehungsstil kann das System Familie gestört werden. Thimm konstatiert, dass Väter und Mütter in ihren Rollen ungeübt und unsicher scheinen. Viele Kinder „spiegeln das innere Chaos ihrer Eltern wider“ (Z. 19). Aus systemischer Sicht wird das Kind zum **Symptomträger**, wenn es Verhaltensauffälligkeiten zeigt. Im Text wird dazu dargelegt, dass 20 Prozent aller Kindergartenkinder als auffällig gelten, dass die Zahl der **narzisstisch gestörten Einzelkinder** steige und dass immer häufiger **ADHS** diagnostiziert werde (vgl. Z. 19–23).
Laut Thimm ist die Tatsache, dass viele Kinder falsch erzogen werden, ein großes gesellschaftliches Problem (vgl. Z. 24 f.). Sie zitiert hierzu den Psychologen Lösel, der angibt, dass Kinder, die zu Hause Gewalt erfahren, häufig selbst straf-

fällig werden (vgl. Z. 27). Der Psychologe bezieht sich auf den Prozess der **familiären Transmission:** Eltern reichen **kulturelle Praxen und soziale Ressourcen**, u. a. **Einstellungen** und **Verhaltensweisen** an ihre Kinder weiter. Helmut Fend hat im Rahmen seiner LifE-Studie überraschend enge Zusammenhänge zwischen der Herkunftsfamilie und den Einstellungen der Kinder festgestellt. Dies umfasst in erster Linie positiv besetzte Übertragungen; aber auch negative Dinge, wie z. B. Gewalt, werden transmittiert. Die Bereitschaft zur Gewaltausübung ist keine rein genetische Veranlagung. Familiäre Transmission erfolgt nämlich auch über die Erziehung, insbesondere den Erziehungsstil.

Das „**Pendeln der Erziehungsmethoden**" (Z. 52) wird von Thimm als ein Faktor beschrieben, der für die Verunsicherung vieler heutiger Eltern in Bezug auf das Zeigen einer gesunden Autorität mitverantwortlich gemacht wird. Klaus Hurrelmann und Sabine Andresen unterscheiden vier unterschiedliche Erziehungsstile: den **autoritären Erziehungsstil**, der in der Weimarer Republik und im Dritten Reich vorherrschend war, den **permissiven** oder auch **antiautoritären** Erziehungsstil, der in den Sechzigerjahren großen Anklang fand, sowie den **vernachlässigenden** und den **autoritativen** Erziehungsstil. Letzteren bezeichnen sie als optimalen Stil. Er ist geprägt von **ausgeglichen hoher Kontrolle und hoher Orientierung an den kindlichen Bedürfnissen**. Der ideale Erziehungsstil ist nach Hurrelmann eine Kombination von Herzenswärme, klaren Regeln und Freiräumen. Die Aufgaben bestehen darin, zu fordern, Grenzen zu setzen und Eigenständigkeit zu fördern. Eltern müssen wieder lernen, diesen Ansprüchen gerecht zu werden. **Inkonsequenz** und fehlende Regeln können u. a. ein **psychosozialer Faktor** für die Entstehung der Aufmerksamkeitsstörung ADHS sein, die laut Thimm immer häufiger auftritt (vgl. Z. 21 f).

Ein weiteres Problem der heutigen Gesellschaft ist laut Thimm der „**Fluch des Individualismus**" (Z. 59). Die moderne Gesellschaft ist deutlich durch die **Tendenz zur Individualisierung** geprägt. Hurrelmann betont, dass der Prozess der Individualisierung Möglichkeiten, aber auch Gefahren birgt. Dem Heranwachsenden bietet sich auf der einen Seite eine große Spannbreite an Möglichkeiten der Persönlichkeitsentwicklung, aber auf der anderen Seite auch die Gefahr des Sich-Verlierens in den vielen Optionen. Dem Trend der Individualisierung bei der Erziehung ihrer Kinder folgen laut Thimm insbesondere „**bildungsgewohnte Eltern**" (Z. 61). Sie melden ihre Kinder bei diversen **Frühförderungsprogrammen**, wie z. B. der Musikschule oder dem Babyschwimmen, an, sind aber gleichzeitig unsicher, ob sie sich richtig entschieden haben. Diese Verunsicherung übertrage sich schon früh auf die Kinder, konstatiert der im Text zitierte Professor für Kinderheilkunde Remo Largo (vgl. Z. 65 ff.).

Nach Winkler ist bei der Erziehung in der Familie die **Aufrechterhaltung familialer Strukturen** bedeutend. Familienerziehung ziele ab auf das leibliche, seelische und geistige **Wohlergehen** und auf das Einüben der erforderlichen **gesellschaftlichen Fähigkeiten und Fertigkeiten**. Auch **Bildung** gehört nach Winkler zu den Aufgaben der Erziehung in der Familie. Thimm zitiert den Forscher Lösel, der erklärt, dass viele Eltern wenig über kindliche Entwicklung wüssten, was dazu führe, dass sie ihre Kinder oft unter- oder überforderten (vgl. Z. 74 f.). Außerdem

verschwimmen laut Thimm die **Grenzen zwischen Kindern und Erwachsenen**. Kinder von Alleinerziehenden übernähmen oft die Rolle eines Partners im Rahmen der Freizeitgestaltung, so die Autorin (vgl. Z. 71 f.). Die von Winkler geforderten familialen Strukturen werden in solchen Fällen gestört.
Die nächste von Thimm dargestellte Entwicklung ist das „**Bermudadreieck der Verantwortung**" (Z. 90). Laut der Autorin schieben Eltern, Lehrer und Erzieher die Verantwortung für die Erziehung einander jeweils gegenseitig zu. Bereits im Kindergarten sei dies zu erkennen. Der Konsens über richtige Umgangsformen zerfalle (vgl. Z. 97 ff.). Winkler stützt diese These. Implizit steckt dahinter nämlich die Forderung, dass Persönlichkeitsbildung in der Familie beginnen müsse. Der Aufbau einer guten **emotionalen** und **sozialen Beziehung** in der Familie sei eine Voraussetzung für die weitere Entwicklung des Kindes in der Kita und dem Kindergarten. Nach Winkler schafft die Familie den Rahmen für das Aufwachsen. Wenn die Familie hier versagt, wenn grundlegende Werte und Normen nicht vermittelt werden, tendiert sie vielleicht eher dazu, die Verantwortung abzuschieben.
Schließlich ist laut Thimm das **Fehlen von Vorbildern** für das wahre Leben ein Problem der heutigen Zeit (vgl. Z. 102–108). Mediale Vorbilder seien heutzutage sehr kurzlebig. Reale Vorbilder, die Eltern, machen aber z. T. die gleichen Trends mit wie ihre Kinder. Daher ist es fraglich, ob sie überhaupt als Vorbilder angesehen werden. In vielen Bereichen sind Kinder ihren Eltern sogar weit voraus, z. B. in der **virtuellen Welt**, wo sich schon viele Grundschüler wesentlich besser auskennen als ihre Eltern (vgl. Z. 81–87).

Aus den genannten und erläuterten Problemen, auf die Thimm in ihrem Text eingeht, lassen sich **pädagogische Konsequenzen** für die Erziehung ableiten. Einige referiert die Autorin bereits selbst: Man müsse Kindern endlich wieder Aufgaben zumuten (vgl. Z. 109 f.). Eltern müssten ihren Kindern Grenzen setzen, ihnen helfen, Werte zu finden, ihre Bedürfnisse erkennen und Sinn stiften (vgl. Z. 118 f.).

3. *In dieser Teilaufgabe sollen Sie ausgehend von Ihren bisherigen Ausführungen* ***Konsequenzen für die Erziehung*** *in der Familie ziehen. Der Operator* ***„Konsequenzen ziehen"*** ***(Anforderungsbereich III)*** *fordert, dass Sie aus einer Position* ***Schlussfolgerungen*** *ziehen. D. h., dass Sie sowohl konkret auf den Ausgangstext als auch auf Ihre Darlegungen aus Teilaufgabe 2 zurückgreifen sollen. Sie können aber auch neue, bisher noch nicht genannte Punkte berücksichtigen.*
Zusätzlich wird in der Aufgabenstellung verlangt, dass Sie bei Ihren Überlegungen auf ***Hurrelmanns Modell der produktiven Realitätsverarbeitung*** *Bezug nehmen. Sie können die zentralen Aspekte des Modells entweder im Zusammenhang darstellen und im Folgenden daraus* ***Handlungskonsequenzen*** *ableiten oder aber diese direkt mit den herausgearbeiteten Aspekten verknüpfen. Ihre Erarbeitung sollte mit einem abwägenden und zusammenfassenden* ***Fazit*** *abschließen.*

Im vorliegenden Text werden viele Probleme aufgeführt, mit denen Eltern von heute zu kämpfen haben. Insbesondere sei es die natürliche Autorität, die ihnen fehle. Viele Eltern suchten deshalb in **Elternkursen** einen **„Königsweg zu mehr**

Autorität" (Z. 12), statt sich auf ihre Intuition zu verlassen. Eine Möglichkeit, das Elternamt zu erlernen, ist der Besuch der im Text beschriebenen Elternschulen. Sogenannte Erziehungstrainer versprechen, Eltern beizubringen, Grenzen zu setzen, Werte zu finden, Kinderbedürfnisse zu erkennen und Sinn zu stiften (vgl. Z. 118 f.). Darüber hinaus gibt es aber auch weitere Hilfsmöglichkeiten und andere Konsequenzen, die gezogen werden können.
Um die Möglichkeiten weiterer Konsequenzen aufzuzeigen, soll u. a. das Modell der produktiven Realitätsverarbeitung von Klaus Hurrelmann in die Überlegungen mit einbezogen werden. Der Jugendforscher Hurrelmann spricht von **produktiver Realitätsverarbeitung**, weil der Heranwachsende seine **Identität** dadurch erarbeitet, dass er seine **äußere und innere Realität**, also Ansprüche des Individuums und gesellschaftliche Ansprüche, auf seine eigene Weise **aktiv mitgestaltet**. Der Jugendliche befindet sich ständig in einem **Balanceakt** zwischen den Bestrebungen nach **Autonomie** und **sozialer Verantwortung**. Hurrelmann fasst in **zehn Maximen** Aspekte zusammen, die im Jugendalter eine wesentliche Rolle spielen.

Der im Text genannte „**Fluch des Individualismus**" (Z. 59) belastet sowohl Kinder und Jugendliche als auch deren Eltern oder Erziehungspersonen. Die von der Gesellschaft vorgegebene **Vielfalt der Individualisierungsangebote** birgt für den Heranwachsenden auch die Gefahr der **Desintegration**, also einer mangelnden Integration in die Gesellschaft. Hurrelmann beschreibt in seiner vierten Maxime das **Spannungsfeld zwischen Integration und Individuation**. Jugendliche müssen die Werte und Normen der Gesellschaft annehmen und dabei gleichzeitig in der Lage sein, ihren eigenen Ansprüchen gerecht zu werden. Schafft der Jugendliche es nicht, diese Balance herzustellen, kann seine Entwicklung **krisenhafte Formen** annehmen. Es entsteht **Entwicklungsdruck** (fünfte Maxime). Um diesem Druck standzuhalten, sind **personale und soziale Ressourcen** notwendig; erstere sind individuelle Bewältigungsstrategien, letztere Unterstützungen durch wichtige Bezugsgruppen, u. a. durch die Eltern (sechste Maxime). Unterstützt werden können Kinder z. B. dadurch, dass man sie in bestimmten Situationen oder zu bestimmten Gelegenheiten ermutigt, sich individuell, nach eigenen Bedürfnissen, zu entscheiden. Das kann z. B. die Wahl des Instruments betreffen, das das Kind in der Musikschule lernen möchte – vorausgesetzt es hat Interesse am Besuch der Musikschule –, oder auch die Entscheidung, das Instrument nach einer Weile eben nicht weiter zu lernen. Man kann Kindern und Jugendlichen z. B. in der Wahl ihres Freundeskreises oder der Mode weitgehend freie Entscheidungsmöglichkeiten geben. Natürlich muss der Erwachsene darauf achten, dass hier bestimmte Grenzen gesetzt und eingehalten werden. Das kann im konkreten Fall z. B. den gewünschten Körperschmuck, Tätowierungen oder Piercings, oder auch die Gefahr der Hinwendung zu radikalen Gruppierungen betreffen.
Laut Hurrelmann muss ein Jugendlicher sich individualisieren, aber auch integrieren. Scheitert er bei der Individualisierung, so besteht die Gefahr des Mitschwimmens z. B. in radikalen Gruppierungen. Scheitert er bei der Integration, droht dem Jugendlichen, dass er sich, vielleicht aufgrund seiner egozentrischen Einstellung, nicht in die Gesellschaft integrieren kann. Er könnte stattdessen zum Einzelkämp-

fer und Außenseiter werden. Diesen Gefahren gilt es pädagogisch zu begegnen, durch entsprechende präventive und ggf. intervenierende Maßnahmen. Gespräche können schon eine Hilfe sein. Eltern müssen ihren Kindern zuhören, ihnen Hilfestellungen bieten. Sie dürfen nicht aufgesetzt wirken, sondern müssen authentisch handeln. Konsequenz ist wichtig, vor allem, wenn Gefahren drohen. Aber auch ein pädagogisches Taktgefühl ist bei emotionalen Herausforderungen notwendig. Eltern müssen immer wieder versuchen, eine Balance zwischen den beiden Polen Loslassen und Festhalten des Heranwachsenden herzustellen.

Eltern müssen sich darüber hinaus ihrer **Vorbildfunktion** bewusst sein. In der heutigen Gesellschaft, die in einer **Sinnkrise** steckt und in der Vorbilder nur für eine kurze Zeit bestehen (vgl. Z. 102–105), kommt den Eltern eine bedeutende Aufgabe zu. Wenn sie z. B. möchten, dass ihre Kinder Bücher lesen, müssen sie dies auch selbst tun und nicht, wie im Text beschrieben, nur höchstens einmal durch eine Zeitung blättern (vgl. Z. 87 ff.). Auch in Bezug auf die Freizeitgestaltung und Kleidung sollten Eltern sich ihrer Vorbildfunktion bewusst sein. Dass sich die Interessen von Jugendlichen und Erwachsenen immer mehr angleichen (vgl. Z. 69 f.), ist nicht nur positiv zu sehen, denn dies trägt sicherlich zur **Verringerung der natürlichen Autorität** bei. Eine gewisse Abgrenzung zu den eigenen Kindern schadet den Eltern bestimmt nicht. Den 12-jährigen Jugendlichen zu einem Popkonzert zu begleiten, ist durchaus angebracht. Die Schwelle wird jedoch vermutlich überschritten, wenn eine Mutter meint, sich am Kleiderschrank ihrer Tochter bedienen zu können. Ein solches Verhalten könnte Jugendliche auf dem Weg der **Identitätsfindung** verwirren. Sie wollen sich von den Erwachsenen unterscheiden, und die Abgrenzung von ihren Eltern ist auch wichtig für die Identitätsbildung. Heranwachsende brauchen **klare Grenzen**, aber auch Erwachsene brauchen Grenzen. Der gesellschaftliche Trend der ewigen Jugend darf nicht ad absurdum geführt werden, denn so verwischen nicht nur die Grenzen zwischen Kindheit, Jugend- und Erwachsenenalter, sondern es verschwindet auch die notwendige Autorität.

In seiner siebten Maxime geht Hurrelmann auf die **Rolle der Schule** ein, die neben dem Elternhaus und den Gleichaltrigen ein wichtiger Vermittler und Unterstützer im Entwicklungsprozess des Jugendlichen ist. Auch Thimm bezieht sich auf die Schule und die Vorschuleinrichtungen, wenn sie von dem Problem des **Bermudadreiecks der Verantwortung** spricht (vgl. Z. 90–93). Eltern und Lehrer würden die Verantwortung für Erziehung hin und her schieben oder der Gesellschaft anlasten. Statt gegeneinander zu erziehen (vgl. Z. 99 f.), sollten Eltern, Lehrer und Erzieher zusammenarbeiten. Eine Möglichkeit wäre, an der Schule oder der Kita **Erziehungsverträge** abzuschließen und **klare Vereinbarungen** zu treffen, z. B. gemeinsam Regeln zu erstellen. Im Falle von schwachen Schulleistungen könnten Lehrerinnen und Lehrer dazu verpflichtet werden, Förderpläne zu schreiben, von denen auch die Eltern Kenntnis nehmen müssen. Die Zusammenarbeit sollte sich aber natürlich nicht nur auf Gespräche über schwache Schulleistungen beziehen. Was die Erziehung anbelangt, so sind regelmäßige **Elternsprechtage** oder -informationen sinnvoll. Bei Auffälligkeiten sollten beide Parteien die jeweils andere schnell in Kenntnis setzen. Auch sollten Lehrer, Erzieher sowie Eltern und bestenfalls auch Schüler gemeinsam an einem **Erziehungskonzept** arbeiten. Vorträge von Erziehungswissenschaftlern, Sozialwissenschaftlern oder Psychologen können Eltern, Lehrer und Erzieher informieren und weiterbilden. Unterstützung können Eltern natürlich auch in den beschriebenen Elternkursen finden, aber es gibt noch weitere professionelle Ansprechpartner. **Erzieher** und später **Lehrer** können mit ins Boot geholt werden. In den Städten und Kommunen gibt es organisierte **Erziehungshilfen**. Informationen können Eltern auch durch **Elternbriefe** erhalten, die ebenfalls die Kommunen und Städte bereitstellen. Natürlich müssen Eltern aber zunächst einmal bereit sein, eventuelle Ratschläge anzunehmen.

Zusammenfassend kann festgestellt werden, dass es für Eltern an der Zeit zu sein scheint, sich ihre Verantwortung für die Erziehung ihrer Kinder wieder deutlicher bewusst zu machen. Sie müssen wieder **mehr Autorität wagen** und zulassen, und sie müssen ihren Kindern **Vorbilder** sein. Das ist leichter gesagt als getan. Vielleicht müssen sie aber auch nur ermutigt werden, ihre natürliche gemäßigte Autorität wieder zuzulassen und **Grenzen** zu setzen. Das ist sicherlich eine schwierige Aufgabe, insbesondere für die Eltern, die ihrem lang ersehnten Wunschkind gegenüberstehen, dem sie alle Wünsche von den Lippen ablesen möchten und das sie wie ein Helikopter umschwärmen. Aber gerade die sogenannten „**Helikoptereltern**" sind ja eine der Hauptzielgruppen für Elternkurse. Wenn sich bei der Erziehung bereits Probleme zeigen, ist der Besuch eines solchen Kurses sicherlich angebracht. Aber besser wäre es doch, wenn Probleme und Schwierigkeiten erst gar nicht auftreten würden. Dann würde man von **Präventionsarbeit** durch **pädagogische Handlungskompetenz** sprechen. Diese erlernen Eltern am besten gemeinsam mit allen an der Erziehung Beteiligten.
Man sollte allerdings bei der Diskussion um die Wiederbelebung der natürlichen Autorität nicht vergessen, dass man Kindern und insbesondere Jugendlichen auch Freiräume lassen muss. Jugendliche müssen ihren Weg gehen, sie dürfen auch mal einen nicht optimalen wählen und wieder zurückrudern. Zentral ist, dass sie ihren Eltern vertrauen können, dass sie von ihnen unterstützt werden. Eltern müssen Autorität haben, sie müssen aber insbesondere auch emotionalen Halt geben.

Grundkurs Erziehungswissenschaft – Abiturprüfung NRW
Übungsaufgabe 2

Thema: Identitätsdiffusion in sozialen Netzwerken/Medienerziehung

Unterrichtsinhalte:
- Besonderheiten der Identitätsentwicklung in Kindheit, Jugend und Erwachsenenalter sowie deren pädagogische Förderung (Inhaltsfeld 4)
- Anthropologische Grundannahmen zur Identität und ihre Auswirkungen auf pädagogisches Denken und Handeln (Inhaltsfeld 4)
- Interdependenz von Entwicklung, Sozialisation und Erziehung (Inhaltsfeld 3)
- Erziehung durch Medien und Medienerziehung (Inhaltsfeld 3)

Kira Brück: Ich-Booster im Internet: Ich will mehr Likes!

Online muss sich heute jeder selbst vermarkten. Richtig Posen und Ausleuchten gehören dazu. […] Landschaftsaufnahme mit Retro-Filter: 21 Likes. Duckface-Selfie: 45 Likes. Schnappschuss mit dem Lieblingshund: 62 Likes. Ein Kommentar vom Schwarm: unbezahlbar. Jeder, der schon mal auf Facebook Fotos, Videos oder Links gepostet hat, hat nach kurzer Zeit verstanden, was im Netzwerk gut ankommt, welche Posts also die besten Chancen haben, mit besonders vielen Likes ausgezeichnet zu werden. Manchen Leuten ist es sogar richtig peinlich, wenn ihr Foto kein einziges Mal gemocht wird – sie löschen es nach einer halben Stunde wieder. Beim nächsten Mal wird sich mehr Mühe gegeben in der Auswahl des Motivs. Vielleicht war aber auch der Spruch nicht originell genug. Keiner kann es leugnen: Wir alle freuen uns über positive Reaktionen, wenn wir etwas aus unserem Leben teilen. Und sind ein bisschen enttäuscht, wenn es keinen interessiert. Um nicht immer wieder feststellen zu müssen, dass unsere Bilder oder Videos von niemandem beachtet werden, lernen wir schnell, was gut ankommt – und richten unsere „Öffentlichkeitsarbeit" auf die Gesetze der sozialen Aufmerksamkeit aus. Wir lassen uns konditionieren.

Irgendwann verliert man das Gefühl für sich selbst

Die Regeln sind klar: Je angesagter die Location ist, in die man sich eincheckt, desto mehr Leute sind beeindruckt. Je stylischer das Outfit auf dem Selfie, desto mehr begeisterte Kommentare. Also überlegen wir genau, was wir von unserem Leben preisgeben. Wir wägen ab, selektieren – und präsentieren dann die bestmögliche Version von uns. „Wir lernen, dass ein Post aus dem Museum weniger für Furore sorgt als einer von der Kartbahn. Diesen Regeln unterwerfen sich die Nutzer sozialer Netzwerke. Anstatt also zu leben, macht man sich Gedanken darüber, was man berichten kann – diese Gefallsucht kann zur Falle werden", sagt Heike Kaiser-Kehl, Diplom-Psychologin bei dieonlinepsychologen.de. Hier berät die 49-Jährige Hilfesuchende schriftlich und telefonisch. Das Problem sieht die Expertin auch darin, dass es irgendwann in Stress ausarten kann, auch ja etwas Aufregendes aus dem eigenen Leben in die digitale Welt hinausposaunen zu müssen. Was aber, wenn gar nichts Spannendes passiert? „Man betrachtet das eigene Leben zunehmend durch die Augen anderer, weil die Außenwirkung das Allerwichtigste wird", sagt Heike Kaiser-Kehl. „Wer sich für Facebook und Co ein zweites Ich erschafft, kann in seiner Eigenkreation gefangen bleiben. Im Extremfall zieht sich derjenige aus der wirklichen Welt zurück, weil er von den echten Freunden nicht enttarnt werden will", weiß Heike Kaiser-Kehl und warnt, dass es auch zum Zwang werden kann, sich möglichst hip im Netz zu präsentieren. Denn an einem gewissen Punkt verliert man das Gefühl für sich selbst. Klar, für manche kann die Jagd nach der eigenen Optimierung zur Falle werden, für andere hingegen zum Ansporn, wirklich etwas aus dem eigenen Leben zu machen und so das Optimum aus sich herauszuholen. „Man erschafft sich einen Schuh, in den man noch reinwächst – das wäre dann ein positiver Aspekt der digitalen Selbstoptimierung. Eine Art Motivation, das Beste aus dem eigenen Leben zu machen und die Dinge anzupacken", gibt Heike Kaiser-Kehl zu bedenken.

Wann die Selbstinszenierung zum Problem wird

Die Selbstdarstellung in sozialen Medien ist also nicht rein negativ, aber auch nicht unbeschränkt positiv. Denn: „Positives Selbstdarstellen ist für jeden ein Anliegen, nicht nur im Internet. Es ist ganz natürlich, dass man sich einen guten Standpunkt in der sozialen Gruppe wünscht, bei Jugendlichen ist das sogar noch stärker als bei Erwachsenen. Generell gilt: Je stärker die Persönlichkeit, desto weniger braucht man die Bestätigung", sagt Jugendpsychologe Holger Simonszent. Die Problematik aber ist, dass viele ihre soziale Gruppe im Internet gar nicht kennen, sich also für Fremde inszenieren. Bedenklich für die Psyche wird diese Sucht zur Selbstdarstellung, weil man bis zum 25. Lebensjahr die eigene Persönlichkeit ausbildet. Wer sich also in der Pubertät nur danach richtet, wie die Facebook-Freunde einen finden, könnte auf dem Holzweg sein. Denn 600 Verbindungen sind noch lange kein fester Freundeskreis. Und was, wenn einem klar ist, dass man längst für die Selbstinszenierung im Netz lebt? „Ich empfehle, erst einmal komplett auszusteigen und wieder ein echtes Leben zu entwickeln. Eine Übung in Achtsamkeit kann jetzt helfen: Wie würde ich mich selbst beschreiben, wenn keiner zuhört? Und dann sich eins klarmachen: Jeder reale Freund ist eine Errungenschaft", erklärt Heike Kaiser-Kehl. Damit sich keiner Sorgen machen muss: Wer sich über einen netten Kommentar oder ein paar Likes freut, hockt noch lange nicht in der Selbstoptimierungsfalle. Wer aber merkt, dass die eigene Stimmung stark von der Bewertung anderer abhängt, sollte sich mal Gedanken machen. Jeder hat ein Verlangen nach Anerkennung, keine Frage. Aber wer seinen Tagesablauf danach ausrichtet, wann er welches Foto von sich bei Instagram teilt, sollte innehalten und überlegen, ob es nicht auch ganz schön anstrengend ist, sich ständig im Netz von der Schokoladenseite präsentieren zu müssen. Vielleicht sollten wir uns alle viel öfter mit einem Eis auf eine schöne Wiese setzen und das Leben genießen. Einfach so. Ohne davon ein Foto zu machen, ohne uns einen flotten Spruch zu überlegen, ohne ein Tweet. Einfach nur die Vögel zwitschern hören, die frische Luft atmen und das Gras streicheln. Nur für uns selbst und niemanden sonst. [...]

Kira Brück: Ich-Booster im Internet: Ich will mehr Likes!, in: Spiegel Online, 10. 4. 2014, http://www.spiegel.de/ schulspiegel/leben/facebook-instagram-jugendliche-ueber-selbst-inszenierung-im-social-web-a-963258.html

Aufgabenstellung

1. Formulieren Sie den Hauptgedanken des Textes, fassen Sie dessen Inhalt zusammen und arbeiten Sie die Argumentationsstruktur des Autors heraus.
2. Erläutern Sie die relevanten Aussagen des Autors mithilfe eines Identitätskonzeptes und eines Ansatzes zu zentralen Entwicklungsaufgaben des Jugendalters.
3. Ziehen Sie aus den bisherigen Überlegungen Konsequenzen für einen pädagogisch wünschenswerten Umgang mit sozialen Medien in der Lebensphase Jugend.

Lösungsvorschlag

1. *Die Aufgabenstellung enthält drei konkrete Forderungen an die Lösung: Zunächst sollen Sie den* ***Hauptgedanken*** *des Textes formulieren. Hierbei sollten Sie versuchen, möglichst schlüssig und komprimiert die Aussage auf der Metaebene des Textes festzustellen. Schreiben Sie an dieser Stelle nicht zu viel, da dies zum einen zu Überschneidungen mit den weiteren Teilaufgaben führt und zum anderen wichtige Zeit kosten kann. Unter Umständen reicht bereits ein schlüssiger Satz.*
Ausgehend von dem Hauptgedanken des Textes sollen Sie in der Folge den Textinhalt in eigenen Worten ***zusammenfassen*** *und die* ***Argumentation skizzieren****. Auch hier gilt: „Weniger ist mehr." Konzentrieren Sie sich auf die* ***zentralen Inhalte und nennen Sie die Gedankenschritte****, die der Autor vollzieht.*

Der vorliegende Artikel „Ich-Booster im Internet: Ich will mehr Likes!" von Benedikt Müller wurde am 10.4.2014 auf Spiegel Online veröffentlicht. Er befasst sich mit dem Zusammenhang von Identität und sozialen Netzwerken und untersucht **Chancen und Risiken medialer Identitätsrepräsentationen** für die Identitätsbildung.

Der Autor stellt zunächst mithilfe von Beispielen heraus, inwiefern soziale Medien in unseren Lebensalltag Einzug halten und in welchem Maß die Konsumenten sich den Regularien innerhalb dieser Medien bewusst sind. So betont er, dass wir bereitwillig Konditionierungsmustern folgen, um unsere Wirkung innerhalb der Medien zu optimieren (vgl. Z. 1–15).
Im weiteren Verlauf des Artikels konkretisiert der Autor diese Auswirkungen auf unser Verhalten. Hierzu zitiert er die Diplom-Psychologin Heike Kaiser-Kehl, nach der eine **zentrale Gefahr** für Nutzer sozialer Netzwerke in dem **Verlangen**

besteht, **anderen zu gefallen** (vgl. Z. 24 f.). Zusätzlich könne das konstante Bemühen um die digitale Präsentation bei Nutzern enormen **Stress** hervorrufen (vgl. Z. 26 ff.). Dies könne zuweilen so weit führen, dass sich das jeweilige Individuum komplett **aus der realen Welt zurückziehe**, um die Diskrepanz zwischen realem Selbst und medialer Präsentation zu verbergen (vgl. Z. 31 ff.). Wer nur darüber nachdenke, wie andere ihn sehen (sollen), verliere womöglich das „Gefühl für sich selbst" (Z. 35 f.). Andererseits werden aber auch etwaige **positive Aspekte** aufgeführt: So könne die Optimierung der Onlinepräsenz auch im realen Leben dazu **motivieren**, sich **weiterzuentwickeln** und **seine Leistungen zu verbessern** (vgl. Z. 39 ff.).
Im folgenden Abschnitt zieht der Autor Parallelen zwischen dem realen Leben und der Darstellung innerhalb sozialer Netzwerke. Die grundlegende Tendenz dazu, **sich selbst positiv darzustellen** und in **Gruppen** nach Anschluss zu suchen, sei kein Alleinstellungsmerkmal der Onlinewelt, sondern würde insbesondere **bei Jugendlichen** auch im realen Leben eine **wichtige** Rolle spielen (vgl. Z. 44 ff.). Der Autor verdeutlicht dies anhand von Aussagen des Jugendpsychologen Holger Simonszent und stellt damit einen Bezug zur **Persönlichkeitsentwicklung** her. So sei die Stärke der jeweiligen Persönlichkeit ein Indikator dafür, wie abhängig ein Individuum von Fremdbestätigung sei.
Nun verdeutlicht Müller die zentrale Problemstellung für die Lebensphase Jugend: Insbesondere bis zum 25. Lebensjahr werde die Persönlichkeit ausgebildet (vgl. Z. 51). Wer sich in dieser Phase nur durch steigende Freundeszahlen in sozialen Netzwerken bestätigt fühlt, verliert womöglich den Bezug zur Realität. Für die Persönlichkeitsentwicklung sei ein fester Freundeskreis im realen Leben wichtiger als Onlinekontakte (vgl. Z. 51 ff.).
Abschließend werden im Text Indikatoren einer problematischen Beziehung zu sozialen Netzwerken aufgeführt: Es ist z. B. ein Zeichen von Abhängigkeit, seinen Tagesablauf nach der Darbietung von Fotos oder Kommentaren auf etwaigen Plattformen auszurichten (vgl. Z. 63 ff.). Der Autor zitiert Kaiser-Kehls Rat, sich bei solchen Ausprägungen des Lebens in sozialen Netzwerken zunächst einmal komplett von ihnen zu entfernen und sein echtes Leben wieder in den Fokus zu rücken (vgl. Z. 55 f.). So könne es doch hilfreich sein, das reale Leben einfach zu genießen, ohne jedes Mal Erlebnisse fotografieren oder kommentieren zu müssen (vgl. Z. 65–69).

2. *Die Aufgabenstellung enthält den Operator „**Erläutern**" im Zusammenhang mit **zwei konkreten inhaltlichen Ansätzen**.*
*Beginnen Sie wie gewöhnlich mit einer geeigneten **Einleitung**. Stellen Sie danach **zentrale Aspekte des Textes** heraus, die Sie dann mithilfe der von Ihnen herangezogenen Theorien analysieren. Beachten Sie, dass Sie die Theorie kurz und in ihren wesentlichen Zügen darstellen müssen, bevor Sie die relevanten Bereiche im Zusammenhang mit dem Aufgabentext vertiefen. Diesen Vorgang wiederholen Sie mit dem zweiten Ansatz. Eventuell eignen sich dieselben Textstellen des Ausgangstextes – hierfür ist das Erstellen eines vorherigen Schreibplans von Vorteil.*

*Abschließend ziehen Sie dann ein **Fazit**, das sich auf die Eignung der beiden Ansätze zur Analyse der im Ausgangstext beschriebenen Problemstellung beziehen kann. Für die exemplarische Lösung der Aufgabe werden nachfolgend die Identitätsentwicklung nach Erikson und die Entwicklungsaufgaben des Jugendalters nach Hurrelmann herangezogen.*

Übertriebene Selbstdarstellung in sozialen Netzwerken kann insbesondere im Jugendalter die Persönlichkeitsentwicklung beeinflussen. Im Folgenden wird diese im Text dargestellte Problemstellung mithilfe der Theorie zur Identitätsentwicklung nach Erikson sowie der Entwicklungsaufgaben im Jugendalter nach Hurrelmann analysiert.

Im Zusammenhang mit zentralen Aspekten der Identitätsentwicklung im Jugendalter führt der Autor an, dass die **Persönlichkeitsentwicklung** bis zum 25. Lebensjahr stattfindet (vgl. Z. 51). In sozialen Netzwerken nutzen vor allem Jugendliche und junge Erwachsene die Möglichkeit, durch Selektion und Abwägung eine „bestmögliche Version" (Z. 20) von sich zu präsentieren. Dies ist insbesondere der verstärkten Rolle der Außenwirkung zuzuschreiben, bringt letztlich aber die Gefahr der Entwicklung einer zweiten **Parallelidentität** mit sich (vgl. Z. 29–32). So kann es passieren, dass man „das Gefühl für sich selbst" (vgl. Z. 35 f.) verliert. Hinsichtlich der **Aufgaben**, die insbesondere im Jugendalter mithilfe von sozialen Netzwerken bewältigt werden, führt der Autor an, dass die Jugendlichen versuchen, sich **in Gruppen zu positionieren** (vgl. Z. 45 f.). Hierbei kommt es unter Umständen zu einer gefilterten Selbstdarstellung in sozialen Netzwerken, da Jugendliche sich so präsentieren, dass sie in den jeweiligen Gruppen akzeptiert werden. Es wird jedoch auch ein **positiver Aspekt sozialer Netzwerke** angeführt: Sie können **Ansporn** geben, „wirklich etwas aus dem eigenen Leben zu machen" (Z. 37 f.). So kann die Selbstdarstellung in sozialen Netzwerken dazu führen, dass man auch für das reale Leben Ziele in den Blick nimmt, die man nach und nach durch verschiedene Bereiche der Entwicklung zu erschließen sucht.

Die Theorie Eriksons befasst sich mit der **psychosozialen Entwicklung** und knüpft in vielen Bereichen an die Erkenntnisse Freuds an. Allerdings weitet Erikson seine Konzeption über die gesamte Lebensspanne aus und betont vor allem die Bedeutung der **Identitätsentwicklung** im Jugendalter. Er beschreibt das **epigenetische Prinzip**, wonach die psychosoziale Entwicklung auf einem Grundplan beruht und bestimmten Entwicklungsgesetzen folgt. Laut Erikson vollzieht sich die Persönlichkeitsentwicklung in **acht Phasen**, in denen das Individuum konkrete **Konflikte** im Zusammenhang mit Beziehungen bewältigen muss. Je nach Umgang mit der jeweiligen Entwicklungskrise werden für den weiteren Verlauf problematische oder hilfreiche Grundlagen gebildet. Das Modell liefert zwar Orientierungen, beschreibt jedoch keine konkreten pädagogischen Hilfestellungen für die jeweiligen Krisen. Dies ist darauf zurückzuführen, dass es sich um ein in erster Linie psychologisches Konzept handelt.
Für die Analyse des vorliegenden Textes und der Lebensphase Jugend bietet sich eine Fokussierung auf die fünfte Phase an, die mit der Krise „**Identität vs. Identi-**

tätsdiffusion" beschrieben wird. Sie knüpft im Jugendalter an konkrete physische Bedingungen wie den Erwerb der Geschlechtsreife an. Durch die zunehmende Ablösung von der Familie gewinnt die Gruppe der Gleichaltrigen an Bedeutung. Prinzipien der Eltern werden hinterfragt und die eigene Persönlichkeit wird im besten Falle gefunden und gefestigt. Dies ist ein **aktiver Prozess** des Individuums, das aus **verschiedenen „Identitätsangeboten**" seines Umfeldes Elemente aufgreift, ausprobiert und idealerweise eine eigene gefestigte Identität formt. Als **zentrale Gefahr** dieser Lebensphase wird von Erikson die **Identitätsdiffusion** beschrieben, bei der es dem Jugendlichen nicht gelingt, die vielen Angebote und Anforderungen zu vereinbaren und eine klare individuelle Identität auszubilden. Gewissermaßen besteht die Gefahr des kontinuierlichen sprunghaften Wechsels zwischen verschiedenen Identitäten, Auffassungen und Grundhaltungen. Erikson beschreibt die Notwendigkeit eines „**Moratoriums**" innerhalb dieser Phase, in dem das Individuum außerhalb der regulären Handlungsfelder **konstruktive Selbstfindung** betreiben kann; dies kann jedoch auch zu Problemen führen, wenn Jugendliche mit der Orientierungssuche überfordert sind.
Die Ausführungen im vorliegenden Text zeigen, dass man in sozialen Medien zentrale Elemente der Identitätsentwicklung wiederfinden kann, die sich auf die Theorie Eriksons beziehen lassen: Erikson beschreibt die fünfte Phase als Krise des Jugendalters – auch im Text wird darauf verwiesen, dass die mediale Selbstdarstellung besonders in der Pubertät problematisch sein kann, da hier eine starke Fokussierung auf die Ebene der Identitätsentwicklung vorliegt (vgl. Z. 50 ff.). Jugendliche und junge Erwachsene experimentieren in sozialen Netzwerken mit unterschiedlichen Selbstdarstellungen und setzen sich mit den Rückmeldungen ihrer sozialen Gruppe auseinander. Online ist es möglich, verschiedene Versionen des Selbst zu erschaffen. Dies passt zu Eriksons Beschreibung der **aktiven Identitätskonstruktion aus verschiedenen Angeboten**. Auch seine Aussage, dass die Gruppe der Gleichaltrigen an Relevanz gewinnt, wird durch die in sozialen Netzwerken steigende Notwendigkeit, sich „durch die Augen anderer" (Z. 29 f.) sehen zu wollen, untermauert. Bedeutend ist, dass sich die zentrale Problemstellung der möglichen **Identitätsdiffusion** im Jugendalter durch die zusätzlichen Möglichkeiten und Angebote, die **soziale Netzwerke** im Hinblick auf das Ausprobieren verschiedener Identitäten zu bieten scheinen, **verstärken** kann. Außerdem wird es hierdurch erschwert, Jugendliche bei der Orientierungssuche zu unterstützen. Andererseits können soziale Netzwerke das Gewähren eines Moratoriums erleichtern, da sie ein Ausprobieren neuer Handlungsräume verhältnismäßig frei ermöglichen.

Mit den zentralen **Entwicklungsaufgaben** der Lebensphase Jugend befasst sich der Sozialwissenschaftler Klaus Hurrelmann. Die Lebensphase Jugend gewinnt seiner Ansicht nach in modernen Gesellschaften an Relevanz. Davon ausgehend beschreibt er in seinem **Modell der produktiven Realitätsverarbeitung** ein wechselseitiges Verhältnis von Subjekt und gesellschaftlicher Realität. Damit grenzt er sich von einem rein deterministischen Verständnis von Entwicklung insbesondere im Kindes- und Jugendalter ab. Mit dem Begriff der „**produktiven Re-**

alitätsverarbeitung“ beschreibt Hurrelmann die **Erarbeitung einer Persönlichkeit** durch die aktive Konzeption der äußeren und inneren Realitätsebenen, was letztlich zu der Ausbildung der Identität führt. Hurrelmann hat seine Ausführungen stetig weiterentwickelt; so hat er z. B. seine Maximen zum Jugendalter von acht auf zehn erweitert. Dies zeigt sein Bestreben, seine Konzeptionen an den realen Bedingungen der Gesellschaft auszurichten und zu hinterfragen.
Für die weitere Bearbeitung des Ausgangstextes stehen insbesondere die von Hurrelmann genannten Aufgaben des Jugendalters im Vordergrund. Hierbei benennt er **vier zentrale Aufgaben**, die es im Verlaufe der Jugend zu bewältigen gilt: **Qualifizieren**, **Binden**, **Konsumieren** und **Partizipieren**. Letztgenannte zielt auf den Aufbau eines Werte- und Normensystems sowie auf die Übernahme von gesellschaftlichen Partizipationsrollen und die damit verknüpfte Mitgestaltung der Gesellschaft ab. „**Konsumieren**“ beschreibt den stetigen Zuwachs der Verantwortung im Zusammenhang mit dem Konsummarkt einer Gesellschaft, u. a. auch einen kritischen Umgang mit Medien und Werbung. Bei der Aufgabe „**Binden**“ geht es um die Auseinandersetzung mit der körperlichen Veränderung, die Ablösung von den Eltern und den stetigen Aufbau einer individuellen Geschlechtsidentität. Hierbei steht häufig die Entstehung einer Partnerbeziehung im Vordergrund. Im Rahmen der **Qualifikation** gilt es, die intellektuellen und sozialen Kompetenzen zunächst in der Schule und dann auch im beruflichen Bereich auszubilden und schließlich in der Leistungsgesellschaft mitzuwirken. Jede dieser Aufgaben birgt Gefahren durch Zwangscharakteristika einer Gesellschaft in sich, bietet aber auch Raum für individuelle Gestaltung des jeweiligen Bereichs. Diese Gestaltung ist für die Weiterentwicklung einer modernen Gesellschaft zwingend erforderlich. Es wird anhand der Vielfalt der Aufgaben deutlich, wie hoch die Anforderungen an die Lebensphase Jugend in modernen Gesellschaften sind. Die Bewältigung der Aufgaben ist jedoch notwendig, um sich im Erwachsenenalter in ebendiesen Gesellschaften gut zurechtfinden zu können.
Der Ausgangstext benennt zwar keine konkreten Aufgaben, die von sozialen Netzwerken beeinflusst werden, es werden jedoch einige Bereiche erwähnt, die mit den Aufgaben in Zusammenhang stehen. Die im Text angeführte Relevanz für den Standpunkt innerhalb einer Gruppe kann man auf die Aufgaben der **Partizipation** und der **Bindung** beziehen. Die Möglichkeit, sich in sozialen Netzwerken Zugang zu Gruppen zu verschaffen und innerhalb von ihnen den eigenen Status aktiv zu gestalten, kann den Versuch bedeuten, sich außerhalb der Familie neue Bezugsgruppen zu suchen. Hierbei ist allerdings problematisch, dass Nutzer viele Mitglieder ihres digitalen Freundeskreises im realen Leben gar nicht kennen und sich „für Fremde inszenieren“ (Z. 49 f.). Die Akzeptanz innerhalb eines digitalen Freundeskreises ersetzt nicht zwingend die Akzeptanz in einem realen gesellschaftlichen Kontext und kann von der Bewältigung dieser Aufgabe ablenken (vgl. Z. 53). Im Zusammenhang mit der **Partizipation** ist es Jugendlichen in sozialen Netzwerken möglich, **Gruppen aktiv mitzugestalten** und auf deren Mitglieder einzuwirken. Der positive Aspekt der Möglichkeit zur Motivation durch die positive Selbstdarstellung in sozialen Netzwerken (vgl. Z. 37 f.) könnte sich auch im Bereich der Motivation für die Bewältigung der Aufgabe der **Qualifika-**

tion anführen lassen. So kann die optimierte Selbstdarstellung Ansporn zur weiteren schulischen oder beruflichen Qualifikation sein oder es kann sich ein konkretes berufliches Ziel daraus entwickeln. Die Aufgabe „**Konsumieren**" spielt in sozialen Netzwerken insofern eine Rolle, als Jugendliche hier lernen müssen, kritisch mit Medien umzugehen. Nach erfolgreicher Bewältigung dieser Aufgabe sollten sie z. B. in der Lage sein, die in sozialen Netzwerken betriebene Selbstoptimierung zu hinterfragen oder Medienereignisse zu reflektieren. Ob ihnen dies gelingt, hängt u. a. von ihren personalen und sozialen Ressourcen ab.

Insgesamt lassen sich die im Text aufgeführten Problemstellungen und Anmerkungen im Zusammenhang mit Persönlichkeitsentwicklung und sozialen Netzwerken durch eine wissenschaftliche Betrachtung mithilfe der Ansätze Eriksons und Hurrelmanns bestätigen und in einigen Bereichen sogar in ihrem Gewicht verstärken. Soziale Netzwerke können bei der individuellen Identitätsentwicklung und der Bewältigung zentraler Aufgaben im Jugendalter zu Problemquellen werden, da sie überfordern oder gar von der Realität ablenken können. Gleichermaßen stellen sie jedoch einen Teil der Realität in modernen Gesellschaften dar und bieten somit auch Potenziale für diesen Lebensabschnitt an. Daher ist es umso wichtiger, den Umgang mit sozialen Medien in der Lebensphase Jugend genauer zu betrachten und wenn möglich pädagogisch zu begleiten.

3. *Die Teilaufgabe 3 verweist durch den Operator „**Konsequenzen ziehen**" auf einen Praxisbezug. Diese Praxis dürfen Sie in der Bearbeitung der Aufgabe nicht aus den Augen verlieren. Hierbei gilt es, ausgehend von der theoretisch fundierten und normativ-pädagogischen Ausgangslage aus Teilaufgabe 2 konkrete Konsequenzen für den Alltag zu formulieren. Zunächst sollten Sie jedoch die **Notwendigkeit für pädagogische Konsequenzen** noch einmal verdeutlichen, bevor Sie konkrete **pädagogische Kriterien** bestimmen, an denen Sie die Konsequenzen ausrichten. Anschließend benennen Sie relevante Aspekte aus dem Text, aus deren Analyse letztlich Ihre Konsequenzen resultieren.*
*Abschließend ziehen Sie ein **Fazit**, das Möglichkeiten und Grenzen der pädagogischen Maßnahmen benennt. Als grundlegendes pädagogisches Kriterium wird in diesem Lösungsvorschlag auf die globale pädagogische Zielsetzung der Mündigkeit zurückgegriffen, die im Sinne der Praxisfokussierung um eine pädagogische Handlungsorientierung erweitert wird.*

Wie in den bisherigen Ausführungen deutlich wurde, handelt es sich bei der Lebensphase Jugend um einen zentralen Lebensabschnitt auf dem Weg zu einer gefestigten Persönlichkeit. Sozialen Netzwerken kommt in diesem Lebensabschnitt eine steigende Bedeutung zu. Sie können je nach Ausprägung des Umgangs **Potenziale**, aber auch **Gefahren** bergen. Daher ist es unumgänglich, den Umgang mit diesem Bereich der medialen Lebenswelt junger Menschen in unserer Gesellschaft zu untersuchen und pädagogisch zu unterstützen. Eine solche Unterstützung sollte sich an einer optimalen normativen pädagogischen Zielsetzung ausrichten.

Der folgende Abschnitt dieser Ausarbeitung wird sich daher, ausgehend von den bisherigen Erkenntnissen, mit der **Gestaltung dieser Konsequenzen** befassen.

Wie in jeder pädagogischen Praxis muss auch in diesem Falle eine Prüfung der Vorschläge anhand konkreter **Kriterien** vollzogen werden. Hierzu werden an dieser Stelle die Ebene der **konkreten Gestaltung pädagogischer Handlungen** sowie die **pädagogische Zielkonzeption der Mündigkeit** herangezogen. Erstere hinterfragt, ob etwaige Handlungen tatsächlich im Einklang mit einem pädagogischen Handeln stehen. So muss die jeweilige Handlung frei von Indoktrination und Manipulation des zu Erziehenden sein und gleichermaßen versuchen, den Jugendlichen zur Selbsttätigkeit aufzufordern. Mündigkeit als Erziehungsziel bedeutet, dass der Jugendliche sich zu einem möglichst selbsttätig partizipierenden Individuum entwickeln soll, das nicht fremdbestimmt handelt.

Im Text werden bereits einige Vorschläge zum Umgang mit übertriebener Selbstdarstellung in sozialen Netzwerken formuliert. So wird z. B. darauf verwiesen, dass man das Selbstbild fernab sozialer Medien überprüfen und versuchen sollte, Freunde im realen Leben zu finden (vgl. Z. 56 ff.). Was aber kann bereits im Vorfeld im Sinne einer möglichst präventiven Herangehensweise im Umgang mit sozialen Medien getan werden, um mögliche Problemstellungen zu vermeiden?
Der Text erläutert, dass Nutzer sozialer Netzwerke sich konditionieren lassen, um in ihrer Selbstdarstellung die Aufmerksamkeit von Gruppen zu erhalten (vgl. Z. 14 f.). Im Zusammenhang mit dieser sicherlich als problematisch zu betrachtenden Konditionierung sollten Jugendliche bereits frühzeitig dazu ermuntert werden, Freundeskreise nicht ausschließlich in sozialen Medien zu suchen und zu konzipieren. Sie sollten angeregt werden, auch im außerschulischen Bereich in Vereinen oder anderen Angeboten Freundeskreise kennenzulernen, um ihre reale Rolle in Gruppen erproben zu können. Dabei sollten sie lernen, sich nicht ausschließlich von der Anerkennung ihrer Freunde abhängig zu machen.
Ein weiterer zentraler Kritikpunkt, der bisher deutlich wurde, ist die Gefahr der **Überforderung** durch die vielen Angebote, die dem Jugendlichen in sozialen Netzwerken hinsichtlich möglicher Identitätsausprägungen gemacht werden. Um die Gefahr der **Identitätsdiffusion** zu verringern, könnte versucht werden, gemeinsam mit Jugendlichen zu reflektieren, wie lange und wie oft sie online sind. Dadurch könnte bei Jugendlichen ein Bewusstsein dafür entstehen, wie sie ihre Zeit einteilen und ob womöglich ein Missverhältnis zwischen Online-Aktivitäten und anderen Hobbys oder Aktivitäten mit Freunden besteht. Dies würde auch den Erzieher nicht in eine reine Verbotssituation bringen, in der er versuchen würde, über das Handeln des zu Erziehenden zu bestimmen. Ebenfalls würde in einer solchen Gesprächssituation der zu Erziehende dazu aufgefordert, sein eigenes Verhalten selbsttätig zu reflektieren und bereits an der Regelbildung im Familienkontext zu partizipieren.
Im pädagogischen Umgang mit sozialen Medien sollte man außerdem thematisieren, wie Jugendliche sich in sozialen Netzwerken präsentieren und welche Vorstellungen von ihrer (beruflichen) Zukunft sie damit vermitteln. Diese Reflexion kann auch zu einer gesünderen Auseinandersetzung mit der Entwicklungsaufgabe

der **Qualifikation** führen. Eventuell kann so sogar das im Text thematisierte Motivationspotenzial sozialer Medien mit den gesellschaftlichen Erwartungen in Einklang gebracht werden. So könnte thematisiert werden, welche Schritte in der eigenen Biografie der Jugendliche sich als Ziel setzen könnte, um sich z. B. im Bereich des Sports oder anderer Hobbys, die er im Netzwerk präsentiert, tatsächlich weiterzuentwickeln.
In jedem Fall sollte der Jugendliche in dieser kritischen Phase nicht komplett überwacht werden, um einen Freiraum im Sinne des von Erikson beschriebenen **Moratoriums** zu gewährleisten. Allerdings sollte er auch nicht gänzlich alleingelassen werden, sondern Onlinezeiten und Art der Selbstpräsentation sollten regelmäßig mit den Jugendlichen reflektiert werden. Dadurch könnte man die Zielsetzung einer späteren selbstständigen Partizipation in der Gesellschaft unterstützen, ohne Gefahr zu laufen, den Jugendlichen durch Zwang von etwaigen Medien fernzuhalten, da diese ebenfalls Teil unserer gegenwärtigen und sicherlich auch zukünftigen Gesellschaft sind und sein werden. Der reflektierte Umgang mit ihnen muss folglich auch im Fokus erzieherischer Maßnahmen stehen.

Abschließend lässt sich sagen, dass es verschiedene Wege gibt, einen reflektierten Medienkonsum auch im Bereich der sozialen Netzwerke anzuregen und gleichzeitig eine feste Verankerung im realen Leben zu fokussieren. Über die konkreten Ausprägungen solcher Maßnahmen – Anzahl von Gesprächen, konkrete Zeitfenster in der Woche für Sport etc. – sollte man individuell entscheiden. Dabei sollte man auf die jeweilige Person und deren Situation eingehen, insbesondere da eine Pauschalisierung hier immer auch den Unterton einer möglichen Indoktrination mit sich tragen würde. Es kann vielerlei Anknüpfungspunkte geben, um eine Brücke zwischen Online- und Realwelt zu schlagen; die Grenzen liegen jedoch immer in der konkreten Kooperationsbereitschaft des Jugendlichen und einem Zusammenspiel vieler Faktoren wie beispielsweise der Zugänglichkeit zu Vereinen oder Jugendgruppen.

Grundkurs Erziehungswissenschaft – Abiturprüfung NRW
Übungsaufgabe 3

Thema: Erziehungsziele und Erziehungspraxis in der Bundesrepublik Deutschland 1949–1989

Unterrichtsinhalte:
- Erziehung in verschiedenen historischen und gesellschaftlichen Kontexten (Inhaltsfeld 5)
- Institutionalisierung von Erziehung (Inhaltsfeld 6)

Fragen der Jungen- und Mädchenbildung

Jungen und Mädchen werden in den höheren Schulen des Landes Nordrhein-Westfalen, von Ausnahmen abgesehen, getrennt unterrichtet und erzogen. Alle Schulen sind gehalten, der Eigenart der Geschlechter Rechnung zu tragen. Diese Aufgabe ist auch in den Richtlinien bedacht worden.

In Bejahung des einen gemeinsamen Bildungsziels, das für die Gymnasien mit dem Begriff der Hochschulreife umrissen ist, sind Unterrichtsaufgaben und -gegenstände und das Unterrichtsverfahren grundsätzlich so festgelegt worden, wie es dieses Ziel und das Gesetz des jeweiligen Faches erfordern. Sie sind für Jungen und Mädchen gültig.

Innerhalb dieses Gemeinsamen ist jedoch Raum für Berücksichtigung der Unterschiede zwischen den Geschlechtern.

Auch wenn man von einer Metaphysik der Geschlechter absieht, auch wenn man die starke historische und soziologische Komponente in dem überkommenen Bild von Mann und Frau anerkennt, auch wenn man einen Typologismus ablehnt, der feste Eigenschaftsverteilungen bei Jungen und Mädchen vornehmen zu können glaubt, und eine große Variationsbreite der Eigenschaften auf beiden Seiten feststellt, können vorhandene Unterschiede von pädagogischer Bedeutsamkeit nicht übersehen werden.

Es gibt ein Mehr oder Weniger bestimmter Eigenschaften und Verhaltensweisen auf beiden Seiten. Der Verlauf der Reifungsprozesse ist in Eigenart, Tempo und Rhythmus verschieden. Verschieden ist die Bedeutung, die Beruf und Familie im Leben von Mann und Frau haben; sie wirkt voraus bei den Heranwachsenden.

Diese Polarität verbietet eine Nivellierung und erfordert eine Differenzierung im Unterricht.

Die Richtlinien weisen gelegentlich auf solche Möglichkeiten und Notwendigkeiten hin: sie machen auf zeitliche Unterschiede in der Behandlung von Unterrichtsgegenständen in Jungen- und Mädchenschulen aufmerksam; sie vermerken wiederholt, daß bestimmte Lektüren besonders für Jungen oder Mädchen geeignet sind; sie geben auch vereinzelte methodische Hinweise in dieser Richtung. Sie können das nur andeutungsweise und an wenigen Beispielen, jedoch nicht erschöpfend tun. Die eigentliche Aufgabe ist von dem Lehrer zu lösen, der diese Anregungen aufnehmen und in seiner konkreten pädagogischen Situation anwenden, abwandeln und erweitern soll.

Diese Aufgabe ist ihm bei der Auswahl der Unterrichtsgegenstände gestellt. Er muß sie bei seinem methodischen Vorgehen bedenken, bei der Wahl des Ansatzpunktes, der Festlegung der Schwerpunkte der Behandlung; er wird die verschiedenen Möglichkeiten des Zugangs, die Jungen und Mädchen jeweils haben, die Besonderheit der Arbeitshaltung, ihre typischen Schwächen und Vorzüge im Auge behalten. Indem er sich im Unterricht bemüht, Jungen und Mädchen in ihrer Besonderheit gerecht zu werden, trägt er zur Erhaltung der spannungsvollen Verschiedenheit der Geschlechter bei, die deren lebendiges Zusammenwirken und eine volle Entfaltung der Persönlichkeit erst möglich macht. […]

Die Schule in Nordrhein-Westfalen, Eine Schriftenreihe des Kultusministeriums, Heft 8/Teil q Chemie, Richtlinien für den Unterricht in der Höheren Schule, Ratingen: Chemie, A. Henn Verlag 1963, S. VI-VII

Aufgabenstellung

1. Skizzieren Sie den Hauptgedanken des Textes, arbeiten Sie die im Text erwähnten Gemeinsamkeiten und Unterschiede von männlichen und weiblichen Schülern strukturiert heraus und formulieren Sie abschließend, welche Aufgaben der Schule bezüglich der Jungen- und Mädchenbildung der Text impliziert.

2. Belegen Sie mithilfe Ihrer im Schulunterricht erworbenen Kenntnisse über Erziehungsziele und Erziehungspraxis, warum sich in der Bundesrepublik Deutschland in der Zeit von 1949 bis 1989 sowohl in der schulischen Mädchenbildung und -erziehung als auch in einem weiteren Ihnen wichtig erscheinenden sozialen Kontext Werte, Normen und Ziele geändert haben.

3. Erörtern Sie mithilfe Ihrer Fachkenntnisse zu den Funktionen von Schule, ob Schule ausschließlich eine Institution ist, die in der Gesellschaft bestehende Probleme aufgreift und Lösungen anbietet, oder ob durch Schule auch gesellschaftliche Veränderungen angestoßen werden können.

Lösungsvorschlag

1. *Bei der Lösung von Teilaufgabe 1 sollen Sie Folgendes leisten: Sie sollen 1. den* ***Hauptgedanken*** *des Textes* ***skizzieren*** *– also nicht detailliert ausführen –, 2. die im Text erwähnten* ***Gemeinsamkeiten und Unterschiede zwischen weiblichen und männlichen Schülern strukturiert herausarbeiten*** *und 3. ermitteln, welche* ***Aufgaben die Schule*** *nach Aussage der Textvorlage* ***bezüglich der Jungen- und Mädchenbildung*** *zu erfüllen hat.*
   Sie sollten die Textvorlage gedanklich so gliedern, dass Sie deren Inhalt sachlich genau und anschaulich darstellen können. Dies hilft Ihnen auch bei der Lösung von Teilaufgabe 2.

   Die Textvorlage „Fragen der Jungen- und Mädchenbildung" ist ein Auszug aus den Richtlinien für den Chemie-Unterricht in der Höheren Schule aus dem Jahr

1963. Sie thematisiert die Notwendigkeit, am Gymnasium **sowohl Mädchen als auch Jungen** für eine **allgemeine Studierfähigkeit** auszubilden (vgl. Z. 5–9). Dabei wird eine **Differenzierung nach Geschlechtszugehörigkeit** der Schüler für nötig erachtet (vgl. Z. 3).

Begründet wird die Notwendigkeit der geschlechtsspezifischen Unterrichtsgestaltung durch die Annahme, dass die Schüler sonst nicht bestmöglich ausgebildet würden. Damit werden **lernrelevante Unterschiede zwischen den Geschlechtern** als **unveränderliche Tatsache** implizit dargestellt, die von der Schule zu berücksichtigen sind (vgl. Z. 10 f., 16 ff.).
Die geschlechtsspezifischen Unterschiede werden dialektisch dargestellt. Zunächst werden Kriterien angeführt, die in der schulischen Bildung berücksichtigt werden sollen: Die Metaphysik der Geschlechter sollte außer Acht gelassen werden. Die „starke historische und soziologische Komponente in dem überkommenen Bild von Mann und Frau" (Z. 13 f.) sei zu bedenken und der Typologismus mit fester Eigenschaftsverteilung sei zurückzuweisen. Bei Jungen und Mädchen gebe es eine große Variationsbreite an Eigenschaften (vgl. Z. 12–16).
Darauf folgen Angaben über **geschlechtsspezifische Unterschiede** von pädagogischer Bedeutung: Bestimmte **Eigenschaften und Verhaltensweisen** seien bei Jungen und Mädchen **unterschiedlich stark ausgeprägt**. Der Verlauf des **Reifeprozesses** sei in Eigenart, Tempo und Rhythmus **verschieden**. Die Bedeutung von Beruf und Familie sei bei Männern und Frauen nicht dieselbe. Jungen und Mädchen hätten verschiedene Möglichkeiten, Zugang zum Stoff zu finden. Sie hätten typische Schwächen und typische Vorzüge (vgl. Z. 19–22, 35 ff.).
Als **Fazit** daraus wird formuliert, dass diese **gravierenden Unterschiede** zwischen männlichen und weiblichen Schülern **einen geschlechtsspezifisch differenzierten Unterricht erforderten** (vgl. Z. 23 f.).

Die diesbezüglich **von der Schule zu leistende Arbeit** wird im Text in sehr allgemeiner Formulierung dargestellt: Demnach gibt es **zeitliche Unterschiede in der Behandlung von Unterrichtsgegenständen**, was teilweise als mögliche oder als notwendige Differenzierung gewertet wird. Außerdem werden **Lektüren als besonders für Jungen oder Mädchen geeignet** bewertet. Im Text wird erwähnt, dass der Lehrplan auch vereinzelt methodische Hinweise gibt (vgl. Z. 26–29).
Alle Angaben enthalten vorwiegend **unbelegte Behauptungen, es fehlen Konkretisierungen**. Sie beantworten also die „Fragen der Jungen- und Mädchenbildung" nicht.
Für die Umsetzung eines nach Meinung der Verfasser adäquaten Unterrichts für Jungen und Mädchen ist der **einzelne Lehrer hauptverantwortlich**, der die Anregungen in seiner konkreten pädagogischen Situation anwenden, abwandeln und erweitern soll. Er löst sie durch die Auswahl der Unterrichtsgegenstände, die Wahl der Hinführung zur Thematik sowie die Festlegung der Schwerpunkte der Behandlung (vgl. Z. 33 ff.)
Nach Angabe der Richtlinien für den Unterricht an der Höheren Schule werde erst dadurch die volle **Entfaltung der Schülerpersönlichkeit** möglich, und die als spannungsvoll bezeichnete **Verschiedenheit der Geschlechter** bleibe **erhalten**

(vgl. Z. 39 ff.). Hier wird deutlich, dass **Schule** die Aufgabe hat, die **in der Gesellschaft tradierten Werte an die nachwachsende Generation weiterzugeben**.

2. *Sie sollten die Anfertigung der gesamten Klausur als eine Einheit sehen, bei der es* ***drei Bearbeitungsschwerpunkte*** *gibt, die Ihnen hier vorgegeben sind. Sie sollten diese in einen logischen Zusammenhang bringen. Dadurch zeigen Sie dem Korrektor, dass Sie die größeren gedanklichen Zusammenhänge erfassen, die in der Formulierung der drei Aufgaben enthalten sind.*
Die Lösung der zweiten Aufgabe besteht aus ***zwei Teilen:*** *Im ersten sollen Sie in Anlehnung an die Textvorlage herausstellen, warum sich* ***Werte, Normen und Ziele in der schulischen Mädchenbildung und -erziehung in der Zeit von 1949 bis 1989 verändert*** *haben. Im zweiten Teil sind entsprechende* ***Veränderungen in einem weiteren sozialen Kontext*** *darzustellen. Diesen weiteren Kontext können Sie selbst auswählen. Greifen Sie dabei auf Wissen aus dem Unterricht zurück.*

In den aktuell geltenden Richtlinien für den schulischen Unterricht würden sich wesentliche Aussagen der Textvorlage nicht finden, da inzwischen fundamentale Reformen in der schulischen Mädchenbildung und -erziehung erfolgt sind.

Die **Veränderung** der in der Textvorlage vorgegebenen **Bildungs- und Erziehungsziele** lässt sich schon daran erkennen, dass Ende der Sechzigerjahre das **gemeinsame schulische Lernen von Mädchen und Jungen** von verschiedenen gesellschaftsprägenden Institutionen wie Parteien und Verbänden gefordert und auch weitgehend umgesetzt wurde. Zwar gibt es auch heute noch diesbezüglich getrenntes schulisches Lernen, aber es gibt dazu auch immer ausreichend koedukative Alternativen, die für jeden Schüler erreichbar wären.
Bestimmte **Schultypen** wie Mädchen- und Jungengymnasium, Frauenoberschule und andere Fachschulen waren in den **Sechzigerjahren** häufig nach den Vorstellungen, wie sie in der Textvorlage geäußert werden, **geschlechtsspezifisch ausgerichtet**. Diese Ausrichtung zeigte sich nicht nur in der Schülerpopulation, sondern auch bei der Auswahl der **Unterrichtsinhalte**. So wurde Anfang der Sechzigerjahre für das **Wahlpflichtfach Physik an der Frauenoberschule** dem Experimentieren eine große Bedeutung zugeschrieben und besonderes Augenmerk sollte darauf gelenkt werden, **wieweit die Mathematisierung und wissenschaftstheoretische Vertiefung den Schülerinnen zumutbar** sei. Dagegen sollten spezifische technische Anwendungen eingehend besprochen und erläutert werden, damit Geräte und Maschinen sinnvoll eingesetzt und Gefahren vermieden werden könnten.
Auch am Beispiel des **Chemieunterrichts** in der Frauenoberschule lässt sich die noch Anfang der Sechzigerjahre geltende geschlechtsspezifische Differenzierung der Stoffauswahl und der unterrichtlichen Verbindung der einzelnen Lerninhalte gut veranschaulichen: Da der Chemieunterricht im Vergleich zum gymnasialen verkürzt war, sollten an der Frauenoberschule **wichtige Inhalte des Chemieunterrichts gekürzt oder in den Biologie- oder Hauswirtschaftsunterricht integriert** werden, z. B. unter kochtechnischen Gesichtspunkten. Zwar wird auch heutzutage an Fachschulen Chemie schwerpunktmäßig in Bezug auf die jeweilige

Fachausrichtung vermittelt, das hat aber keinen Bezug zur Geschlechtszugehörigkeit, wie es bei der Frauenoberschule der Fall war, sondern beruht allein auf dem fachlichen Interesse der Schüler.
Ein ganz wichtiges Argument der Befürworter koedukativer Ausbildung war, wie oben erwähnt, die **Egalität der Bildung**. Damit sollten **Nachteile für Mädchen abgebaut** und eine **berufliche Chancengleichheit** angestrebt werden. Besonders feministische Gruppen sahen in der Koedukation eine Vorbereitung auf das Leben und gleichzeitig eine schulische Situation, die an das Familienleben anknüpfte. Ganz wichtig war ihnen jedoch eine Angleichung der Geschlechterrollen. Die traditionellen „**drei Ks**" – **Kirche, Küche, Kinder** – wurden u. a. als wettbewerbsverhindernde Erziehungsziele der schulischen Mädchenbildung angeprangert. Sie sollten durch ein für beide Geschlechter identisches schulisches Lernen aufgebrochen oder zumindest durch ein **viertes K** – **Karriere** – relativiert werden, wie auch Hurrelmann in seiner Veröffentlichung „Lebensphase Jugend" darstellt.
Allerdings waren bis in die Neunzigerjahre hinein die Lehrer an den höheren Schulformen vorwiegend männlich und die in der Primarstufe vorwiegend weiblich. Dadurch wurde die Erreichung eines wichtigen Ziels der Befürworter von Koedukationsschulen, die Egalität der Bildung, durch die Lebenswirklichkeit längere Zeit erschwert.
Es gab neben den „drei Ks" eine weitere griffige Formel, um Behinderungen beim schulischen Bildungserwerb zu veranschaulichen: **KAML**. Das „M" bedeutet **Mädchen**: Es war also ein Nachteil, Mädchen zu sein. „L" steht für **Land**: Auf dem Lande lebende Kinder hatten weniger Bildungschancen als Stadtkinder. Bei empirischen Untersuchungen fand man heraus, dass „K" – die Zugehörigkeit zur **katholischen Konfession** – sich nachteilig auf die Bildungschancen auswirken konnte. Ein gravierender Nachteil war es auch, als „A" – **Arbeiterkind** – geboren zu sein. Den geringsten Anteil an höherer Bildung hatten demnach katholische Mädchen, die als Arbeiterkind auf dem Lande lebten.
In den Siebziger- und Achtzigerjahren erfolgte eine starke Zunahme von höheren Bildungsabschlüssen der Jugendlichen: Der Anteil an Abiturienten betrug nun ungefähr dreißig Prozent. Hurrelmann nannte dies eine „**Bildungsexpansion**". Er konstatierte jedoch, nicht nur die Bildungschancen der benachteiligten Arbeiterkinder, sondern die Bildungschancen der Kinder aller sozialen Schichten hätten sich erhöht. Er geht deshalb davon aus, dass die vorher vorhandene schichtspezifische Unterteilung weiterhin besteht, allerdings auf einem höheren Bildungsniveau.

Im Folgenden soll die Veränderung der Erziehungsziele in der Bundesrepublik Deutschland thematisiert werden.
Nach dem Pädagogen Heinrich Weinstock war die **Industriegesellschaft der Fünfzigerjahre dreigliedrig**. Somit musste auch die nachwachsende Generation in einem **dreigliedrigen Schulsystem** mit jeweils charakteristischen pädagogischen Erziehungszielen unterrichtet werden. Weinstock unterteilt die Gesellschaft in die große Masse der **präzise auf Anordnung Arbeitenden**, die sich in die industrielle Produktion problemlos einfügten, dann diejenigen, die solche Produk-

tionsweisen entwickelten, die **theoretisch Begabten**, sowie diejenigen, die **zwischen beiden vermittelten**.
Für alle Schüler in allen Schulformen galten als wesentliche **Erziehungsziele Disziplin, Pflichterfüllung und Gehorsamkeit**, ausgerichtet auf die Anforderungen der Industriegesellschaft an die nachwachsende Generation. Kinder und Jugendliche sollten sich dabei nach einem vorgegebenen Schema entwickeln und hatten weniger Möglichkeiten zur individuellen Entfaltung als junge Menschen heute. Die Erziehungsziele wurden durch ein differenziertes **Disziplinierungssystem** durchgesetzt, in dem bis 1973 an allen Schulen der Bundesrepublik Deutschland auch **körperliche Züchtigung** erfolgen konnte. Vollständig abgeschafft war diese erst 1989.
Ab **Ende der Sechzigerjahre wurde** diese Erziehung zum Gehorsam als „**Schwarze Pädagogik**" gebrandmarkt. Stattdessen wurden nun andere Erziehungsziele postuliert: **Partizipation** z. B. in der Schule, **Erziehung zum mündigen Bürger** und zur **Selbstständigkeit**. Dazu gehörte nun auch das kritische Hinterfragen von Autoritäten. Hauptziel der Erziehung war nun nicht mehr, die nachwachsende Generation möglichst konform in die bestehende Gesellschaft zu integrieren, sondern die **individuelle Persönlichkeitsentwicklung** zu fördern.
In den Schulen wurde allmählich die **Selbstverwirklichung in sozialer Verantwortung** ein wichtiges Erziehungsziel. Hier wird demnach der Entwicklung einer individuellen Persönlichkeit ein hoher Stellenwert zugesprochen. Eingeschränkt wird diese nur dadurch, dass sie nicht auf Kosten des sozialen Umfeldes geschehen solle, sondern, im Gegenteil, verbunden mit Verantwortungsbewusstsein für das soziale Umfeld. Die **Entwicklung einer eigenen Identität** wurde im Laufe der Jahrzehnte ein immer wichtigeres Erziehungsziel, das auch heute große Bedeutung hat.

3. *Bei der Lösung dieser Aufgabe sollen Sie erörtern, ob die Institution Schule ausschließlich in der Gesellschaft bestehende Probleme aufgreift und dafür Lösungen anbietet. Darin ist schon die Aussage enthalten, dass Schule dies leistet. Gefordert ist hier also nur die Begründung dafür. Sollte es jedoch diesbezüglich Einschränkungen geben, wären diese hier auch zu erläutern.*
Im zweiten Teil ist zu hinterfragen, ob die Schule auch gesellschaftliche Veränderungen hervorrufen kann.

Die Institution **Schule** wird von der Erwachsenengesellschaft so gestaltet, dass sie die nachwachsende Generation darauf vorbereitet, die Aufgaben zu erfüllen, die die Gesellschaft von ihr erwartet. Dadurch soll sich die **Gesellschaft in dem Sinne reproduzieren**, wie die Erwachsenengesellschaft es wünscht. Um dies für die nachwachsende Gesamtpopulation zu gewährleisten, besteht **Schulpflicht**.

Die Schule ist laut Fend eine **gesellschaftliche Qualifikationsinstanz**. Sie vermittelt **Fertigkeiten** wie Schreiben, Rechnen und Lesen sowie das **Wissen**, das als gesellschaftlich relevant betrachtet wird. Da sich die Gesellschaft wandelt, **ändern sich auch die Ansprüche an die Qualifikationsinhalte**. Zur Veranschauli-

chung soll als ein Beispiel aus den Achtzigerjahren die Einführung des neuen Unterrichtsfachs Informatik dienen. Als fast alle wirtschaftlichen und viele private Lebensbereiche durch die Computer verändert wurden, entstand **sozialer Druck**, darauf mit entsprechender **schulischer Qualifizierung der nachwachsenden Generation zu reagieren**. Die Debatte darüber wurde sehr heftig geführt, da es große gesellschaftliche Gruppen gab, die darin eine Veränderung der Jugendkultur sahen, die nicht gewünscht war. Die Landeselternschaft formulierte z. B. als Protest gegen die Einführung des Computers in den schulischen Unterricht Horrorszenarien wie die, dass die Lehrer ersetzt würden durch „seelenlose Maschinen", die die Kinder zu roboterähnlichen Wesen formen würden. Damit war eine schnelle schulische Reaktion auf die neuen wirtschaftlichen Verhältnisse erst einmal blockiert. Da sich jedoch bald herausstellte, wie gravierend die Gesellschaft dadurch verändert wurde und wie wichtig eine schulische Qualifikation für diesen neuen, sich schnell erweiternden Wirtschaftszweig werden würde, erfolgte die **Implementation von Informatik als Schulfach**.
Die Schule **vermittelt** auch **Normen und Werte**, die als gesellschaftlich relevant betrachtet werden. Dadurch werden diese Werte reproduziert und somit die gesellschaftlichen Verhältnisse legitimiert. Nach Fend besteht darin die **Legitimationsfunktion** von Schule.

Da sich die **Bundesrepublik Deutschland** u. a. als ein **christlicher Staat** definiert, ist ein **Unterrichtsfach** in der Schule **Religion**, aufgeteilt nach der Religionszugehörigkeit in evangelischen und katholischen schulischen Religionsunterricht. Früher konnten wenige Schüler aus nichtreligiösen Elternhäusern dieses Fach ersatzlos abwählen. Da in diesem Fach auch eine **Vielzahl von ethischen und sozialen Normen vermittelt** wird, entstand der Wunsch, diese auch an die vom Religionsunterricht befreiten Schüler weiterzugeben. Dies war ein gravierender Grund dafür, das Unterrichtsfach Praktische Philosophie einzuführen. Dieses Fach belegten bisher z. B. auch alle Schüler mit islamischer Religionszugehörigkeit. Inzwischen besteht als weiteres gesellschaftliches Desiderat, dass diese islamischen Schüler nicht mehr nur in Moscheen und familiär in ihrer Religion unterwiesen werden, sondern auch von staatlich ausgebildeten islamischen Religionslehrern in der Schule nach einem staatlich vorgegebenen Curriculum. Diesen islamischen Religionsunterricht gibt es inzwischen in einigen Bundesländern.

Schule hat nach Fend außerdem eine **Selektionsfunktion**. Sie sollte aufgrund von rational festgestelltem Lernvermögen und Leistungsverhalten die Verteilung der Schülerpopulation auf die verschiedenen Schultypen vornehmen. Fend moniert, dass hier das **Elternhaus** mit nicht sachlich begründeten Entscheidungen **über den schulischen Ausbildungsgang ihrer Kinder zu großen Einfluss** habe. Deshalb plädiert er für die Einführung der **Gesamtschule**, damit die erwünschte Selektion durch die Schule vorgenommen werden kann. Der Widerstand in der breiten Öffentlichkeit war jedoch so groß, dass die flächendeckende Gesamtschule nur in wenigen Bundesländern implementiert wurde. Sie ist heute **Teil der Schullandschaft**, mehrheitlich jedoch als eine Angebotsschule im Wettbewerb mit den bisherigen und auch weiteren neuen Schultypen, vorrangig in der Sekundarstufe 1.

Damit hat in diesen Bundesländern weiterhin der **Elternwille die größere Bedeutung für die Selektion** als die Schule, die hier nur aufgrund von Zeugnisnoten eine Selektion vornimmt.

Wie bereits dargestellt wurde, hat die Schule als eine **gesellschaftliche Instanz** die **Aufgabe**, der nachwachsenden Generation als relevant betrachtete **tradierte oder neue Qualifikationen, Werte und Normen zu vermitteln**. Deshalb kann von Schule eigentlich keine gesellschaftliche Veränderung ausgehen.
Allerdings können durch die vorgenommenen **Veränderungen** etwa auch **neue gesellschaftliche Situationen entstehen**, die **in der Schule erkannt** werden und worauf dann die **Gesellschaft reagieren** muss.
Als ein Beispiel mag die schulische **Mädchenförderung** dienen. Mädchen haben inzwischen nicht nur ihren adäquaten prozentualen Anteil an der gymnasialen Bildung und dem anschließenden Studium, sondern sie haben hier inzwischen einen relevant größeren prozentualen Anteil als die männlichen Jugendlichen. Deshalb wird **inzwischen das Umgekehrte gefordert** – ein besonderes Eingehen auf die Bedürfnisse, Fähigkeiten und Fertigkeiten der männlichen Schüler, also eine **Jungenförderung**. Auch in der Wirtschaft ist durch Gesetze zur Förderung von Frauen der Anteil von Frauen in leitender Funktion gestiegen, obwohl hier der geforderte Prozentsatz noch nicht annähernd erreicht worden ist. Aber in allen öffentlichen Verwaltungen lässt sich ein Aufholen der weiblichen Belegschaft erkennen. Auch die Gymnasien haben inzwischen eine geschlechtsparitätische oder sogar eine Belegschaft mit weiblicher Überzahl. Da die berufliche Karriere neben der Gründung einer Familie gefördert werden sollte, musste z. B. das deutsche Beamtengesetz, das bis in die Siebzigerjahre nur Vollzeitbeamte zuließ, so geändert werden, dass Arbeit in Teilzeit möglich wurde.

Die beschriebenen Beispiele zeigen, dass sozial erforderliche und in der Schule umgesetzte Veränderungen Auswirkungen auf die Gesellschaft haben können. Die Schule kann somit gesellschaftliche Veränderungen anstoßen, die womöglich zunächst von der Gesellschaft gar nicht erkannt oder nicht als relevant eingestuft worden waren.

Grundkurs Erziehungswissenschaft – Abiturprüfung NRW
Übungsaufgabe 4

Thema: Demokratische Schule

Unterrichtsinhalte:
- Historische und kulturelle Bedingtheit von Erziehungs- und Bildungsprozessen (Inhaltsfeld 5)
- Erziehung in verschiedenen historischen und gesellschaftlichen Kontexten (Inhaltsfeld 5)
- Interdependenz von Entwicklung, Sozialisation und Erziehung (Inhaltsfeld 3)

Heike Sonnberger: Demokratische Schule: Freiheit, Gleichheit, Kürbissuppe

[...] Wenn Valeska ihre Schule beschreiben soll, ringt sie um Worte. Nein, sie geht in keine Klasse. Nein, sie hat auch keinen Stundenplan. Ja, sie kann sich selbst aussuchen, was sie tun und lernen will. „Es ist so, als ob man in einer Straße wohnt, die auf keiner Karte ist", sagt die 13-Jährige und zieht ein Knie eng an den Körper. Es ist Dienstagvormittag und Valeska zeichnet ein Porträt, die Augen gelingen ihr immer besser, findet sie. Später wird sie vielleicht runter in den Hof gehen, „mal sehen, was so auf mich zukommt". Neulich hat sie sich auch mit Mathe beschäftigt, obwohl sie das Fach eigentlich hasst, aber sie hatte nichts anderes zu tun und der Unterricht war dann doch spannend. Valeskas Schule liegt im Hamburger Stadtteil Rahlstedt. Die 85 Schüler, die täglich hierher kommen, sind zwischen 6 und 16 Jahren alt. Und sie haben mehr Freiheiten, als ihnen eine öffentliche Schule je bieten könnte oder wollte. Die Neue Schule Hamburg versteht sich als demokratisch. Die Kinder bestimmen nicht nur, wie sie ihre Tage verbringen, sondern sie entscheiden auch mit, welche Lehrer eingestellt oder entlassen werden und wofür Geld ausgegeben wird.

Popsängerin Nena hat die Privatschule vor fünf Jahren mitgegründet, der prominente Name rückt die Schule ebenso ins Rampenlicht wie das ungewöhnliche Konzept. Vorbilder sind die Sudbury Valley School im US-Bundesstaat Massachusetts und das britische Internat Summerhill. Das Konzept basiert auf einer Annahme, die auch Hirnforscher vertreten: Jedes Kind will lernen. Und es lernt am besten, wenn es selbst entdecken darf, was es wissen möchte. Die Schule ist voll ausgelastet, dieses Jahr gibt es sogar zum ersten Mal eine kleine Warteliste. Doch die Einrichtung eckt auch an. Die Presse berichtete von Mobbing und Schülerschwund, Nachbarn stöhnen über Lärm. Klar ist: Die Neue Schule Hamburg polarisiert. Der Ansatz ist gewagt, der Anspruch hoch. Die Schüler müssen sich selbst organisieren und zum Lernen motivieren, jeden Tag neu. Kann das gutgehen? [...]

Hohe Bäume verdecken die weiße Villa, in der auf den ersten Blick das Chaos regiert. In der Sofaecke unterm Dach zockt ein Dutzend Schüler Nintendo, andere poltern die Treppe hinauf und herab, im Hof spielen einige Basketball, irgendwo klimpert ein Klavier. Im großen Saal im ersten Stock gehen ein paar Lehrerinnen Praktikumsbewerbungen durch, dauernd fliegt die Tür auf. Auf dem Teppich in der Ecke schlägt ein kleines Mädchen Rad. Es ist oft laut in dieser Schule. Doch je länger man dem Trubel zusieht, desto mehr Struktur lässt sich erkennen. Da sind zum Beispiel die Gremien, die sich regelmäßig treffen, wie das Komitee „Einladen und Kennenlernen“, das gerade im großen Saal tagt, das Putzkomitee oder die Lösungskomitees. Jede Gruppe steht Schülern wie Lehrern offen und jede Stimme wiegt gleich viel. Über Dinge, die alle betreffen, wird freitags in der Schulversammlung abgestimmt.

Unterrichtseinheiten in Mathe, Englisch oder Deutsch sind freiwillig. Heute steht Deutsch für den Hauptschulabschluss an, der Tagesplan leuchtet auf einem Bildschirm gegenüber der Eingangstür. Lehrerin Sarah Alexi, 31, teilt Übungsblätter aus, zehn Schüler sind gekommen. Sie entscheiden selbst, wann sie fit für die Hauptschul- oder die Realschulprüfung sind, Noten gibt es nur auf Wunsch. „Letztes Jahr wollten manche Schüler sogar in den Ferien lernen“, sagt Alexi, die hier alle Sarah nennen. Von sieben Prüflingen bestanden sechs. Die meisten Schüler legen sich in den Monaten vor dem Abschluss richtig ins Zeug. Und keiner hält sie davon ab, in den Jahren davor ständig Fußball oder Computer zu spielen. „Wenn man das nicht verbietet, verliert es irgendwann seinen Reiz“, sagt Alexi. Mehrmals in der Woche quengele ein Kind, dass ihm langweilig sei. „Doch auch Langeweile kann produktiv sein, weil man sich dann mit sich selbst auseinandersetzt.“ Meistens müsse man die Schüler allerdings nur darauf aufmerksam machen, was um sie herum passiere.

In der Küche bereitet eine Lehrerin jeden Tag das Mittagessen vor und freut sich über Helfer, gerade kocht sie mit Vivien, 13, Kürbissuppe und Gemüseauflauf. Im Atelier bastelt die siebenjährige Luzi eine Katzenmaske aus Papier, im Stock darüber planen vier Mädchen eine Party, und im Musikraum übt Danielle Schlagzeug. Zwei andere Schüler haben der 16-Jährigen die ersten Rhythmen beigebracht, seither unterrichtet sie sich selbst.

Im Hof beaufsichtigt Jörn Becker zwei Jugendliche, die mit dem Laubbläser die Herbstblätter beiseite pusten. Seit ein paar Jahren kümmert sich der 52-Jährige in der Schule um Handwerksarbeiten. „Am Anfang war ich skeptisch, ob das hier funktionieren kann“, sagt Becker. Doch mutwilliges Geschmiere auf den Toiletten, wüste Gewalt oder Drogenprobleme gebe es nicht. [...] Rund 240 Euro zahlen die Eltern pro Monat an die Schule. „Manche machen sich Sorgen, ob ihr Kind bei uns auch genug lernt“, sagt Daniela Schaal, die für Erdkunde, Schulentwicklung und Öffentlichkeitsarbeit zuständig ist. Lesen, Schreiben und Rechnen habe bisher aber jeder Schüler gemeistert, „aus natürlicher Neugierde“. Und dazu viele andere Dinge, die sich nicht in schulische Raster pressen ließen, zum Beispiel Verantwortung und Zeitmanagement. Im Sekretariat steht ein Ordner voller Regeln, an die sich die Schüler halten müssen. Sie müssen 35 Stunden in der Woche anwesend sein. Sie dürfen zum Supermarkt gehen, aber nur zu dritt und für höchstens eine halbe Stunde. Jeder ist einmal pro Woche mit dem Putzen dran. Und wenn jemand „Stopp!“ sagt, darf er nicht länger geärgert werden. Wer eine Regel ändern möchte, kann das in der Schulversammlung beantragen.

Manchmal gibt es Ärger, weil jemand sein Geschirr nicht wegräumt oder andere beim Lernen stört. Dafür liegen Formulare bereit, die jeder ausfüllen und bei den zwei Lösungskomitees einreichen kann. Die bestehen aus je einem Lehrer und vier Schülern und treffen abwechselnd jeden Tag zusammen, um mit den Betroffenen nach Lösungen zu suchen. Auch Probleme mit Lehrern kommen hier zur Sprache. Marlin sitzt in beiden Komitees. „Es macht Spaß, Dinge zu klären“, sagt der Zwölfjährige. Die Selbstverwaltung kostet aber auch Kraft, und Unfug ist nicht auszuschließen. Manche Schüler hätten sich in den Formularen schon über den Weihnachtsmann beschwert, sagt Marlin. Bei besonders schweren Fällen wird eine SSV einberufen, eine Sonderschulversammlung. Dann muss sich der Störenfried vor der ganzen Schule verantworten, etwa wenn er aggressiv war oder mehrmals dieselbe Regel gebrochen hat. Meist sind die Lösungskomitees jedoch abschreckend genug. „Man fühlt sich wie angeklagt“, sagt Valeska, die einmal das Putzen vergaß.

In die Neue Schule Hamburg gehen viele Kinder, die in staatlichen Schulen nicht zurechtkamen – und für sie ist das freie Lernen oft eine Erlösung. Shari aus Gütersloh ist seit fünf Jahren hier. „Ich bin in meiner alten Schule unter dem Druck fast zusammengebrochen“, sagt die 16-Jährige. Hier habe sie herausgefunden, dass sie Chirurgin werden wolle, als sie sich im Notfallteam engagiert und verletzte Mitschüler verarztet habe. Das Medizinstudium – berüchtigt für Büffelei – schreckt sie nicht: „Ich will das schaffen, es interessiert mich total!“ Man traut Shari zu, dass sie als Studentin und Ärztin bestehen wird. Schließlich hatte sie Zeit, eins herauszufinden: Was sie will.

Heike Sonnberger: Demokratische Schule: Freiheit, Gleichheit, Kürbissuppe. In: Spiegel Online vom 22. 11. 2012 (gekürzt), http://www.spiegel.de/schulspiegel/nenas-privatschule-demokratie-an-der-neuen-schule-hamburg-a-864354.html

Aufgabenstellung

1. Formulieren Sie den Hauptgedanken des Textes und fassen Sie den Inhalt des Textes strukturiert zusammen, sodass die Merkmale der Neuen Schule Hamburg deutlich werden.

2. Erläutern Sie anhand der Textaussagen demokratiepädagogische Konzepte in der Institution Schule.

3. Nehmen Sie ausgehend von der Neuen Schule Hamburg Stellung, inwieweit Schule zur Entwicklung von Voraussetzungen demokratischen Zusammenlebens beitragen kann. Beziehen Sie die Modelle Kohlbergs und Hurrelmanns in Ihre Überlegungen ein.

Lösungsvorschlag

1. *Stellen Sie den* ***Kerngedanken*** *des Textes* ***in eigenen Worten*** *vor. Gefordert wird eine* ***strukturierte Wiedergabe der Merkmale*** *der Neuen Schule Hamburg. Sie entscheiden über die Art der Struktur – in diesem Lösungsvorschlag werden zunächst Informationen zur Schulgröße und zum Konzept wiedergegeben. Anschließend werden die Merkmale von Lehr- und Lernsituationen dargestellt.*

Im Zentrum des Artikels aus dem Jahr 2012 steht die Neue Schule Hamburg als Vertreterin einer **demokratischen Schule**. An Beispielen wird belegt, wie Schülerinnen und Schüler an Entscheidungen teilhaben und ihren Schulalltag weitgehend selbst organisieren; dazu zählt nicht nur die Lernorganisation, sondern auch die Klärung von Problemen in Gremien und Versammlungen.
Die Autorin Heike Sonnberger stellt die Neue Schule Hamburg als Privatschule vor, die vor fünf Jahren u. a. von der Popsängerin Nena gegründet wurde. Die Schule befindet sich in einer Villa und wird von 85 Schülern im Alter zwischen 6 und 16 Jahren besucht. Das Schulkonzept orientiere sich an Vorbildern wie der Sudbury Valley School und Summerhill. Die Schule werde einerseits stark nachgefragt, andererseits jedoch würden öffentlich Mobbing, Schülerschwund und Lärm kritisiert.
Sonnberger geht am Beispiel verschiedener Schüler darauf ein, wie die Neue Schule Hamburg sich von anderen (Regel-)Schulen unterscheidet. Es gebe **keinen Stundenplan**, der zeitlich festgelegte Lernbereiche vorgibt, vielmehr entscheiden die Schüler, „was sie tun und lernen“ (Z. 3). Lernende hätten **mehr Freiheiten** als an anderen Schulen. Die **Mitbestimmung** in dieser nach demokratischem Selbstverständnis arbeitenden Schule wird nicht nur hinsichtlich des Tagesablaufs deutlich, sondern zeigt sich auch in **personellen und finanziellen Belangen:** Die Schüler dürfen über Geldausgaben und Lehrereinstellungen mitentscheiden (vgl. Z. 13 f.).
Die Privatschule orientiere sich an der von Hirnforschern vertretenen Annahme, dass **jedes Kind lernen wolle**. Voraussetzung dafür sei, dass ein Kind **Interessen selbst entdecken dürfe** (vgl. Z. 18 ff.). Damit in Verbindung steht die **Selbstorganisation** von Schülern als zentrales Element der Schule, das im Alltag in Form unterschiedlicher Aktivitäten erkennbar sei, etwa Computer spielen, Sport, Musik, Gremienarbeit, Unterrichtseinheiten und Essenszubereitung. Hinter diesem „Trubel“ (Z. 32) ließen sich Strukturen erkennen, die zeigen, dass die Schüler durchaus **Verantwortung übernähmen:** z. B. in Form des „Einladen und Kennenlernen“-Komitees, des Putz- und Lösungskomitees oder der wöchentlichen Schulversammlung (vgl. Z. 33–36).
Ein weiteres Merkmal der Schule ist die Tatsache, dass es den Schülern freigestellt ist, ob sie die Unterrichtseinheiten in den Fächern Mathematik, Englisch und Deutsch besuchen (vgl. Z. 37). Eine Benotung erhielten die Schüler nur auf ihren Wunsch. Bei ihnen liege auch die Entscheidung für den Zeitpunkt der Abschlussprüfung (vgl. Z. 40 f.). Einer u. U. daraus resultierenden Sorge seitens der Eltern

um ausreichende Lernfortschritte begegnet eine Lehrerin mit dem Hinweis auf die natürliche Neugier der Kinder (vgl. Z. 61–64).

Die Ziele des Schulkonzeptes bestehen laut den Aussagen des Textes z. B. darin, bei den Schülern **Verantwortungsbereitschaft** und die Fähigkeit zum **Zeitmanagement** zu fördern (vgl. Z. 65 f.). Man versuche, diese Ziele dadurch zu erreichen, dass in der Schulversammlung gemeinsam Regeln vereinbart und auch verändert werden können (vgl. Z. 35 f.). Zudem gebe es zwei Lösungskomitees, die aus je einer Lehrkraft und vier Schülern bestünden und Lösungen für Schwierigkeiten (z. B. mit Lehrern) erarbeiten würden (vgl. Z. 74 ff.). Als weiterer Schritt existiere die Möglichkeit, in einer Sonderschulversammlung Regelbrüche zu verhandeln (vgl. Z. 80 f.). Die **positive Einschätzung von Schülern** zeigt die **Wirksamkeit** der Lösungskomitees und die Erleichterung über das freie Lernen ohne Zwang im Gegensatz zum Lernen an staatlichen Schulen (vgl. Z. 83 f., 85 f.).

2. *Bei dieser Teilaufgabe sollen Sie demokratiepädagogische Konzepte in der Institution Schule anhand der Textaussagen erläutern, d. h. Sie sollten* ***passende Textaussagen*** *benutzen, um* ***Ansätze der Demokratiepädagogik zu veranschaulichen*** *und näher zu* ***erklären****. Achten Sie auf konsequente Verknüpfungen zwischen Text und Theorie. Arbeiten Sie dafür zunächst die* ***Merkmale und Ziele des Ansatzes der Demokratiepädagogik*** *heraus. Anschließend setzen Sie diese in Beziehung zu den konkreten Regelungen in der Neuen Schule Hamburg. Abschließend fassen Sie in einem* ***Fazit*** *zusammen, inwiefern die Neue Schule Hamburg die Ziele der Demokratiepädagogik umsetzt.*

Mit Demokratiepädagogik sind die pädagogischen Bemühungen gemeint, die auf eine **Erziehung zur Demokratie** gerichtet sind. In diesem Zusammenhang hat Schule als Gemeinschaft aller Individuen, die in die Gesellschaft hineinwachsen, eine besondere Bedeutung. In der Schule als Brücke in die Gesellschaft kann die Wirksamkeit demokratischer Strukturen konkret erfahren werden. Der Politikwissenschaftler Gerhard Himmelmann nennt folgende **Ziele einer strukturell und inhaltlich demokratiepädagogisch angelegten Schule:** der Wille und die Fähigkeit zur Einmischung und Beteiligung, die Wahrnehmung von Interessen des Gemeinwesens und Kompetenzen bzw. moralische Prinzipien wie Gewaltverzicht, Fairness, Toleranz, Selbstregulierung und Solidarität. Damit Schüler in Schulen demokratische Strukturen als wirksam erfahren können, ist es notwendig, dass sie als Individuen in der Gemeinschaft lernen, sich zu organisieren. Insofern ist die Bereitschaft zur Verständigung Voraussetzung und Ziel solcher Selbstorganisationsprozesse. Verbunden mit den Möglichkeiten von Schulen, pro-demokratische Werthaltungen und Kompetenzen zu fördern, ist auch die **Unterscheidung von Demokratie in Herrschafts- und Lebensform:** Demokratie als Herrschaftsform bezeichnet politische Strukturen, Demokratie als Lebensform bezieht sich auf den Anspruch, bei der Interaktion und Entwicklung von Gemeinschaften demokratische Prinzipien anzuwenden.

Im vorliegenden Artikel über die Neue Schule Hamburg werden demokratiepädagogische Konzepte in ihrer praktischen Umsetzung deutlich. In diesem Zusammenhang sind folgende Aspekte relevant, die näher erläutert werden sollen: **schulstrukturelle Prinzipien**, deren **Begründungen** und **Voraussetzungen** sowie konkrete **Entscheidungsbefugnisse der Schüler**.

Das übergreifende Arbeits- und Organisationsprinzip der Neuen Schule Hamburg lautet: **Freiheit**. Diese Freiheit bedeutet auf inhaltlich-unterrichtlicher Ebene, dass Schüler ihren **Stundenplan selbst gestalten** und sich **freiwillig** für Unterrichtseinheiten etwa in den Fächern Mathematik oder Englisch bzw. für praktische Übungen im handwerklichen Bereich entscheiden (vgl. Z. 37, 56 f.). Damit verbunden ist die **Wahrnehmung und Akzeptanz individuell verschiedener Lernstände** mit der Konsequenz der Differenzierung und Individualisierung des Lernens. Die Umsetzung dieser Prinzipien bedeutet, dass Lerninhalte nicht zentral verteilt werden, sondern Lernende unterschiedliche Aufgaben verschiedener Inhaltsfelder mit unterschiedlichen Zugangsweisen auf verschiedenen Anforderungsniveaus bearbeiten. Schüler sind damit Entscheidungsträger ihres eigenen Stundenplans. Angesichts des damit verbundenen Ziels, Selbstorganisation zu lernen, wird offenbar sogar in Kauf genommen, dass zeitweilig Langeweile entsteht. Diese wird durchaus positiv bewertet, „weil man sich dann mit sich selbst auseinandersetzt" (Z. 47 f.). Die Entscheidung für eine Hauptschul- oder Realschulprüfung liegt ebenfalls bei den Schülern (vgl. Z. 40 f.).

Selbstorganisation wird in der Neuen Schule Hamburg nicht nur über die Individualentscheidung eines Schülers für einen Stundenplan gefördert, sondern auch durch die Arbeit in Gremien und Komitees in den Bereichen Kennenlernen, Putzen, Lösungsfindung (vgl. Z. 33 ff.). Die beiden Lösungskomitees, die aus je einem Lehrer und vier Schülern bestehen und täglich mit Betroffenen an Konfliktklärungen arbeiten – etwa Schwierigkeiten mit Lehrern –, stellen eine Form der **Mediation als demokratiefördernde Methode** dar. Dabei moderiert eine idealerweise neutrale Instanz den Prozess einer Konfliktlösung, indem sie zur sachlichen Darstellung der unterschiedlichen Positionen auffordert und die Suche nach Einigungsmöglichkeiten unterstützt. Eine **Konflikteskalation** soll auf diese Weise **vermieden** werden. Zentrales Merkmal der Komitees ist die angestrebte Gleichheit der Individuen, die sich darin zeigt, dass jede Gruppe Lehrern und Schülern gleichermaßen offensteht und dass **jede Stimme gleich viel zählt**. Man versucht dadurch, die **asymmetrische pädagogische Beziehung** zwischen Lehrer und Schüler **abzumildern**, auf der Ebene der Leistungsbewertung bleibt sie jedoch bestehen.

Neben den Komitees kann die **Schulversammlung** ebenfalls als ein Instrument demokratiepädagogischer Förderung verstanden werden. An der Neuen Schule Hamburg wird wöchentlich (in dringenden Fällen per Sonderschulversammlung) über Entscheidungen abgestimmt, die alle betreffen (vgl. Z. 35 f., 80 f.). Die Schüler haben damit **Partizipationsmöglichkeiten**, durch die sie **demokratisches Handeln** auf institutioneller Ebene lernen sollen. In einer Schulversammlung hat jedes Mitglied Rederecht und ist gehalten, andere Positionen anzuhören und zu respektieren. Die Schüler praktizieren so eine **gewaltlose Streitkultur**, deren implizite und explizite Regeln sie in anderen Lebenssituationen anwenden sollen. Da die Schulversammlung allen Schulmitgliedern offensteht, lässt sich folgern, dass gegebenenfalls auch Lehrkräfte sich einer Kritik stellen müssen. An dieser Stelle wird erneut das Bemühen um eine Abschwächung von Hierarchie und Asymmetrie in pädagogischen Beziehungen sichtbar.

Die Schulversammlung zählt zu den parlamentarischen Verfahrensweisen, die Mitbestimmungsrechte des Einzelnen im Sinne einer Balance aus Rechten Einzelner und Ansprüchen der Schulgemeinschaft sichern sollen. Dabei richten sich unterschiedliche Ansprüche an eine Schulversammlung: Sie kann als Instrument der Informationsverbreitung, als Beratungsgremium, als Beteiligungsgremium, als Ort der Gemeinschaftsbildung und als Entscheidungsgremium verstanden und genutzt werden. Im vorliegenden Beispiel der Neuen Schule Hamburg liegt der Schwerpunkt nach den Informationen des Artikels zu urteilen auf der **Funktion der Entscheidungsfindung**, da „über Dinge, die alle betreffen, [...] abgestimmt" (Z. 35 f.) werden soll. Dahinter steht der Grundgedanke, dass jedes Mitglied der Schulgemeinschaft seinen Lern- und Lebensort mitgestalten kann, indem es über ein Formular sein Anliegen für ein Gremium formuliert und damit einen Antrag zur Entscheidung einreicht. In der Neuen Schule Hamburg greift hier offenbar ein gestuftes Verfahren, in dem in Konfliktfällen zunächst die Lösungskomitees eine Klärung herbeizuführen suchen, bevor sich die Schulversammlung mit dem Anliegen befasst (vgl. Z. 72–76, 80 f.). Geht man vom Anspruch an eine Schulversammlung aus, Beteiligungsgremium zu sein, ist damit die Absicht angesprochen, möglichst alle Schulmitglieder zu erreichen, d. h. Hürden zu senken, die Schulmitglieder u. U. davon abhalten würden, ihr formales Beteiligungsrecht auch real umzusetzen. Mit dem Anspruch einer **Schulversammlung als Ort der Gemeinschaftsbildung** ist das Ziel verbunden, über die Anwesenheit der gesamten Schulgemeinschaft und gegebenenfalls über die gemeinsame Konfliktklärung und Entscheidungsfindung die Identifikation mit der Schule und der Gemeinschaft zu stärken.

Komitees und Schulversammlung an der Neuen Schule Hamburg sind auch durch Merkmale gekennzeichnet, die typisch für einen Klassenrat sind. Der Klassenrat ist als Klassenversammlung eine kleine Form der großen Schulversammlung, an der die ganze Schulgemeinschaft teilnimmt. Selbstverantwortung, Eigenorganisation und Erfahrbarkeit einer demokratischen Ordnung im Kleinen sind Ziele, die leitend für einen Klassenrat sind, in dem regelmäßig aktuelle Anliegen der Lerngruppe mithilfe eines geregelten Ablaufs thematisiert werden. Die Regeln für einen Klassenrat können in Klassen unterschiedlich vereinbart werden. Sie beziehen sich u. a. auf die Erstellung einer Tagesordnung (z. B. durch eine ausliegende Liste), auf die Ämter Moderation, Protokoll und Zeitwächter, die Teilnahme, Gesprächsregeln, Sitzordnung während der Beratung oder die Dauer des Klassenrats. Durch die Einrichtung eines Klassenrates sollen Schüler ähnlich wie in einer Schulversammlung lernen, eine **Position argumentativ zu vertreten** sowie **andere Positionen, Kompromisse und Gemeinschaftsbeschlüsse zu akzeptieren**. Im Klassenrat können Verfahren ausprobiert werden, die demokratische Entscheidungen herbeiführen, etwa das **Konsens- oder Mehrheitsprinzip**. Aufgrund der Informationen im vorliegenden Textausschnitt (Abstimmungen, Teilnahme, Stimm-

recht, Anlässe für die Zusammenkunft) kann man davon ausgehen, dass Schulversammlungen an der Hamburger Schule einem Klassenrat auf Schulebene ähneln. Für den Einsatz eines Lösungskomitees existiert ein formalisiertes Verfahren (ähnlich der Tagesordnung im Klassenrat). Der Textausschnitt enthält allerdings nicht genügend Informationen, um zu beurteilen, ob eine Mediation in einem Lösungskomitee genauso abläuft wie in einem Klassenrat.
Durch die Beteiligungsmöglichkeiten in Komitees und in der Schulversammlung treffen die Schüler der Neuen Schule Hamburg auch Entscheidungen über die Einstellung und Entlassung von Lehrkräften sowie über Ausgaben der Schule (vgl. Z. 13 f.). Der oben im Kontext von Demokratiepädagogik skizzierte Begründungszusammenhang, in dem der Erfahrung und der Gestaltung demokratischer Verfahren in der Schulgemeinschaft eine Wirksamkeit für die Gesellschaft insgesamt unterstellt wird, erfährt im vorliegenden Artikel eine Ergänzung: Freiheit und Selbstorganisation sind auch deshalb Prinzipien der Neuen Schule Hamburg, weil die Schüler Lernwillen und natürliche Neugierde mitbringen und weil sie den Drang verspüren, eigene Stärken zu entdecken. Voraussetzung für die Wirksamkeit dieser Motivation ist eine **veränderte Lehrerrolle**, die für demokratische Strukturen in der Schule (z. B. im Klassenrat) bedeutsam ist. Die **Vorbild- und Unterstützungsfunktion** von Lehrkräften ist notwendig, damit die Schüler Partizipationsmöglichkeiten überhaupt wahrnehmen können. Konkret müssen Lehrer Regeln und Rituale selbst beachten sowie Macht und Verantwortung mit Schülern teilen. Am Hamburger Beispiel wird deutlich, dass man versucht, dies über personelle Entscheidungen sowie durch die öffentliche Klärung von Schwierigkeiten mit Lehrern umzusetzen.

Zusammenfassend lässt sich festhalten, dass die Neue Schule Hamburg Schülern **vielfältige Partizipationsmöglichkeiten** bietet. In dieser demokratisch orientierten Schulkonzeption wird **Partizipation als lernbar durch Partizipation** begriffen. Partizipation als Prozess setzt Stärkung, Ermutigung und die Erfahrung von Selbstwirksamkeit der Lernenden voraus.

3. *Sie sollen bei dieser Teilaufgabe* ***Stellung dazu nehmen****, inwieweit Schule die Entwicklung von Voraussetzungen demokratischen Zusammenlebens fördern kann. Bezugspunkte für Ihre Stellungnahme sollen die* ***Neue Schule Hamburg*** *sowie die* ***Modelle Kohlbergs und Hurrelmanns*** *sein. Stellen Sie dafür wichtige Aussagen beider Modelle dar und setzen Sie sie in Beziehung zu der Neuen Schule Hamburg sowie zu demokratiepädagogischen Konzepten in der Schule allgemein. Beachten Sie bitte, dass die Formulierung „inwieweit“ Ihnen signalisiert, argumentativ beide Seiten – also* ***Pro und Kontra*** *– zu bearbeiten.*

In der Auseinandersetzung mit demokratiepädagogischen Konzepten am konkreten Beispiel der Hamburger Reformschule sind Ziele und Voraussetzungen demokratischen Zusammenlebens deutlich geworden. Vor diesem Hintergrund lässt sich fragen, ob Schulen einen grundsätzlichen Beitrag zur Entwicklung von Voraussetzungen demokratischen Zusammenlebens leisten können bzw. sollten.

Im Programm „Demokratie lernen und leben" der Bund-Länder-Kommission wird zwischen politischen Kompetenzen und sozialen sowie Selbstkompetenzen unterschieden. Zum ersten Kompetenzbereich gehören z. B. die **Akzeptanz demokratischer Entscheidungen** sowie **Planungs- und Entscheidungsfähigkeit**, zum zweiten Kompetenzbereich zählen etwa die Entwicklung eines **Gerechtigkeitsverständnisses**, **Perspektivenübernahme** und **Konfliktfähigkeit**, die sich in Form von Ambiguitätstoleranz äußern kann. Es kann auch als ein Ziel der Schulversammlung an der Neuen Schule Hamburg gelten, demokratisch getroffene Vereinbarungen zu akzeptieren. Mit den Befugnissen der Schüler hinsichtlich Personal- und Finanzentscheidungen sowie in ihrer individuellen Planung der Lernzeit ist eine Erweiterung ihrer Planungs- und Entscheidungsfähigkeit beabsichtigt. Die genannten Gremien an der Schule zielen nicht auf hierarchisch geprägte Willkürentscheidungen, sondern sind Ausdruck des Bemühens um gerechte Entscheidungen im Sinne Kohlbergs als Interessenausgleich aller Beteiligten. Die notwendige Begründung von Regeländerungen und das gegenseitige Zuhören in Gremien sollen die Fähigkeit von Lernenden fördern, andere Perspektiven einzunehmen, auszuhalten und so den eigenen Standpunkt kritisch zu überprüfen. Diese Zielperspektive ist auch im Kindergericht zu erkennen, das Korczak im Waisenhaus im Warschauer Getto initiierte. Dort nahmen Kinder die Rolle der Richter ein und beurteilten Anklagen (jedoch nach Paragraphen, die von Korczak stammten). Kinder wie erwachsene Erzieher konnten – ähnlich wie in Gremien der Neuen Schule Hamburg – gleichermaßen vor das Gericht gerufen werden.

Kohlberg sah in der Konfrontation von Jugendlichen mit **lebensnahen Dilemmageschichten** den Ansatzpunkt für eine **Förderung der Moralentwicklung**. Indem Jugendliche ein Dilemma beurteilen, geben sie Auskunft über ihre jeweilige Stufe der Moralentwicklung. In Begleitung eines Erwachsenen sollen sie angeregt werden, die Begründung ihres Urteils zu hinterfragen, Alternativen zu entwickeln und so auf einer höheren Stufe moralischen Urteilens zu operieren. Mit der Gründung von **Just-Community-Schools** wollte Kohlberg das Prinzip des Zusammenlebens in einer gerechten Gemeinschaft umsetzen. Die in der Hamburger Schule praktizierten Vollversammlungen, Komitees und Mehrheitsentscheidungen erinnern stark an Kohlbergs Just-Community-Ansatz. Die Wirksamkeit dieses Ansatzes wurde durch Daten belegt, die an einer Modellschule empirisch erhoben wurden. Bei dieser Untersuchung arbeitete man mit Fragebögen, die u. a. die moralische Urteilsfähigkeit und soziale Werthaltungen erfassten. Allerdings ist die Aussagekraft der Studie eingeschränkt, da die untersuchte Highschool sich aktiv um das Projekt beworben hat.

Schulen bieten eine besondere Gelegenheit, Demokratie als Herrschafts- und Lebensform durch das Erfahren und Gestalten demokratischer Strukturen zu erlernen, da in ihnen alle Heranwachsenden die Chancen und Schwierigkeiten des Zusammenlebens in einer heterogenen Gemeinschaft wahrnehmen können. Diese Erfahrung ist biografisch in einer Lebensphase zu verorten, in der **Heranwachsende nach Hurrelmann ihre Umwelt produktiv verarbeiten**, indem sie **Entwicklungsaufgaben bewältigen**. Eine dieser Aufgaben besteht in der **Entwicklung**

eines eigenen Werte- und Normensystems. Diese ist für den Beitrag der Schule zu Voraussetzungen demokratischen Zusammenlebens besonders bedeutsam. Hurrelmann versteht unter der Konstruktion eines Werte- und Normensystems nicht nur die **Entwicklung eines politischen Bewusstseins**, sondern auch die „**Fähigkeit zur politischen Partizipation**“. Ziel der Bearbeitung aller Entwicklungsaufgaben ist die Ausbildung einer Ich-Identität als Synthese von Individuation und Integration, als Balanceakt zwischen personaler und sozialer Identität.

Es wurde bisher deutlich, dass Schule als einziger Versammlungsort aller Heranwachsenden in einer für Wert- und Normentwicklung biografisch relevanten Phase, als Gesellschaft im Kleinen und als Brücke in die große Gesellschaft eine besondere Chance für die Förderung wünschenswerter Kompetenzen, Einstellungen und Werthaltungen bietet. Die Neue Schule Hamburg konkretisiert ebenso wie Schulen nach dem Modell des Just-Community-Ansatzes die praktische Umsetzung einer Gemeinschaft, die auf Teilhabe an Entscheidungsprozessen und Arbeit an den Voraussetzungen dafür angelegt ist. Insofern belegen diese Beispiele, wie die **Personalisationsfunktion** der Institution Schule, also die Unterstützung bei der Ausbildung der Persönlichkeit, und die **Integrationsfunktion**, also die Eingliederung der jungen Generation in die Gesellschaft in kultureller, politischer und ethischer Hinsicht mit dem Ziel der aktiven Gestaltung der Gesellschaft, formal und inhaltlich gefüllt werden können.

Einzuwenden ist jedoch, dass Schulen zu individuellen Kompetenzen und Werthaltungen immer nur beitragen können. Die Schüler selbst müssen in der Lage und willens sein, die ihnen gebotenen **Partizipationsmöglichkeiten** zu nutzen. Diese Möglichkeiten existieren außerdem in Schulen **nicht in symmetrischen pädagogischen Verhältnissen**. Die Selektions- bzw. Allokationsfunktion beschreibt, dass in Schulen über unterschiedliche Qualifikationen und Bildungsabschlüsse Zugangschancen vergeben werden. Insofern können sich **soziale Auslese** einerseits und Förderung pro-sozialen Verhaltens andererseits gegenseitig behindern.

Grundkurs Erziehungswissenschaft – Abiturprüfung NRW
Übungsaufgabe 5

Thema: Interkulturelle Bildung

Unterrichts-inhalte:
- Interdependenz von Entwicklung, Sozialisation und Erziehung (Inhaltsfeld 3)
- Anthropologische Grundannahmen zur Identität und ihre Auswirkungen auf pädagogisches Denken und Handeln (Inhaltsfeld 4)
- Interkulturelle Bildung (Inhaltsfeld 5)

Seyran Ateş: Der Multikulti-Irrtum

Die meisten Deutschländer der dritten Generation sind zweisprachige Analphabeten. Sie sprechen weder vernünftig Deutsch noch Türkisch. Es ist kaum zu übersehen, dass sie sich in der deutschen Gesellschaft völlig alleingelassen, orientierungs- und wurzellos fühlen. Sie befinden sich in einer permanenten Identitätskrise. Aus dem Gefühl von Nichtzugehörigkeit, fehlender Anerkennung und Chancenlosigkeit heraus besinnen sie sich oft auf die Ursprungskultur ihrer Vorfahren und lehnen die deutsche Lebenswelt ab. Oft neigen sie zu sehr traditionellen und fundamentalistischen Haltungen. In der dritten Generation besteht ein großes Gewaltpotenzial, nicht wenige männliche Jugendliche oder junge Männer werden straffällig. Die Berliner Kriminalstatistik aus dem Jahr 2005 zeigt eine drastische Zunahme von kriminellen Akten bei Jugendlichen mit Migrationshintergrund, während die Kriminalität bei urdeutschen Jugendlichen um zehn Prozent gesunken ist. Jeder dritte Intensivtäter hat der Statistik zufolge einen Migrationshintergrund, wobei in dieser Gruppe Türken, Vietnamesen, Polen und Libanesen am stärksten vertreten sind. Als Intensivtäter gilt, wer mehr als zehn Straftaten pro Jahr begeht.

Die dritte Generation benötigt dringend die Hilfe der Politik und Gesellschaft. Sie ist aufgerieben zwischen den rudimentären Vorstellungen der Eltern über die „eigenen Traditionen“ und dem Weltbild der modernen Mehrheitsgesellschaft. Die Eltern erwarten von ihren Kindern, dass sie ihre Traditionen nicht verraten, obgleich sie ja selbst kaum mehr nach ihnen leben. Häufig halten sich die Kinder ausschließlich an jene Aspekte der überlieferten Tradition, die etwas mit Macht und Gewalt zu tun haben, die positiven Inhalte haben für sie kaum Bedeutung. Der Respekt gegenüber älteren Menschen beispielsweise und die Liebe zu Kindern sind wichtige Bestandteile türkischer und kurdischer Tradition. Von diesem Respekt und der Liebe aber ist bei den jugendlichen Machos wenig zu spüren. Sie besitzen höchstens eine unechte Autoritätshörigkeit gegenüber bestimmten älteren Verwandten.

Die dritte Generation sieht für sich keine realen Chancen, am Wohlstand dieser Gesellschaft zu partizipieren. Die Kinder und Jugendlichen denken, sie könnten sich abstrampeln, wie sie wollen, sie würden doch nichts erreichen, weil Deutschland sie nicht wolle. So lautet oft die Begründung, die ich zu hören bekomme, wenn ich Jugendliche frage, warum sie die Schule abgebrochen haben oder sich keinen Ausbildungsplatz suchen. […]

Ein weiteres Problem, mit dem die dritte Generation zu kämpfen hat, ist der Verlust des Familienverbandes. Viele positive Funktionen einer Familie bzw. Großfamilie fallen damit weg. Familien von Deutschländern lösen sich ebenso auf wie die von Urdeutschen, die Scheidungsrate steigt bei beiden deutlich an.

Die dritte Generation hat aber nicht nur mit emotionaler Armut zu kämpfen. Sie ist gleichzeitig viel stärker als die beiden vorherigen Generationen von materieller Armut betroffen. In dieser Generation ist eine deutliche Zunahme von Hartz-IV-„Karrieren" zu erwarten. Dafür sprechen die Zahlen der Schulabgänger ohne Schulabschluss und die Arbeitslosenzahlen insgesamt. Während im Schuljahr 2003/04 nur 9,2 Prozent der urdeutschen Schüler ohne Abschluss die Schule verließen, waren es bei den Deutschländern 20,5 Prozent. […]

Die Identifikation mit einem Land kann ohne Kenntnis der Sprache nicht gelingen. Daher bin ich unbedingt dafür, in unseren staatlichen Schulen eine Deutschpflicht einzuführen. Damit muss und darf keineswegs der Verlust der „Herkunftssprache" einhergehen. Ein demokratisches Land wie Deutschland, das sich auf dem besten Weg befindet, ein Einwanderungsland zu werden, muss auch die Verantwortung dafür übernehmen, dass eine Sprache, die von seiner Bevölkerung gesprochen wird, nicht untergeht. Es ist an der Zeit, den Sprachenreichtum, der in diesem Land vorhanden ist, als außerordentliche Ressource zu begreifen und dem in den Curricula der Schulen Rechnung zu tragen.

Wir müssen die Politik darauf verpflichten, Bedingungen zu schaffen, die Deutschländern den gleichen Zugang zu Bildung bieten wie Urdeutschen. Den Kern bildet die Sprachförderung, die Vermittlung der deutschen Sprache. Dazu gehört meines Erachtens auch eine Kindergartenpflicht, vor allem für Deutschländerkinder ab drei Jahren, weil sie zu Hause nicht die Möglichkeit haben, Deutsch zu lernen. So kann verhindert werden, dass Kinder mit sechs Jahren bei der Einschulung kein Wort Deutsch sprechen.

Kindergarten und Schule sind Bildungsstätten, an denen nicht nur Wissen vermittelt wird, sondern die darüber hinaus auch und gerade soziale Kompetenz, Werte und Orientierung vermitteln. Das gilt generell, aber für Deutschländerkinder sind Kindergarten und Schule oft die einzigen Orte, an denen Raum für die eigene Identitätsbildung ist. Orte, wo sie Individualität und Eigenverantwortung entdecken. Die Jungen, die zu Hause zu Paschas erzogen werden, können schon im Kindergarten damit konfrontiert werden, dass ihre Männlichkeit keinen Schaden erleidet, wenn sie beim Tischdecken und -abräumen mithelfen. Wo könnte man es leichter und konkreter vermitteln, dass Männer und Frauen gleichberechtigt sind, als im Kindergarten?

Bereits im Kindergarten und in der Grundschule muss es darum gehen, die interkulturelle Kompetenz der Kinder auszubilden und zu fördern. Das bedeutet auch, dass sowohl die Bildungspolitik als auch konkret die Lehrkräfte in den Bildungseinrichtungen das interkulturelle Potenzial erkennen und nutzen, das Deutschländerkinder von vornherein mitbringen. Unumgänglich ist es daher, dass jeder Kindergarten und jede Schule mit einem hohen Anteil an Deutschländerkindern über inter- bzw.

transkulturell geschultes Lehrpersonal verfügt, das sich in den unterschiedlichen Kulturen auskennt. Was wir aber auf keinen Fall gebrauchen können, sind Erzieherinnen und Lehrerinnen mit Kopftuch.

Seyran Ateş: Der Multikulti-Irrtum. Wie wir in Deutschland besser zusammenleben können. Berlin: Ullstein 2008, S. 33/34, 242/243

Anmerkungen
zur Autorin: Seyran Ateş wurde 1963 in Istanbul geboren und lebt seit 1969 in Deutschland. Sie ist Autorin und arbeitete bis 2006 als Rechtsanwältin mit eigener Kanzlei. Wegen ständiger Gewalterfahrungen und Bedrohungen durch ihre landsmännischen Prozessverfahrensgegner sowie wegen Anfeindungen von türkisch-kurdischer verbandspolitischer Seite schloss sie im August 2006 vorübergehend ihre Anwaltskanzlei. Im Sommer 2012 eröffnete sie diese wieder, um vor allem hilfesuchenden Frauen als Anwältin zur Verfügung zu stehen.
Seyran Ateş erhielt zahlreiche Auszeichnungen, darunter den Berliner Frauenpreis des Berliner Senats für Wirtschaft, Arbeit und Frauen (2004), die Ehrung zur Frau des Jahres durch den Deutschen Staatsbürgerinnen-Verband (2005) und das Bundesverdienstkreuz (2007).
zum Begriff „Deutschländer“: Die Autorin verwendet diesen Begriff neutral für Menschen, die in Deutschland ihren Lebensmittelpunkt haben, ohne auf eine lange Familiengeschichte in Deutschland zurückzublicken.

Aufgabenstellung

1. Formulieren Sie den Hauptgedanken des Textes, fassen Sie die zentralen Aussagen strukturiert zusammen und skizzieren Sie den argumentativen Aufbau des Textes.

2. Erläutern Sie das im Text beschriebene erhöhte Gewaltpotenzial von Jugendlichen mit Migrationshintergrund vor dem Hintergrund Ihrer fachtheoretischen Kenntnisse zu den Gründen für deviantes Verhalten. Beziehen Sie sich dabei auf mindestens zwei geeignete Referenztheorien.

3. Prüfen Sie die Forderungen der Autorin für eine interkulturelle Bildung vor dem Hintergrund Ihrer fachtheoretischen Kenntnisse.

Lösungsvorschlag

1. *Die erste Aufgabe ist mit den für Sachtexte üblichen Operatoren formuliert. Wichtig ist, dass bei der Bearbeitung auf die drei in der Aufgabenstellung enthaltenen Aspekte eingegangen wird. Alle drei Schwerpunkte zielen auf die Überprüfung eines richtigen Textverständnisses im Anforderungsbereich I ab.*
   Um Ihr Textverständnis zu zeigen, sollten Sie deshalb bei dieser Aufgabe mit eigenen Worten formulieren und auf wörtliche Zitate verzichten.
   *Der **Hauptgedanke** des zu bearbeitenden Textes lässt sich am besten finden, wenn man sich fragt, was die Intention der Autorin beim Verfassen des Textes war.*
   *Bei der **Zusammenfassung** des Textes wird von Ihnen erwartet, dass Sie die zentralen Textaussagen inhaltlich richtig, strukturiert und komprimiert darlegen.*
   *Die **Beschreibung des Argumentationsaufbaus** kann am Anfang oder am Ende*

Ihrer Ausführungen zu Aufgabe 1 separat erfolgen oder wie in diesem Lösungsvorschlag bei der strukturierten Textwiedergabe integriert werden. Zur Identifizierung der Argumentationsschritte empfiehlt es sich, z. B. auf Thesen, Gegenthesen, Beispiele, (Leit)Fragen, Forderungen und Fazit zu achten. Bei den meisten Texten hilft auch das Layout des Textes, um Abschnitte als Argumentationsschritte zu erkennen.

In dem vorliegenden Textauszug aus Seyran Ateş' Buch „Der Multikulti-Irrtum. Wie wir in Deutschland besser zusammenleben können", das 2008 in Berlin erschienen ist, nimmt die Autorin Stellung zur multikulturellen Situation in Deutschland.
Wie bereits der Titel „Der Multikulti-Irrtum" vermuten lässt, ist Ateş mit der gegenwärtigen gesellschaftlichen Situation nicht zufrieden.
Der **Hauptgedanke des Textes** besteht darin, auf die Notwendigkeit von Veränderungen in Bildungseinrichtungen hinzuweisen, um für Jugendliche mit türkischem Migrationshintergrund der dritten Generation Bedingungen zu schaffen, die ihnen einen besseren Bildungserfolg ermöglichen.
Die Autorin beginnt ihre Argumentation mit **Beispielen**, die die besondere Situation der „Deutschländer" der dritten Generation darlegen (vgl. Z. 1–15). Sie beschreibt diese Personengruppe als zweisprachige Analphabeten und erwähnt die deutlich erhöhte Kriminalitätsrate insbesondere bei Gewaltdelikten von Jugendlichen mit Migrationshintergrund. Viele dieser Jugendlichen haben Schwierigkeiten bei der Identitätsfindung, brechen zudem die Schule vorzeitig ab und bemühen sich kaum um einen Ausbildungsplatz. Die Autorin **fordert** daher Hilfe der Politik und Gesellschaft für diese Jugendlichen (vgl. Z. 16).
Im weiteren Verlauf des Textes (vgl. Z. 17–43) stellt Ateş **Thesen** zu möglichen Ursachen auf, um diese statistischen Auffälligkeiten zu erklären. Laut Ateş fühlen sich Deutschländer der dritten Generation häufig orientierungslos und in einer Identitätskrise, da ihnen das Gefühl der Zugehörigkeit und Anerkennung fehlt. Diese Jugendlichen erleben sich oft als chancenlos, lehnen die deutsche Lebenswelt ab und stehen zwischen den Vorstellungen und Traditionen der Eltern und dem Weltbild der modernen Mehrheitsgesellschaft. Eine weitere Ursache sieht die Autorin in einem Verlust des Familienverbandes, der aus einer erhöhten Scheidungsrate resultiere und bei Kindern oft zu emotionaler Armut führe (vgl. Z. 33–36). Darüber hinaus seien Deutschländer der dritten Generation auch besonders häufig von materieller Armut betroffen (vgl. Z. 37–43).
Nachfolgend formuliert die Autorin **Forderungen** an Bildungseinrichtungen (vgl. Z. 44–77). Ateş misst dabei der Sprache eine große Bedeutung zu. Um der Orientierungslosigkeit vieler Jugendlicher mit Migrationshintergrund entgegenzuwirken und die Identifikation mit dem Land zu fördern, fordert die Autorin eine Kindergartenpflicht für Kinder ab drei Jahren, gezielte Sprachförderung und eine Deutschpflicht in Schulen. Darüber hinaus ist es ihr aber wichtig, dass auch die Herkunftssprachen geachtet werden und Sprachenreichtum als Ressource gesehen wird (vgl. Z. 44–59).

Abgesehen von den Möglichkeiten der sprachlichen Förderung sieht Ateş die Funktion von Bildungsstätten auch in der Vermittlung sozialer Kompetenzen, von Werten und Orientierungen (vgl. Z. 60–77). Sie fordert daher, sowohl das interkulturelle Potenzial der Deutschländerkinder zu erkennen, zu nutzen und weiter auszubilden als auch deutsche Bildungseinrichtungen mit inter- bzw. transkulturell geschultem Personal auszustatten.

2. *Mit Ihren Ausführungen zur zweiten Aufgabe sollen Sie eine* ***Verknüpfung*** *zwischen dem vorliegenden Text und Ihren fachtheoretischen Kenntnissen herstellen. Der Operator „erläutern" verlangt von Ihnen, dass Sie einen Sachverhalt (hier: das gewalttätige Verhalten türkischstämmiger Jugendlicher) mit zusätzlichen Informationen und Beispielen nachvollziehbar veranschaulichen.*
   In der Aufgabenstellung werden dafür keine Fachtheorien explizit vorgegeben. Somit ist es Ihre erste analytische Aufgabe und Leistung, fachtheoretische Bezüge auszuwählen, die für den vorgegebenen Sachverhalt hilfreich sein können.
   Um geeignete Referenztheorien zu finden, sollten Sie überlegen, in welchen der im Unterricht behandelten Theorien Aussagen zum Jugendalter und zu den Ursachen von Gewaltdelikten gemacht werden. Stellen Sie diese Ihnen geeignet erscheinenden Referenztheorien dann überblicksartig kurz vor, bevor Sie eine detaillierte Verknüpfung zwischen Text und Theorie vornehmen.
   Für diesen Lösungsvorschlag werden ***Hurrelmanns*** *Modell der produktiven Realitätsverarbeitung, die 4. und 5. Phase aus* ***Eriksons*** *psychosozialem Entwicklungsmodell und* ***Heitmeyers*** *Desintegrationstheorie als Erklärungsansätze genutzt.*
   Auch weitere Erklärungsansätze für deviantes Verhalten (z. B. Dollard, Sutterlüty) wären denkbar.
   Sie sollten Ihre Ausführungen mit einem ***Fazit*** *zur Anwendbarkeit der gewählten Referenztheorien abschließen.*

Klaus **Hurrelmann** hat in seinem Modell der produktiven Realitätsverarbeitung in **zehn Maximen** die Besonderheiten des Jugendalters beschrieben und auf belastende bzw. unterstützende Faktoren hingewiesen.
Insbesondere die vier **Entwicklungsaufgaben** des Jugendalters – qualifizieren, binden, konsumieren und partizipieren – sieht er dabei als große Herausforderung für Jugendliche.
Im Text verweist die Autorin vor allem auf große Probleme jugendlicher Migranten bei der Entwicklungsaufgabe „qualifizieren" (vgl. Z. 41 ff.) und fehlende Partizipationsmöglichkeiten (vgl. Z. 27 f.).
Laut Hurrelmann sollte dem Jugendlichen eine Balance zwischen **Individuation und Integration** gelingen. Im Text betont Ateş, dass türkischstämmige Jugendliche mit unterschiedlichen Erwartungen von Familie und staatlichen Institutionen konfrontiert werden und sich oft „aufgerieben" (Z. 17), „orientierungs- und wurzellos" (Z. 3 f.) fühlen und dadurch wenig Gelegenheit zur Individuation haben.

Zur Unterstützung der Jugendlichen empfiehlt Hurrelmann eine Zusammenarbeit der Sozialisationsinstanzen, die aber laut Text durch die unterschiedlichen Erwartungen dieser Instanzen (vgl. Z. 16–20) für türkischstämmige Jugendliche in Deutschland nicht gegeben ist.
Auch die 9. Maxime, in der Hurrelmann auf die ökonomische Ungleichheit als Problem im Jugendalter hinweist, bietet Anknüpfungsmöglichkeiten zum Text, da die Autorin ebenfalls auf materielle Armut als Ursache verweist (vgl. Z. 38 f.).

Des Weiteren lässt sich **Erik H. Eriksons psychosoziales Entwicklungsmodell** – insbesondere die 5. Phase, die sich mit dem Jugendalter befasst – auf den Text beziehen.
Erikson beschreibt die psychosoziale Entwicklung des Menschen in acht Phasen. Für jede Phase formuliert er jeweils eine psychosoziale Krise und angemessene bzw. unangemessene Lösungen.
In der 5. Phase beschreibt Erikson das Jugendalter als Zeitraum, in dem es um die Krise **Identität vs. Identitätsdiffusion** geht. Der Jugendliche ist in dieser Phase zunächst oft experimentierfreudig und orientierungslos, wie es auch Ateş in ihrem Text erläutert (vgl. Z. 3 f.). Die Autorin sieht viele türkischstämmige Jugendliche in einer „Identitätskrise“ (Z. 4) und „aufgerieben zwischen den rudimentären Vorstellungen der Eltern über die ‚eigenen Traditionen‘ und dem Weltbild der modernen Mehrheitsgesellschaft“ (Z. 17 f.). Ihnen fällt es oft schwer, sich mit dem Land Deutschland zu identifizieren, da ihnen häufig die nötigen Sprachkenntnisse fehlen (vgl. Z. 44).
Zudem betont die Autorin auch die zunehmende emotionale Armut (vgl. Z. 34–37) durch den Verlust des Familienverbandes, was für eine nicht gelungene Bewältigung der Phasen 1–4 spricht.
Die schulischen Misserfolgserlebnisse vieler Deutschländerkinder lassen sich mit der 4. Phase in Eriksons Modell verknüpfen. Als angemessene Lösung formuliert Erikson für das Grundschulalter die Erfahrung von **Werksinn und Kompetenz**. Laut Text machen viele türkischstämmige Kinder aber eher **Minderwertigkeitserfahrungen** (vgl. Z. 41 ff.).

Wilhelm Heitmeyer verweist in seinem soziologischen Erklärungsansatz insbesondere auf **Desintegrationserfahrungen, Verunsicherung** und fehlende **Partizipationsmöglichkeiten** als Ursachen für deviantes Verhalten.
Diese Gründe finden sich auch in den Ausführungen von Ateş: Sie beschreibt türkischstämmige Jugendliche als „orientierungs- und wurzellos“ (Z. 3 f.) und erläutert, dass sie unter dem „Gefühl der Nichtzugehörigkeit, fehlender Anerkennung und Chancenlosigkeit“ (Z. 5) sowie fehlenden Partizipationsmöglichkeiten (vgl. Z. 27 f.) leiden. Auch die materielle Armut (vgl. Z. 38 f.) trägt dazu bei, dass Betroffene nur eingeschränkt am gesellschaftlichen Leben teilhaben können.
Der in Z. 33 f. beschriebene „Verlust des Familienverbandes“ führt bei vielen türkischstämmigen Migranten zu einer Werte-Unsicherheit, die auch Heitmeyer als Grund für Verunsicherung sieht.

Die Ausführungen zeigen, dass der Text von Ateş sich gut auf die gewählten Referenztheorien beziehen lässt, da ähnliche Erklärungsansätze für deviantes Verhalten benannt werden.

3. *Der Operator „prüfen" verlangt von Ihnen, dass Sie sich mit den im Text genannten Forderungen auseinandersetzen. Dabei sollten Sie die Forderungen der Autorin zunächst noch einmal nennen und dann vor Ihrem fachtheoretischen Hintergrund erläutern und begründet beurteilen.*
Für diese Auseinandersetzung und Prüfung benötigen Sie zudem ***Prüf- bzw. Beurteilungskriterien****.*
Obwohl in der Aufgabenstellung kein Theoretiker explizit benannt wird, wird durch den Hinweis „interkulturelle Bildung" ein fachtheoretischer Bezug z. B. zu ***Nieke*** *erwartet.*
In einem abschließenden ***Fazit*** *sollten Sie noch einmal einen Rückbezug zu Ihren Prüf- und Beurteilungskriterien herstellen.*

Im Folgenden sollen die Forderungen der Autorin daraufhin geprüft werden, ob sie sich mit den von Wolfgang Nieke formulierten zehn Zielen einer interkulturellen Erziehung und Bildung vereinbaren lassen, ob sie pädagogisch, sozial und kulturell sinnvoll erscheinen und ob sie umsetzbar sind.

Die Autorin Ateş ist der Meinung, dass man die Sprachen und das interkulturelle Potenzial der Migranten grundsätzlich als Ressource und nicht als Defizit sehen sollte (vgl. Z. 46–52, Z. 71 ff.).
Diesen Ansatz vertritt auch **Nieke** in seinen **zehn Zielen einer interkulturellen Erziehung und Bildung**, wenn er als 4. Ziel eine Akzeptanz der Minoritätenkultur nennt. Darunter versteht er das **Akzeptieren von Ethnizität** sowie das **Rücksichtnehmen auf die Sprachen von Minoritäten**.
Die Förderung von Empathie und das Diskutieren über Normen und Werte (vgl. Z. 65 ff.) sind auch für Nieke wichtig, wenn er beim 8. Ziel betont, dass das **Umgehen mit Kulturkonflikten und Kulturrelativismus** eingeübt werden müsse.
Ateş' Forderung nach inter- bzw. transkulturell geschultem Lehrpersonal (vgl. Z. 73–76) unterstützt auch Nieke, der **Toleranz** (vgl. 3. Ziel), **Bewusstwerden des eigenen unvermeidbaren Ethnozentrismus** (vgl. 1. Ziel) und einen **reflektierten Umgang mit Befremdung** (vgl. 2. Ziel) postuliert.
Den Forderungen Ateş' nach Deutschpflicht in staatlichen Schulen (vgl. Z. 45 f.), Sprachförderung und „Kindergartenpflicht vor allem für Deutschländerkinder" (Z. 56) würde Nieke vermutlich nicht unbedingt zustimmen, da er dabei die **Minoritätensprachen** zu wenig berücksichtigt und wertgeschätzt sähe. Ateş verfolgt allerdings damit vor allem das Ziel, Deutschländerkindern mehr Bildungserfolg zu ermöglichen. Zudem räumt sie ein, dass der Sprachenreichtum als Ressource verstanden und in den Curricula berücksichtigt werden müsse (vgl. Z. 50 ff.), wodurch die inhaltlichen Parallelen zwischen Ateş und Nieke wieder deutlich werden.

Interkulturelle Bildung und Erziehung wird auch von Nieke als **wechselseitiger Prozess** gesehen, bei dem Minderheiten und Mehrheitsgesellschaft voneinander lernen. Daher ist es auch für die Migranten wichtig, einen Einblick in die Kultur – insbesondere in die Sprache – der Mehrheitsgesellschaft zu bekommen, um einen kommunikativen Austausch und ein Kennenlernen zu ermöglichen.
Vergleicht man die Forderungen von Ateş mit den zehn Zielen von Nieke, fällt auf, dass es im Wesentlichen inhaltliche Gemeinsamkeiten gibt.
Während Ateş sich jedoch in diesem Text nur auf die besondere Situation der Deutschländerkinder (türkischstämmige Migranten) bezieht und ein verändertes Verhalten der Mehrheitsgesellschaft fordert, ist Niekes Ansatz auf alle Kulturen und Gesellschaften bezogen und strebt ein verändertes Verhalten der **Minoritäts- und Majoritätsgesellschaft** an.

Auch wenn die Forderungen sinnvoll erscheinen, wird der Balanceakt zwischen Deutschpflicht und Wertschätzung der Herkunftssprachen vermutlich nicht einfach zu realisieren sein.
Zudem wird es in einer multikulturellen Gesellschaft auch immer Kulturkonflikte geben, die sich nicht mit Diskutieren und Empathie lösen lassen.
Des Weiteren erfordert die Umsetzung der Forderungen auch flankierende (sozial)politische Maßnahmen, um z. B. Gettobildungen zu verhindern und personale und finanzielle Ressourcen zur Verfügung stellen zu können.

Grundkurs Erziehungswissenschaft – Abiturprüfung NRW
Übungsaufgabe 6

Thema: Professionelles pädagogisches Handeln in Montessori-Schulen

Unterrichtsinhalte:
- Erziehung in verschiedenen historischen und gesellschaftlichen Kontexten (Inhaltsfeld 5)
- Institutionalisierung von Erziehung (Inhaltsfeld 6)
- Besonderheiten der Identitätsentwicklung in Kindheit, Jugend und Erwachsenenalter sowie deren pädagogische Förderung (Inhaltsfeld 4)

Jan Wehberg/Nina Draxlbauer/Susanne Paulsen/Alexandra Rigos: Montessori-Schulen

Konzept

In Jena eröffnete 1924 die erste deutsche Schule, die auf den Ideen der italienischen Reformpädagogin Maria Montessori basierte. Deren Ansichten waren für die damalige Zeit revolutionär: Ein Kind müsse als vollwertiger Mensch gesehen, seine Persönlichkeit geachtet werden; Schüler sollten sich dem eigenen Lerntempo folgend selbstständig mit Unterrichtsmaterialien beschäftigen.

Je nach Alter und Neigungen, so das Credo der Pädagogin, durchlaufen Kinder „sensible Phasen“, in denen sie für die Ausbildung von Fähigkeiten wie Lesen oder Schreiben besonders empfänglich sind.

Der oberste Grundsatz Maria Montessoris lautet: „Hilf mir, es selbst zu tun“. […] Für die Eleven besteht während der Unterrichtszeit kein Zwang zur dauerhaften Mitarbeit; Ruhephasen sind ausdrücklich erlaubt. Der Pädagoge soll erst dann einschreiten, wenn die Schüler nicht zurechtkommen, nicht motiviert sind oder stören. Er ist vor allem ein „Bewahrer der Ordnung“.

Eine wichtige Rolle spielt in dem Konzept die „vorbereitete Umgebung“. Dahinter verbirgt sich die Vorstellung, dass das natürliche Lerninteresse der Kinder eine Entsprechung in der Präsentation der Unterrichtsmaterialien finden muss. Die hat Maria Montessori zum großen Teil selbst entworfen. Sie orientieren sich am Entwicklungsstand der Kinder und sollen im Klassenraum für alle erreichbar in Augenhöhe bereitgestellt werden.

Der Schwerpunkt der Montessori-Pädagogik liegt heute im Vorschul- und Primarbereich. Aber auch im Sekundarbereich etablieren sich Schulen in Anlehnung an die Ideen der Reformpädagogin.

Unterrichtsformen

Im Zentrum des Unterrichts steht die „Freiarbeit“: In dieser Zeit können die Schüler weitgehend selbst entscheiden, mit welchen Themen sie sich beschäftigen.

Dazu bieten die Schulen eine Vielzahl von Unterrichtsmaterialien an – beispielsweise Perlenstäbchen mit Kugeln, aus denen die Kinder Würfel bilden können, um so ein Gefühl für Mengen und Dimensionen zu bekommen. Oder Karten mit angerauten Lettern, um Buchstaben nicht nur sicht-, sondern auch fühlbar zu machen.

Die Materialien sind drei Lernbereichen zugeordnet: Sprachen, Mathematik und „kosmische Erziehung“ (eine Kombination naturwissenschaftlicher und musischer Fächer sowie Geschichte). Die Kinder holen sich die Lernhilfen aus Regalen und gehen damit an einen Tisch oder auf einen Arbeitsteppich. Jede Lernhilfe ist nur einmal vorhanden, sodass die Schüler sich absprechen und soziales Verhalten einüben müssen; sie dürfen sich aber auch einen Lernpartner suchen.

Die Lehrer helfen im Bedarfsfall bei der Auswahl der Materialien; sie achten auch darauf, dass sich die Kinder nicht zu einseitig beschäftigen. Jedes Material darf nur „sinngebend“ gebraucht werden – die Perlenketten etwa fürs Rechnen, nicht aber, um daraus Halsketten zu machen. Montessori-Materialien sind Lern- und keine Spielmittel.

Sobald die Kinder schreiben können, führen sie an manchen Schulen ein Heft über alles, was sie jeden Tag machen. Daneben haben sie ein „Pensenheft“, in dem der Lehrer den Lernfortschritt abzeichnet.

Neben der Freiarbeit findet auch „gebundener Fachunterricht“ etwa in Mathematik oder Englisch statt, bei dem aber inhaltlich differenziert wird; während sich einige Kinder mit der Addition beschäftigen, sind andere schon bei der Subtraktion.

Weiterführenden Unterricht gibt es in Form von „Lehrerlektionen“, in denen kleinen Schülergruppen maximal 15 bis 20 Minuten lang der Stoff vermittelt wird. Schulbücher gibt es in der Grundschule oft erst ab der 3. Klasse. Englisch lernen die Kinder an vielen Schulen dagegen schon ab der 1. Klasse.

Die Klassen umfassen mehrere Jahrgänge und werden meist von zwei Lehrern betreut. In den Sekundarstufen nimmt der Anteil der Freiarbeit zugunsten langfristiger, teilweise fächerübergreifender Projektarbeit ab. Die Schüler dürfen in der Regel selbst entscheiden, wo sie lernen, ob in der Schule, der Universitätsbibliothek oder auch im Museum.

Lehrplan, Leistungsbewertung, Abschlüsse

Die Montessori-Pädagogik ist eher ein methodischer als ein inhaltlicher Ansatz. Daher orientieren sich die Schulen auch stärker an den staatlichen Lehrplänen als etwa Waldorfschulen – nur dass die naturwissenschaftlichen Fächer in unteren Klassen als „kosmische Erziehung“ auf dem Stundenplan stehen und nicht als Biologie, Physik, Chemie oder Geschichte wie in Montessori-Oberstufen. Zum Curriculum gehört auch das Erlernen handwerklicher Fertigkeiten. Die Schüler bekommen an vielen Schulen bis zur 6. oder 8. Klasse ausführliche Berichtszeugnisse, zum Teil mit Noten. Nicht immer schreiben alle Kinder Arbeiten zur gleichen Zeit, sondern je nach Entwicklungsstand. Rückmeldungen über den Lernerfolg erhalten die Eleven unter anderem durch persönliche Gespräche mit den Lehrern; die Schüler können solche Gespräche selbst einfordern. Bei Elternsprechtagen sind die Kinder ebenfalls meist dabei.

Die weiterführenden Schulen ermöglichen in der Regel die üblichen Qualifikationen: Haupt- und Realschulabschluss, mitunter auch das Abitur. Die staatlichen Prüfungen müssen die Jugendlichen in manchen Bundesländern jedoch extern ablegen.

Stärken und Schwächen

Montessori-Schulen bieten ihren Schülern viel Freiraum für eigenverantwortliches Lernen. Das individuelle Lerntempo der Kinder wird respektiert.

Von Eltern wird mitunter kritisiert, dass an Montessori-Schulen viele Eleven anzutreffen seien, die anderswo gescheitert sind. Auch seien Montessori-Absolventen gegenüber Kindern mit Abschlüssen von Regelschulen bei der Berufs- oder Studienplatzwahl benachteiligt, weil ihr Leistungsvermögen und Wissen von Arbeitgebern manchmal in Zweifel gezogen würden. Schulleitungen räumen mitunter ein, dass Eltern von verhaltensauffälligen Kindern überdurchschnittlich häufig eine Montessori-Schule in Erwägung ziehen. Jedoch sei die Montessori-Pädagogik für alle Schüler gleichermaßen geeignet – und durch eine Auswahl der Neuzugänge könne man die Zusammensetzung der Klassen gut steuern.

Montessori-Schulen verstehen sich in der Regel nicht als Förderschulen. Bei Lernschwächen und Lernstörungen müssen sich die Eltern um weitere Unterstützung kümmern. […] Die Eltern sind auch gefordert, ihr Kind nach Schulschluss im Sinne der Montessori-Pädagogik zu unterstützen und es zum selbstständigen Arbeiten anzuleiten, etwa bei der Hausarbeit.

Jan Wehberg/Nina Draxlbauer/Susanne Paulsen/Alexandra Rigos: Dossier Besondere Schulen – Ihre Pädagogik – Ihre Stärken und Schwächen – Ihre Kosten, in: Geo Wissen Nr. 44: Die Ideale Schule (2009)

Aufgabenstellung

1. Stellen Sie die wesentlichen Merkmale einer Montessori-Schule strukturiert und mit eigenen Worten dar.
2. Vergleichen Sie die Forderungen der Montessoripädagogik mit den heutigen Anforderungen an Erzieherinnen und Erzieher.
3. Setzen Sie sich mit der Fragestellung auseinander, inwiefern die Montessori-Schule Kinder und Jugendliche beim Streben nach Autonomie und sozialer Verantwortung unterstützen kann.

Lösungsvorschlag

1. *In der ersten Aufgabe sollen Sie die* ***wesentlichen Merkmale*** *einer Montessori-Schule* ***strukturiert*** *und* ***mit eigenen Worten darstellen****. Der Operator „****darstellen****" entspricht dem* ***Anforderungsbereich I****. Laut Operatorenliste sollen Sie den Gedankengang oder die Hauptaussage des Textes mit eigenen Worten darlegen. Das heißt, dass Sie Gedankengänge sinngemäß auch umstrukturieren können. Wichtig ist, dass Sie die wesentlichen Aspekte erfassen, ohne die Inhaltswiedergabe zu umfangreich zu gestalten.*

In dem vorliegenden Textauszug aus dem „Dossier Besondere Schulen – Ihre Pädagogik – Ihre Stärken und Schwächen – Ihre Kosten", das in der Zeitschrift Geo Wissen: Die Ideale Schule im Jahr 2009 erschienen ist, stellen die Autoren Jan Wehberg, Nina Draxlbauer, Susanne Paulsen und Alexandra Rigos die Montessori-Schule vor. Sie gehen dabei auf das Konzept, die Unterrichtsformen, den Lehrplan, die Leistungsbewertung und Abschlüsse sowie Stärken und Schwächen ein.

Der Text ist in vier Abschnitte unterteilt. Die Autoren beginnen mit der Vorstellung des Konzepts der Reformschule (vgl. Z. 1–23). Hier thematisieren sie das **Menschenbild** und die **Aufgaben der Lehrperson**. Das Kind wird als vollwertiger Mensch gesehen und soll seinem eigenen Lerntempo folgen. Es durchläuft während seiner Entwicklung „**sensible Phasen**" (Z. 8), in denen es jeweils bestimmte Fähigkeiten besonders gut erlernen kann. Das Hauptmotto für die Montessoripädagogen ist „**Hilf mir, es selbst zu tun**" (Z. 10). Der Lehrer hilft dem Kind im Lernprozess also nur, wenn es ihn danach fragt, wenn es an seine Grenzen stößt oder z. B. andere stört. Des Weiteren ist der Lehrer verantwortlich für die Organisation und Präsentation der **Unterrichtsmaterialien**. In der **vorbereiteten Umgebung** sind alle Materialien auf Augenhöhe der Kinder zu finden. Die Materialien sind zum Großteil von Montessori selbst entwickelt und entsprechen dem Entwicklungsstand der Kinder (vgl. Z. 15–20).
Im nächsten Abschnitt (vgl. Z. 24–56) liegt der Fokus auf den **Unterrichtsformen** sowie der Lernkontrolle. Die vorherrschende Form des Unterrichts ist die **Freiarbeit** (vgl. Z. 25). Dabei haben die Schüler die Gelegenheit, sich selbst für ein Thema oder ein Material zu entscheiden. Die Materialien, z. B. Perlenketten oder angeraute Buchstaben, sind den Bereichen **Sprache**, **Mathematik** und **kosmische Erziehung** zugeordnet. Die kosmische Erziehung umfasst die Naturwissenschaften, die musischen Fächer und Geschichte (vgl. Z. 32 f.). Die Materialien sind jeweils nur einmal vorhanden, sodass die Schülerinnen und Schüler sich absprechen müssen oder mit einem Partner gemeinsam arbeiten können. Dies dient dem **sozialen Lernen**. Außerdem dürfen die Materialien nur „**singgebend**" (Z. 39) gebraucht, also nicht etwa die Perlenketten als Schmuck verwendet werden. Die Lehrer helfen bei der Materialauswahl und sorgen dafür, dass die Kinder sich nicht zu einseitig beschäftigen. Weitere Formen des Unterrichts sind der inhaltlich differenzierte „**gebundene[r] Fachunterricht**" (Z. 45), z. B. in Mathematik oder Englisch, sowie die „**Lehrerlektionen**" (Z. 48), bei denen kleinen Lerngruppen der Stoff in 15 bis 20 Minuten vermittelt wird. In der Sekundarstufe wer-

den die Anteile der **Projektarbeit** größer. Alle Klassen sind **leistungs- und altersheterogen**. Sie werden in der Regel von zwei Lehrern betreut. Zur **Lernkontrolle** dienen ein persönliches Schülerheft, in dem alles, was gelernt wurde, dargelegt wird, und das sogenannte „**Pensenheft**" (Z. 43), in dem der Lehrer den Lernfortschritt dokumentiert.
Im dritten Teil des Textes (vgl. Z. 57–71) geht es um Lehrpläne, Leistungsbewertung und Abschlüsse. Montessori-Schulen orientieren sich inhaltlich z. T. an den **staatlichen Lehrplänen**. Ihre Besonderheit liegt eher im Bereich der **Methodik**. Allerdings gibt es z. B. anstelle der klassischen Naturwissenschaften das Fach „kosmische Erziehung" (Z. 61). Auch werden **handwerkliche Fertigkeiten** gefördert.
Statt der klassischen Notenzeugnisse gibt es an Montessori-Schulen zumeist **Berichtszeugnisse**, z. T. mit Noten. Es gibt schriftliche **Lernerfolgsüberprüfungen**, die nicht unbedingt von allen Schülern zur gleichen Zeit geschrieben werden. Schüler oder ihre Eltern erhalten häufig mündlich Rückmeldung über die Fortschritte. An Montessori-Schulen können im Prinzip alle staatlichen Schulabschlüsse erworben werden. Allerdings müssen staatliche Prüfungen z. T. extern abgelegt werden.
Der letzte Abschnitt (vgl. Z. 72–88) befasst sich mit den Stärken und Schwächen der Montessori-Schulen. Positiv ist einerseits, dass es viel Raum für **eigenverantwortliches Lernen** gibt und das **individuelle Lerntempo** der Schüler respektiert wird. Diese selbstständige Arbeit soll auch von den Eltern, z. B. bei der Hausarbeit, unterstützt werden. Andererseits wird Montessori-Schulen vorgeworfen, dass dort oft Kinder sind, die auf anderen Schulen nicht zurechtkommen. Dass tatsächlich viele **verhaltensauffällige Kinder** angemeldet werden, bestätigen die Schulleitungen. Zudem ist es so, dass Arbeitgeber den Montessori-Absolventen häufig bezogen auf ihr Leistungsvermögen misstrauen. Montessori-Schulen sind aber ausdrücklich **keine Förderschulen**. Bei speziellem Förderbedarf müssen sich Eltern selbst um Unterstützung kümmern.

2. *Im Rahmen dieser Aufgabe sollen Sie die Forderungen der Montessoripädagogik mit den heutigen Anforderungen an Erzieherinnen und Erzieher vergleichen. Der Operator „**vergleichen**" gehört zum **Anforderungsbereich II** und verlangt in diesem Fall, dass Sie nach selbst gewählten Gesichtspunkten **Gemeinsamkeiten**, **Ähnlichkeiten** und/oder **Unterschiede** ermitteln und darstellen.*
*Ihre Ausführungen sollten Sie mit einem zusammenfassenden **Fazit** abschließen.*

Im Text werden eine Reihe von Anforderungen an die Montessori-Lehrerin oder den Montessori-Lehrer genannt. Es wird dargelegt, dass die Montessoripädagogik insgesamt „eher ein methodischer als ein inhaltlicher Ansatz" (Z. 58) sei. Der Vergleich zu den heutigen Anforderungen an Erzieherinnen und Erzieher in der Kita ist trotz der Fokussierung auf den schulischen Bereich möglich, da die pädagogische Konzeption in einer Montessori-Schule der des Montessori-Kinderhauses entspricht. Die Ausnahme ist der Aspekt der Bewertung und Leistungsbeurteilung (vgl. Z. 63 f.), der in der Kita natürlich noch keine Rolle spielt.

Laut **traditionellem Verständnis** ist es die **Aufgabe von Pädagogen**, Kinder und Jugendliche zu **führen** und zu **leiten**. Dieses traditionelle Verständnis unterscheidet sich z. T. von den Ansprüchen an einen Montessoripädagogen. Dieser soll nämlich nur „einschreiten wenn die Schüler nicht zurechtkommen, nicht motiviert sind oder stören“ (Z. 12 f.). Das zentrale Motto ist „**Hilf mir, es selbst zu tun**“ (Z. 10). Diese Ansicht impliziert ein grundlegend anderes, nämlich **reformpädagogisches Menschenbild**. Die Montessoripädagogik geht davon aus, dass die Entwicklung des Kindes aus einem **inneren Bauplan** erfolgt, den jedes Kind schon bei der Geburt in sich trägt. Dieser kann sich ungehindert entfalten, wenn es die äußeren Einflüsse zulassen. Der Erwachsene soll dabei ein wachsamer Begleiter sein, ein „**Bewahrer der Ordnung**“ (Z. 14). Er muss geeignete Rahmenbedingungen schaffen, indem er z. B. die **Lernumgebung vorbereitet**. Er soll aber den Kindern nichts vorgeben. Die Kinder haben laut Montessori ein natürliches Lerninteresse (vgl. Z. 16), eine **intrinsische Motivation**. Wenn die Rahmenbedingungen stimmen, kann das Kind seinen inneren Bauplan optimal entfalten. Es bedarf keiner bzw. nur ganz geringer Führung oder Anleitung.
Es ist allerdings zu beachten, dass der erste genannte Aspekt sich auf das traditionelle Verständnis von der Aufgabe von Pädagogen bezieht. Die **Aufgabe** von staatlich anerkannten Erzieherinnen und Erziehern ist nach **modernem Verständnis** die **Betreuung** und **Förderung** von Kindern und Jugendlichen. Das passt schon eher zu den Aufgaben einer Montessoripädagogin oder eines Montessoripädagogen. Allerdings ist zu betonen, dass **Montessoripädagogen sehr zurückhaltend fördern**, eben durch die Organisation einer vorbereiteten Umgebung, in der den Kindern Unterrichtsmaterialien aus den Lernbereichen Sprache, Mathematik und kosmische Erziehung zur freien Auswahl angeboten werden (vgl. Z. 31 f.).
Erzieherinnen und Erzieher lernen heute im Verlauf ihrer Ausbildung, Kinder und Jugendliche in ihrer Lebenswelt zu verstehen und **pädagogische Beziehungen** zu ihnen zu gestalten. Sie sollen außerdem **Entwicklungs- und Bildungsprozesse anregen** und **fördern** und **in Gruppen pädagogisch handeln**. Diese Anforderungen gelten auch für Montessoripädagogen. Entwicklungs- und Bildungsprozesse werden eindeutig durch die Freiarbeit, die vorbereitete Umgebung und das Montessori-Material angeregt. In Kitas wie auch Grundschulen müssen die **Bildungspläne** des jeweiligen Bundeslandes umgesetzt werden. Bestandteile des Bildungsplanes NRW sind z. B. die **Berücksichtigung offener Lernformen** (Wochenplan- oder Freiarbeit) oder **individuelles Lernmaterial**, das der Differenzierungsmöglichkeit entspricht. Hier sind deutliche Ähnlichkeiten zu den Grundsätzen der Montessoripädagogik zu erkennen. Dies deutet klar darauf hin, dass die reformpädagogischen Ideen Montessoris die allgemeine Elementar- und Grundschulpädagogik stark beeinflusst haben. Somit sind auch die Anforderungen an die Erzieherinnen und Erzieher sehr ähnlich.

Laut **Bildungsplan NRW** müssen die Eltern in die Entwicklung von Förderplänen einbezogen werden. Eine Anforderung an Erzieherinnen und Erzieher ist es, **Erziehungspartnerschaften** mit Eltern aufzubauen. Der Einbezug der Eltern ist in der Montessoripädagogik ebenfalls sehr wichtig. Hier erhalten Eltern Rückmeldung über den Lernerfolg ihrer Kinder an Elternsprechtagen, bei denen für gewöhnlich auch die Kinder anwesend sind (vgl. Z. 68). Darüber hinaus sind die Eltern angehalten, „ihr Kind nach Schulschluss im Sinne der Montessoripädagogik zu unterstützen und es zum selbstständigen Arbeiten anzuleiten“ (Z. 86 ff.).
Eine weitere Aufgabe der Erzieherinnen und Erzieher besteht darin, die Institution weiterzuentwickeln und sich an der Teamarbeit zu beteiligen. **Teamarbeit** ist in Montessori-Einrichtungen ebenfalls sehr wichtig. Es müssen z. B. gemeinsam Lernmaterialien entwickelt werden. An Montessori-Schulen betreuen außerdem zumeist zwei Lehrer die Lerngruppen im Team (vgl. Z. 52 f.).
In Kitas hat das **freie Spiel** einen hohen Stellenwert. Die Erzieherin oder der Erzieher beobachtet die Kinder und unterstützt sie nur im Bedarfsfall oder wenn es von den Kindern gefordert wird. Hier zeigt sich ein ganz offensichtlicher Bezug zur **Freiarbeit** in der Montessoripädagogik, nach der es Aufgabe des Erziehers ist, die Ordnung zu bewahren und den Grundsatz „Hilf mir, es selbst zu tun“ zu befolgen.
Darüber hinaus müssen die Erzieherinnen und Erzieher Übergänge – z. B. von der Kita in die Grundschule – gestalten. Sie müssen **Lernprozesse** der Kinder **anregen**, **Fachwissen** über Entwicklungspsychologie und pädagogisches Fachwissen besitzen und **anwenden** können. Sie müssen die Bildungspläne des jeweiligen Bundeslandes umsetzen und sie müssen die **Erziehungsbedürftigkeit** und **-notwendigkeit** von Kindern und Jugendlichen kennen. Sie müssen **Eltern beraten** und somit **Erziehungspartnerschaften** eingehen. Dies alles sind Anforderungen, die an eine Erzieherin oder einen Erzieher im elementarpädagogischen Bereich gestellt werden.

Insgesamt kann man feststellen, dass viele Aspekte der Montessoripädagogik heutzutage feste Bestandteile des Kita- oder Schulprogramms – auch von weiterführenden Schulen – geworden sind, selbst wenn es sich nicht um offizielle Montessori-Einrichtungen handelt. Dazu zählt insbesondere die **Ressourcenorientierung** anstelle der **Defizitorientierung**: Man geht bei der individuellen Förderung nicht von den Problemen der Kinder und Jugendlichen aus, sondern von den Fähigkeiten, die sie mitbringen. Diese Vorgehensweise kann dazu beitragen, die intrinsische Motivation aufrechtzuerhalten. Durch moderne Unterrichtsmethoden wie z. B. **Stationenlernen** oder **Projektarbeit** wird auch an öffentlichen Schulen die Idee der Freiarbeit umgesetzt. Insbesondere an Grundschulen hat die **Freiarbeit** (oder Wochenplanarbeit) heute einen sehr hohen Stellenwert und wird in die Stundenpläne offiziell aufgenommen. Die Montessoripädagogik kann also definitiv als ein Vorbild für die moderne Methodik und Didaktik angesehen werden. Gleichsam ähneln auch die Aufgaben der Montessori-Erzieher den Anforderungen an den Beruf zur heutigen Zeit. Aus den Forderungen der Montessoripädagogik lassen sich viele Ansprüche ableiten, nicht zuletzt sogar der Artikel 1 des Schulgesetzes, der jedem Kind das Recht auf individuelle Förderung zuspricht.

3. *Der Operator „**sich auseinandersetzen mit**" aus dem **Anforderungsbereich III** fordert Sie zu einem **begründeten, abgewogenen eigenen Urteil** auf. Sie sollen hier die Fragestellung erörtern, inwiefern die Montessoripädagogik beim Streben nach Autonomie und sozialer Verantwortung unterstützen kann. Sie sollen also Ihre **eigene Meinung** darlegen und zu einem **begründeten Urteil** kommen. Allerdings müssen Sie auch auf eine geeignete Theorie eingehen und mit diesen Erkenntnissen Ihre eigene Meinung stützen. Hierfür eignet sich das **Modell der produktiven Realitätsverarbeitung** nach Hurrelmann. Das Wort „inwiefern" ist ein deutlicher Hinweis darauf, dass Sie nicht nur Pro-Argumente finden sollen, sondern **Pro und Kontra abwägen** sollen.*

Im Anschluss an den Vergleich der Anforderungen an Erzieher soll nun der Frage nachgegangen werden, inwiefern die Montessori-Schule Kinder und Jugendliche beim **Streben nach Autonomie und sozialer Verantwortung** unterstützen kann. Mit der Entwicklung von Autonomie und sozialer Verantwortung hat sich insbesondere der Kinder- und Jugendforscher Klaus Hurrelmann im Rahmen seines Modells der produktiven Realitätsverarbeitung auseinandergesetzt. Auf dieses Modell soll im Folgenden Bezug genommen werden.

Hurrelmann spricht von **produktiver Realitätsverarbeitung**, weil der Jugendliche seine Identität dadurch erarbeitet, dass er seine **äußere und innere Realität**, also Ansprüche des Individuums und gesellschaftliche Ansprüche, auf seine eigene Weise **aktiv mitgestaltet**. Der Jugendliche befindet sich ständig in einem Balanceakt zwischen den Bestrebungen nach Autonomie und sozialer Verantwortung. Im Rahmen seines Modells stellt Hurrelmann zehn Maximen vor, die im Jugendalter eine wesentliche Rolle spielen. In seiner **vierten Maxime** betont er das **Spannungsfeld zwischen Integration und Individuation**. Jugendliche müssen die Werte und Normen der Gesellschaft annehmen und dabei gleichzeitig in der Lage sein, ihren eigenen Ansprüchen gerecht zu werden. Schafft der Jugendliche es nicht, diese **Balance zwischen Autonomie und sozialer Verantwortung** herzustellen, kann seine Entwicklung krisenhafte Formen annehmen. Es entsteht **Entwicklungsdruck (fünfte Maxime**). Um diesem Entwicklungsdruck standzuhalten, sind **personale und soziale Ressourcen** notwendig; erstere sind individuelle Bewältigungsstrategien, letztere Unterstützungen durch wichtige Bezugsgruppen (**sechste Maxime**). Schließlich geht Hurrelmann in der **siebten Maxime** auf die Rolle der Schule ein, die neben dem Elternhaus und z. B. den Gleichaltrigen ein wichtiger Vermittler und Unterstützer im Entwicklungsprozess des Jugendlichen ist.

Die Montessori-Schule kann sehr wohl zur Entwicklung von Autonomie und auch zur Entwicklung von sozialer Verantwortung beitragen. Insbesondere die **Förderung von Autonomie** ist ein wichtiger Grundsatz in der Montessoripädagogik.

Dem Kind wird hierbei ein hohes Maß an **intrinsischer Motivation** zugesprochen. Im vorliegenden Text betonen die Autoren, dass Schüler in Montessori-Schulen „viel Freiraum für eigenverantwortliches Lernen" (Z. 73 f.) erhalten und dass das individuelle Lerntempo der Schüler berücksichtigt wird (vgl. Z. 74). **Selbstständigkeit** und **Autonomie** werden durch das entsprechende Material und die Zurückhaltung des Lehrers gefördert. Der oberste Grundsatz „Hilf mir, es selbst zu tun" zeigt diesen Anspruch eindeutig. Gleichzeitig wird hier die Unterstützung angesprochen, die auch laut Hurrelmann sehr wichtig ist. Die Schule muss nach Hurrelmann **Freiheit und Selbstständigkeit**, aber auch **Orientierungs- und Verhaltenssicherheit** ermöglichen. Handlungsspielräume dürfen dabei nicht zu weit gesteckt werden oder widersprüchlich sein. Montessori-Material erfüllt diese Ansprüche: Die Materialien beinhalten alle die Möglichkeit der **selbstständigen Fehlerkorrektur**, sodass das Kind deutlich seine Fehler erkennt bzw. Rückmeldung über eine korrekte Lösung erhält, was zur **Förderung des Selbstbewusstseins** beiträgt – einer wichtigen Voraussetzung für Autonomie.
Auch **soziales Lernen** spielt in der Montessoripädagogik eine Rolle. Es gibt das Material immer nur einmal, sodass die Schülerinnen und Schüler sich absprechen müssen oder gemeinsam mit einem Partner arbeiten können (vgl. Z. 34 ff.). In der Sekundarstufe wird **Projektarbeit** immer wichtiger (vgl. Z. 53 f.). Auch hier gibt es die Möglichkeit, mit einem Partner oder gemeinsam mit einer Gruppe zu arbeiten. Das Lernen sozialer Verantwortung wird an Montessori-Schulen allerdings nicht in gleichem Maße gefördert wie die Autonomie. Vielleicht ist es auch deshalb nicht verwunderlich, dass Eltern von verhaltensauffälligen Kindern oft eine Montessori-Schule für diese wählen (vgl. Z. 79 ff.).

Zusammenfassend kann festgestellt werden, dass die Montessori-Schule **Individuation im Sinne Hurrelmanns fördert** und die **Entwicklung von Autonomie unterstützt**. Die Förderung der sozialen Verantwortung wird ebenfalls beachtet, jedoch in geringerem Maße. Die „kosmische Erziehung" an Montessori-Schulen fasst die Naturwissenschaften, die musischen Fächer und Geschichte zusammen. Aus dem Text geht nicht hervor, ob Montessori-Schulen in der Sekundarstufe II Fächer wie Erziehungswissenschaft oder Sozialwissenschaften anbieten. Bei diesen Fächern liegt ein klarer Fokus auf der Förderung der Entwicklung der sozialen Verantwortung. Mit dem Angebot dieser Fächer würde sich die Möglichkeit ergeben, dem Anspruch an Schulen gemäß der siebten Maxime nach Hurrelmann noch deutlicher zu entsprechen.

Grundkurs Erziehungswissenschaft – Abiturprüfung NRW
Übungsaufgabe 7

Thema: Welchen pädagogischen Beitrag können Institutionen leisten, um Heranwachsende in Bildungsprozessen zu unterstützen?

Unterrichts-inhalte:
- Erziehung in der Familie (Inhaltsfeld 3)
- Besonderheiten der Identitätsentwicklung in Kindheit, Jugend und Erwachsenenalter sowie deren pädagogische Förderung (Inhaltsfeld 4)
- Identität und Bildung: Bildung als Ausbildung von Selbstbestimmungs-, Mitbestimmungs- und Solidaritätsfähigkeit bei Klafki (Inhaltsfeld 4)
- Erziehung in verschiedenen historischen und gesellschaftlichen Kontexten: Montessoripädagogik als ein reformpädagogisches Konzept (Inhaltsfeld 5)

Harald Welzer: Bildung, realistisch

Ich stelle mir vor: Die Menschen konzentrieren sich auf die gelingende Einrichtung ihrer Welt und hören auf, diese Aufgabe auf andere zu projizieren. Die Erwachsenen lassen endlich die Kinder in Ruhe und delegieren nicht mehr an sie, was sie selbst nicht zustande kriegen. Und die Schulen werden Orte des Ermutigens zur Freiheit.

Formale Bildung wird extrem überbewertet. Sie trägt nämlich überhaupt nichts dazu bei, dass Menschen im Zweifelsfall die im Sinne der Freiheit und Humanität richtigen Entscheidungen treffen [...]. Der Holocaust wurde von Menschen mit Doktortiteln auf den Weg gebracht, und noch nie hat Bildung vor Unmenschlichkeit geschützt. Im Gegenteil: Auch Rassismus und Eugenik konnten sich auf die Wissenschaft stützen. Umgekehrt können auch formal ungebildete Menschen sehr intelligente Weltsichten haben und kluge Entscheidungen treffen. [...]

„Zur Freiheit ermutigen" ist das Leitmotiv der Universität Witten-Herdecke, ein sehr schönes Motto für eine Bildungsinstitution der Moderne. Damit ist nicht nur das Ziel von Bildung formuliert, sondern auch die Methode. Denn wenn Menschen von ihrer Konstitution her eines können, dann ist es: lernen. Absurderweise funktionieren die meisten Bildungsanstalten so, dass sie es den Kindern bzw. Studierenden schwermachen, jene Lernbereitschaften, die sie in die Institution hineinbringen, beizubehalten: Die natürliche Freude am Entdecken, am Herausfinden, am Nachmachen, am Entwickeln wird durch beständig reformierte Lehrpläne und Curricula an ihrer Entfaltung gehindert [...].

Dabei ist doch klar, dass menschliche Gehirne sich in Abhängigkeit von Erfahrungen entwickeln und strukturieren, weshalb man für gute Bildung schlicht und ergreifend lediglich günstige – also altersspezifische – Entwicklungsumgebungen bereitstellen muss. Zweitens muss besonders die schulische Bildung von allem entfrachtet werden, was die natürlichen Lernbereitschaften blockiert oder gar absorbiert – deshalb hat in einer Gesellschaft für freie Menschen die Digitalisierung dieselbe Rolle wie der Taschenrechner vor ein paar Jahrzehnten. Sie kann als Technik für bestimmte Fragestellungen herangezogen werden, das ist okay. Ansonsten aber sollen Kinder und Jugendliche exakt jene Basisfähigkeiten erwerben und ausbilden, mit denen sie die Welt interpretieren und ihre Anforderungen bewältigen können – und dafür brauchen sie den klassischen Fächerkanon und Zeit. Sonst nichts. Doch: eben eine sie umgebende Praxis, die mit den Werten übereinstimmt, denen die Gesellschaft folgt. Also wird es darum gehen, autonom urteilsfähigen, sozial aufmerksamen, gemeinschaftsfähigen und verantwortungsbereiten Menschen in personell und finanziell bestausgestatteten Umgebungen Raum und Zeit zur Entfaltung zu geben. [...]

Aber bereits heute können wir international wie national auf eine Reihe höchst erfolgreicher Schulformen zurückgreifen, in denen etwa die traditionelle Klassenstruktur aufgehoben ist und ältere Schülerinnen und Schüler den Jüngeren das beibringen, was sie selbst kurz zuvor gelernt haben. Die eigentlichen Lehrerinnen und Lehrer werden dadurch entlastet und können sich intensiver der Betreuung der einzelnen Schülerinnen und Schüler widmen. Kinder, die in den Jahren der Pubertät sind, werden [...] nicht mehr in Räume und Zeiten gepfercht, die ihrem Bewegungs- und Forschungsdrang nicht entsprechen, sondern gehen ein paar Jahre aufs Land, legen Beete an, bauen Häuser, Klos und Kanus, betrachten die Sterne und lernen sich kennen. Die Schulen werden als von allen Beteiligten verantwortete Veranstaltungen betrachtet, weshalb etwa auch in Planungen von An- und Neubauten die Kinder mit einbezogen werden. Man muss sie nur lassen.

Anders gesagt: Wir haben so viel Wissen über funktionierende, weil unterstützende Bildungsprozesse, dass man in einer Gesellschaft für freie Menschen nur noch die Rahmenbedingungen für das Lernen in Freiheit für Verantwortung bereitstellen muss. Und aufhören muss, sich Kinder als etwas vorzustellen, was permanent der Gängelung und Prägung bedarf.

Welzer, Harald (2019): Alles könnte anders sein. Eine Gesellschaftsutopie für freie Menschen. Frankfurt a. M. S. 272–274 (Auszüge)

Anmerkungen: Harald Welzer, Jahrgang 1958, arbeitet als Direktor der Futurzwei – Stiftung Zukunftsfähigkeit und als Professor für Transformationsdesign an der Universität Flensburg. Welzer stellt in der Publikation „Alles könnte anders sein", aus der hier ein Ausschnitt vorliegt, aktuelle Entwicklungen wie die Steigerung von Wachstum und Konsum in Frage und entwirft Vorstellungen einer möglichen anderen Zukunft, in der Glück und Nachhaltigkeit eine Rolle spielen.

Aufgabenstellung

1. Formulieren Sie den Hauptgedanken des Textes und stellen Sie den Inhalt des Textes dar.
2. Vergleichen Sie Textaussagen Welzers mit Klafkis Bildungsverständnis.
3. Prüfen Sie, inwieweit mit der Montessori-Pädagogik Welzers Vorstellung von gelingender schulischer Bildung umgesetzt werden kann.

Lösungsvorschlag

1. *Die erste Aufgabe besteht aus* ***zwei Teilen*** *und die Aufgabenstellung gibt die Struktur der Bearbeitung vor. In einem ersten Schritt soll die* ***Hauptaussage*** *des Textes formuliert werden. Achten Sie darauf, dass Sie an dieser Stelle detaillierter auf die Aussage des Textes eingehen und möglichst* ***eigene Worte*** *benutzen. In einem zweiten Schritt stellen Sie den* ***Inhalt des Textes*** *dar und achten auch in diesem Teil der Aufgabe darauf, möglichst eigene Formulierungen zu verwenden und Zitate zu vermeiden, damit erkennbar wird, dass Sie den Text verstanden haben.*

Der vorliegende Sachtext „Bildung, realistisch" wurde von Harald Welzer 2019 veröffentlicht. Als Hauptgedanke lässt sich festhalten, dass Welzer das bestehende **Verhältnis der Generationen** zueinander kritisiert und ausgehend davon das **Bildungsziel** formuliert, zur Freiheit zu ermutigen. Dieses konkretisiert er in Form möglicher Lerngelegenheiten in Schulen.
Welzer stellt zunächst seine Vorstellung eines gelingenden Generationenverhältnisses dar: Erwachsene sollten nicht mehr eigene Probleme an Kinder übertragen, sondern ihnen ihren Freiraum geben. Daraus zieht Welzer für Schulen die Konsequenz, dass sie Heranwachsende zur Freiheit anregen sollen (vgl. Z. 2–4).
Der Autor problematisiert in einem nächsten Gedankenschritt **formale Bildungsabschlüsse**. Mit Blick auf das Nazi-Regime stellt er fest, dass die Judenvernichtung von formal hochqualifizierten Menschen geplant wurde (vgl. Z. 5–9).
Welzer greift im Folgenden die oben benannte Schlussfolgerung für Schulen – „Zur Freiheit ermutigen" (Z. 12) – als **Ziel von Bildung(sinstitutionen)** wieder auf. Er übt **Kritik an Bildungsanstalten**, weil sie Entdeckerfreude und Selbsttätigkeit der Lernenden behindern würden (vgl. Z. 12–20). Der Autor macht deutlich, dass sich Gehirne erfahrungsabhängig entwickelten und deshalb zum einen Lernumgebungen so gestaltet werden müssten, dass **altersgemäße Entwicklungen möglich** wären. Zum anderen plädiert Welzer dafür, dass das durch die Schule vermittelte Wissen reduziert werde. So könne der **natürlichen Lernbereitschaft** von Kindern und Jugendlichen Raum gegeben werden (vgl. Z. 21–25).
Welzer konkretisiert diejenigen **Aspekte von Bildung**, mit denen Heranwachsende Anforderungen der Welt bearbeiten können, dazu zählen: Autonomie, Urteilsfähigkeit, soziale Aufmerksamkeit, Gemeinschaftsfähigkeit und Verantwortungsbereitschaft (vgl. Z. 33–35).
Die Voraussetzungen dafür, diese Aspekte in Schulen zu entwickeln, seien einerseits **personelle und finanzielle Ressourcen**, andererseits ein flexibler Umgang mit Räumen, Zeiten und Klassenstrukturen (vgl. Z. 34 f.). Welzer benennt unter anderem als Beispiel, dass Schüler*innen für einige Zeit in ländlicher Umgebung praktisch und sozial arbeiten sollten. Der Autor unterstreicht den **Aspekt der Verantwortung** aller an Schule Beteiligten für die Schule (vgl. Z. 41–46).

Zusammenfassend weist Welzer darauf hin, dass genügend Wissen über „unterstützende Bildungsprozesse“ (Z. 48 f.) vorhanden sei, sodass nur noch der Rahmen für „das Lernen in Freiheit für Verantwortung“ (Z. 50) gesetzt werden müsse. Dabei sei ein Bild des Kindes als ständig zu steuerndes Objekt nicht zielführend.

2. *Der Operator „vergleichen“ zeigt Ihnen an, dass Sie nach selbst gewählten Aspekten* ***Gemeinsamkeiten, Ähnlichkeiten*** *und* ***Unterschiede*** *zwischen den Textaussagen Welzers und* ***Klafkis Bildungsverständnis*** *herausarbeiten sollen. Als Vergleichsaspekte werden in der vorliegenden Aufgabenlösung folgende Gesichtspunkte gewählt: das* ***Generationenverhältnis, Ziele*** *von Bildungsprozessen und* ***Inhalte*** *von* ***Bildungsprozessen.*** *Vermeiden Sie isolierte Text- und Theoriewiedergabe, versuchen Sie vielmehr, Text- und Theorieebene differenziert zu verknüpfen und nutzen Sie dafür* ***Zitate.*** *Sie schließen die Teilaufgabe mit einem* ***resümierenden Fazit*** *auf einer abstrakteren Ebene ab.*

Der verbindende Blick auf die Darstellung Welzers und die Theorie Klafkis soll anhand ausgewählter Vergleichsaspekte vorgenommen werden. Als erster pädagogischer Vergleichsaspekt soll das **Generationenverhältnis** betrachtet werden. **Welzer** geht auf das Verhältnis zwischen Jungen und Alten ein, indem er anmahnt, Erwachsene sollten Kinder in Ruhe lassen und nicht mehr länger Aufgaben delegieren, die sie selbst nicht schaffen würden (vgl. Z. 2–4). Das Generationenverhältnis wird auch dann im weitesten Sinne thematisiert, wenn Welzer auf erfolgreiche schulische Lernsituationen verweist, in denen ältere Schüler*innen jüngeren Inhalte beibringen (vgl. Z. 34–39). Im Schlussteil des Textauszugs plädiert Welzer dafür, Kinder in die Bauplanung von Schulen einzubeziehen und in dieser Funktion sich beteiligen zu lassen sowie dafür, Kinder nicht permanent zu gängeln und zu prägen (vgl. Z. 51 f.).
Klafki versteht Bildung als Zusammenhang von drei Fähigkeiten, die er als „**Grundfähigkeiten**“ bezeichnet: Fähigkeit zur **Selbstbestimmung**, zur **Mitbestimmung** sowie **Solidaritätsfähigkeit**. Unter „Selbstbestimmung“ fasst Klafki die Bestimmung jedes Einzelnen über individuelle Lebensbeziehungen und Sinndeutungen auf sozialer, beruflicher, ethischer und religiöser Ebene zusammen (vgl. Klafki 1993). Mit der Fähigkeit zur Mitbestimmung ist gemeint, dass nach Klafki jede und jeder den Anspruch, die Möglichkeit und die Verantwortung habe, Kultur, Ökonomie, Gesellschaft und Politik mitzugestalten (vgl. Klafki 1993). Solidaritätsfähigkeit bedeutet nach Klafki, dass der individuelle Anspruch auf Selbst- und Mitbestimmung mit dem Einsatz für diejenigen gerechtfertigt werden könne, denen die Chancen auf Selbst- und Mitbestimmung verwehrt seien (vgl. Klafki 1993).
Zwar thematisiert Klafki an dieser Stelle nicht explizit das Verhältnis der Generationen zueinander, jedoch lässt sich hinsichtlich des **pädagogischen Verhältnisses** zwischen **Erziehenden** und **Zu-Erziehenden** folgern: Die Entwicklung von Voraussetzungen, Beziehungen zur Welt und zu anderen aufzunehmen und zu eigener Sinnfindung zu gelangen, wird nur möglich sein, wenn Heranwachsende

nicht gegängelt werden (vgl. Z. 51 f.), sondern gestaltenden Anteil an ihrem eigenen Bildungsprozess haben. **Lehrenden** kommt damit die **Aufgabe** zu, für **Ermutigung** (vgl. Z. 4, 12), **Unterstützung** (vgl. Z. 48 f.) sowie „Raum und Zeit zur **Entfaltung**" (Z. 35) zu **sorgen**.

Welzer unterstreicht die Bedeutung von Freiheit und Humanität als Handlungskriterien (vgl. Z. 6 f.). An dieser Stelle wird mit dem **hohen Stellenwert von Humanität** eine weitere **Gemeinsamkeit** mit der **Bildungstheorie Klafkis** erkennbar: Selbst- und Mitbestimmung sind nur dann zu rechtfertigen, wenn mit ihnen der Einsatz für diejenigen verknüpft ist, denen Selbst- und Mitbestimmungschancen verwehrt sind, etwa aufgrund gesellschaftlicher bzw. politischer Bedingungen. Nach Klafki ist Humanität kein Privileg der Wenigen, sondern demokratisches Bürgerrecht aller.

Zusammenfassend kann zum Generationenverhältnis als Vergleichsaspekt festgehalten werden, dass **Welzer** und **Klafki** von einem **ähnlichen Generationenverhältnis** ausgehen, in dem nicht eine Generation unbearbeitete Aufgaben auf die nächste Generation abwälzt. Die **Bildungsvorstellungen** Welzers und Klafkis setzen voraus, dass es Lerngelegenheiten für junge Generationen gibt, **Humanität** bzw. Voraussetzungen dafür **auszubilden**. Welzer akzentuiert deutlicher als Klafki Kritik am bestehenden Generationenverhältnis, in dem Kinder als Problemlöser der Erwachsenen gelten würden.

Im **Bildungsbegriff Klafkis** spielt die **Verantwortungsübernahme** eine bedeutende Rolle. Bildung bedeutet demnach einerseits, Verantwortung für sich selbst und für die eigenen Beziehungen zur Welt zu übernehmen, und andererseits umfasst der Bildungsbegriff auch, sich für die Beteiligungsrechte Diskriminierter einzusetzen. Damit ist ein zweiter Vergleichsaspekt angesprochen: das Ziel von Bildungsprozessen. Klafki konkretisiert dieses Ziel in Form der drei benannten **Grundfähigkeiten**. Er fordert, dass **Bildung** ein Grundrecht **für alle** sein, einen verbindlichen Kern haben und „in allen Grunddimensionen menschlicher Fähigkeiten" (Klafki 1993) erfolgen müsse (z. B. kognitiv, sozial, ästhetisch, politisch).

Welzer nennt als Bildungsziel, zur Freiheit zu ermutigen (vgl. Z. 4, 12 f.). Er formuliert als Zielperspektive von Schule, „autonom urteilsfähigen, sozial aufmerksamen, gemeinschaftsfähigen und verantwortungsbereiten Menschen […] Raum und Zeit zur Entfaltung zu geben" (Z. 33–35). Insofern ist auch **pädagogische Mündigkeit** als Verbindung von Selbst-, Sach- und Sozialkompetenz angesprochen.

In seinem Fazit stellt Welzer noch einmal die Bedeutung von „Lernen in Freiheit für Verantwortung" (Z. 50) heraus. Klafki und Welzer eint der Ansatz, Bildung einer möglichen Wiederholung des nationalsozialistischen Terrors entgegenzusetzen. Welzer meint damit ausdrücklich nicht hohe formale Bildungsabschlüsse (vgl. Z. 5–11), sondern **auf Verantwortung bezogenes Lernen** in Freiheit unter geeigneten Rahmenbedingungen (vgl. Z. 50).

Zusammenfassend lässt sich zu Zielen von Bildungsprozessen als Vergleichsaspekt sagen, dass **Welzer** und **Klafki** in der Tradition humanistischer Bildungsideale stehen. **Aufklärung**, **Verantwortung** und **Mündigkeit** sind in den Argumentationslinien der beiden Autoren **wichtige Merkmale** eines gebildeten Men-

schen und damit auch **Zielvorstellungen** von schulischer Bildung. **Klafki** macht an diesem Punkt noch stärker als Welzer im hier vorliegenden Textauszug die **emanzipatorische Dimension** von Bildung deutlich im Sinne einer Bildung gegen Diskriminierung und Unterprivilegierung.
Hinsichtlich der **Inhalte von Bildungsprozessen** – dem dritten Vergleichsaspekt – lässt sich feststellen, dass Klafki und Welzer **Konsequenzen** aus ihrem Bildungsverständnis ziehen. Bei **Klafki** sind dies Problemstellungen, deren Bearbeitung für alle Menschen relevant erscheint. Er spricht von Bildung als einem geschichtlich vermittelten Bewusstsein von zentralen Problemen der Gegenwart und voraussichtlichen Zukunft, kurz: von **epochaltypischen Schlüsselproblemen** der Menschheit. Dazu zählen beispielsweise die Frage von Krieg und Frieden angesichts der Vernichtungspotentiale durch Waffen, die Frage nach Zerstörung oder Erhaltung der menschlichen Existenzgrundlagen und die Frage nach Gefahren und Chancen von Informations- und Kommunikationsmedien für Arbeit, Freizeit und menschliche Beziehungen.
Welzer macht sehr konkrete **Vorschläge zu Lehr- und Lernformen** als Konsequenz des Ziels, Heranwachsende zur Freiheit zu ermutigen. Seine Unterrichtsideen, wie z. B. das Errichten von Beeten, Häusern, Klos und Kanus (vgl. Z. 44), gehen deutlich über traditionelle Raum- und Zeitstrukturen in Schulen hinaus und lassen sich einordnen in **reformpädagogische Bemühungen** zur Entschulung der Schule in Form einer Verbindung von praktischem Tun und gedanklicher Arbeit in „echten" Bewährungssituationen für Jugendliche. Welzer betont bei seinen Vorschlägen den **Aspekt der Verantwortung** der handelnden Heranwachsenden für das **eigene Tun** und den **eigenen Bildungsprozess**. Diese Intention lässt sich sicher auch Klafki unterstellen, wenn er darauf hinweist, dass die Bearbeitung von Schlüsselproblemen der Menschheit zu Erkenntnissen, Einstellungen und Haltungen führen könne, die über den jeweiligen Bereich eines Schlüsselproblems hinausgingen. Als Beispiele dafür greift er u. a. Kritikbereitschaft und -fähigkeit, Argumentationsbereitschaft, Empathie und vernetztes Denken heraus.
Während **Welzers** Vorschläge für Unterrichtsinhalte sehr konkret ausfallen (siehe Beispiele oben), bleibt er in seinen **Ausführungen zu „Basisfähigkeiten"** (Z. 29), die Kinder und Jugendliche „erwerben und ausbilden [sollen], mit denen sie die Welt interpretieren und ihre Anforderungen bewältigen können" (Z. 29 f.), auf einer allgemeineren Betrachtungsebene. Er verweist darauf, dass „in personell und finanziell bestausgestatteten Umgebungen Raum und Zeit zur Entfaltung" (Z. 34 f.) gegeben werden soll. Die **Merkmale**, mit denen er diejenigen beschreibt, die sich in einer solchen Umgebung entfalten und zur Freiheit ermutigt (vgl. Z. 12) werden sollen, lassen **Verbindungen mit Klafki** zu. Er kennzeichnet Lehrende wie Lernende – offenbar sind beide gemeint (vgl. Z. 33–35) – als autonom, urteilsfähig, sozial und verantwortungsbereit. Für die Antwort auf die Frage, wie sich genau diese **Erziehungs- und Bildungsziele** anbahnen lassen, kann Klafki herangezogen werden: Seine Konsequenzen aus Bildung als Zusammenhang dreier Grundfähigkeiten stellt die **Fokussierung auf epochaltypische Schlüsselprobleme** dar.

Zusammenfassend zum Vergleichsaspekt der Inhalte von Bildungsprozessen lässt sich festhalten, dass sich die **Konkretisierungsgrade** bei Welzer und Klafki zwar unterscheiden, das **Verbindende** jedoch insbesondere in zwei Punkten erkennbar wird: zum einen darin, dass Lernende und sich Bildende **Verantwortung** für den **eigenen Lernprozess** übernehmen müssen (Welzer appelliert daran, dass Erwachsene dies auch zulassen müssten), zum anderen darin, dass **Bildungsziele** nicht an beliebigen Inhalten erarbeitbar sind, sondern spezifische, **ausgewählte Lernanlässe** erfordern.
Als Fazit dieser Teilaufgabe lässt sich sagen, dass Welzer und Klafki in der inhaltlichen Ausrichtung von Bildungszielen nahe beieinanderliegen. Während **Klafki** einen **bildungstheoretischen Begründungszusammenhang** formuliert und inhaltliche Konsequenzen entwickelt, ist **Welzers** Ausgangspunkt eher die **Kritik an bestehender Bildungs- bzw. Schulpraxis**. Die Sicht auf die Heranwachsenden als Träger von Entfaltungspotentialen und als sich Entwickelnde, die an gelingenden Beispielen lernen können, eint die beiden Autoren.

3. *Sie sind in der dritten Teilaufgabe aufgefordert, auf der Grundlage Ihrer Fachkenntnisse zur* ***Montessori-Pädagogik*** *begründet zu beurteilen, inwieweit mit diesem reformpädagogischen Modell* ***Welzers Vorstellung*** *guter schulischer Bildung umgesetzt werden kann.*
Zunächst ist es erforderlich, dass Sie diese Beurteilungsfrage, auf welche Sie im Rahmen der Aufgabe eingehen, konstruieren. Beziehen Sie sich in der Beantwortung der Frage auf ***ausgewählte Aspekte der Montessori-Pädagogik*** *und benutzen Sie für Ihr* ***Urteil pädagogische Kriterien****. Für die Güte der Aufgabenlösung ist entscheidend, dass Sie möglichst* ***differenzierte Verknüpfungen*** *herstellen zwischen Ihren* ***Urteilskriterien*** *und* ***Aspekten der Bezugstheorie(n)****.*
Formulieren Sie abschließend ein kriterienorientiertes, gewichtendes pädagogisches ***Urteil****.*

Welzer greift bei seinen unterrichtspraktischen Vorschlägen auf solche zurück, die an reformpädagogische Entschulungs- und Projektorientierung erinnern. Der Aspekt des **Lernens in Freiheit** ist ebenfalls an diese pädagogische Strömung anknüpfbar. Insofern lässt sich die Beurteilungsfrage formulieren, inwieweit gerade die Montessori-Pädagogik eine Umsetzung von Welzers Vorstellung guter schulischer Bildung sein kann. Diese Vorstellung lässt sich – wie in den bisherigen Ausführungen dargestellt – kennzeichnen durch: Lernen in Freiheit, Raum und Zeit für die Entfaltung der natürlichen Freude am Entdecken (vgl. Z. 18 f.), Erwerb von Basisfähigkeiten, Erweiterung eigener Autonomie, Erlernen von Verantwortung.
Maria Montessori ist vor dem Hintergrund der Beurteilung der Problemfrage in mehreren Aspekten anschlussfähig an diese Vorstellung von Vorbereitung auf das Leben der Heranwachsenden in der demokratischen Gemeinschaft. Für Montessori verläuft die **Entwicklung des Kindes stufenweise** in **sensiblen Phasen**. Für das Alter zwischen sechs und zwölf Jahren beobachtete sie ein spezielles Interesse des Kindes an Regeln, Gerechtigkeit und den Kategorien ‚richtig'/‚falsch'.

Die **Rolle der Erzieherin bzw. des Erziehers** sieht Montessori in der **Beobachtung und Begleitung von Entwicklungsschritten** des Kindes. Der erzieherisch Handelnde soll eine anregende, zur Selbsttätigkeit auffordernde, **vorbereitete Umgebung** bereitstellen, in der das Kind seinem Entwicklungsstand gemäß mit **Materialien** arbeiten kann. Er beobachtet das Kind und leitet es an, wodurch er für das Kind in arbeitsbezogener und sozialer Hinsicht orientierend wirkt. Das eingesetzte „Entwicklungsmaterial" ist sequenziert in Kategorien (Sprachmaterial, mathematisches Material, Sinnesmaterial und Übungen des praktischen Lebens) und muss nach Montessori bestimmten Kriterien genügen. Dazu zählt das Kriterium der Isolierung einer einzigen Eigenschaft im Material, das Kriterium der Aktivität, der Begrenzung und der Fehlerkontrolle. Das Kind kann mit dem Entwicklungsmaterial regelgeleitet weitgehend **selbstständig arbeiten** und sein **Ergebnis kontrollieren**. Es arbeitet in der Vorstellung Montessoris gemäß seines „**inneren Bauplans**" und entfaltet die in ihm angelegten Potentiale im Wechselspiel zwischen Disposition und Umwelt.
Montessori geht in ihren anthropologischen Grundlagen davon aus, dass das Kind als **soziales Wesen** für die Arbeit an der eigenen Person andere **Mitmenschen benötigt**, mit denen es interagieren kann. Zentrales Element kindlicher Arbeit ist nach Montessori die **Ordnung**, die im Material, im Umgang mit dem Material und im Raum als dritten Pädagogen sichtbar wird. Die Arbeit des Kindes wird durch die Ordnung und die Prinzipien des Materials sowie durch das Erzieher*in-Verhalten und durch den ihm eigenen Bauplan strukturiert. Arbeit und Interaktion des Kindes, der Erziehenden und der anderen Kinder in einer vorbereiteten Umgebung sind damit material und sozial konstruktiv ausgerichtet. Das Kind wird im Umgang mit Gegenständen der Umwelt und in seinem **kooperativen Verhalten** gefördert. Das Entwicklungsmaterial kanalisiert kindliche Aktivitäten (an diesen Aspekt setzt die ggf. geringe Entfaltung von Kreativität als Kritik an Montessori an) und fordert das Kind in der **Entwicklung konstruktiver und friedlicher Lösungsstrategien** heraus. Nach Montessori sind die **Achtung** vor dem Kind und die **Wertschätzung** seiner Kompetenzen leitend für Interaktionen.
Werden ausgewählte Aspekte der Montessori-Pädagogik in Verbindung mit Welzers Vorstellung von gelingender Schulbildung gebracht, lassen sich folgende Einzelurteile festhalten: Berücksichtigt man das **Bild des Kindes** als pädagogisches Urteilskriterium, lässt sich die Montessori-Pädagogik als Umsetzung der Überlegungen Welzers heranziehen. **Montessori** geht von einem aktiven Kind als „**Baumeister seiner selbst**" aus, das Beziehungen zu Erziehenden und anderen Kindern materialgestützt gestaltet. Es ist interessiert daran, **moralische Kategorien** wie ‚richtig' oder ‚falsch' zu gewinnen und nutzt **Regeln** zur Erschließung der Welt über das Arbeitsmaterial. In der Auseinandersetzung mit seiner Umwelt treibt es seine **Entwicklung** voran. **Welzer** geht ebenfalls von einer **natürlichen Lernbereitschaft** aus (vgl. Z. 16–18), die Raum und Zeit benötigt. Lernen in Freiheit bedeutet für Welzer und Montessori die Abwesenheit von Gängelung durch Erwachsene. Allerdings bezieht sich **Montessori** im Gegensatz zu Welzer, der v. a. von Jugendlichen in der Pubertät spricht (vgl. Z. 41), eher auf den **Elementarbereich**.

Wird das **Verhältnis zwischen Erziehendem und Zu-Erziehendem** als pädagogisches Kriterium betrachtet, lassen sich grundsätzlich Verbindungen zwischen Welzer und Montessori ziehen. Nach Montessori kommt das Kind als „geistiger Embryo“ zur Welt, der seine Kenntnisse und seine Sozialität in **Interaktion mit Menschen** und in der Begegnung mit seiner dinglichen **Umwelt** entfalten kann. Der Erzieherin bzw. dem Erzieher kommt die wichtige Aufgabe zu, diesen **Prozess der Entfaltung** sorgfältig zu begleiten und zu unterstützen. Dies macht bereits der Leitspruch der Montessori-Pädagogik „Hilf mir, es selbst zu tun“ deutlich. Damit ist auch der Umgang mit vorgegebenen Handlungsregeln und der Aufbau moralischer Maßstäbe intendiert. **Welzer** bleibt in seinen Vorschlägen **allgemeiner**, insbesondere was Lehrkräfte angeht, und spricht von Raum und Zeit für Entfaltung von Heranwachsenden. Er weist auf die Notwendigkeit hin, dass Lehrer*innen entlastet werden und sich „intensiver der Betreuung der einzelnen Schülerinnen und Schüler widmen“ (Z. 41) können. Diese **Hinwendung zum einzelnen Lernenden** findet sich prinzipiell auch bei Montessori, bei der die **Individualität** des Kindes im Mittelpunkt steht, jedoch ist bei ihr keine Lehrplan- und Schulreformkritik wie bei Welzer erkennbar.
Berücksichtigt man die **Förderung der sozialen Entwicklung** des Kindes als pädagogisches Kriterium, gibt die Montessori-Pädagogik Hinweise, die auch als Unterstützung der Ausführungen Welzers lesbar sind. Montessori verortet **die sozialmoralische Sensitivität** von Kindern ab sechs Jahren. Welzer geht darauf ein, dass Bildungsabschlüsse nicht vor Unmenschlichkeit schützen würden und verweist damit implizit auch auf das **Erlernen von Humanität** und **Verantwortung** in der Schule und explizit auf **soziale Aufmerksamkeit** und **Gemeinschaftsfähigkeit** in Schulen als Lernorten.
Mit Blick auf die **Lernumgebung** als letztes pädagogisches Kriterium lässt sich sagen, dass Welzers unterrichtspraktische Vorschläge auch dem **Erdkinderplan** nach Montessori entstammen könnten. Die Pädagogin sah für Jugendliche im Alter von 12 bis 18 Jahren eine Erfahrungsschule des sozialen Lernens vor. Jugendliche sollten **praktische Erfahrungen auf dem Land** in verschiedenen Bereichen sammeln: auf einem Bauernhof als Produktionsstätte, mit einem Handelsgeschäft als Ort des Warenaustausches und in einem Gästehaus als Ort der Dienstleistung und des sozialen Kontakts. Ganzheitliche Bewährung in Ernstsituationen, Entschulung von Lernen, Lernen mit Kopf, Herz und Hand sind wesentliche **reformpädagogische Aspekte**, die auch bei Welzer deutlich werden.
Zusammengefasst liefern alle untersuchten pädagogischen Kriterien argumentative Unterstützung dafür, dass mit der Montessori-Pädagogik Welzers Vorstellungen von gelingender Bildung in der Schule umgesetzt werden könnten. Beim **Kriterium Lernumgebung** ist dies am **ausgeprägtesten** erkennbar, bei den Kriterien Bild des Kindes und Förderung der sozialen Entwicklung sind Übereinstimmungen festzustellen. Das Generationenverhältnis als pädagogisches Kriterium liefert hingegen nur lose Verbindungen zwischen Welzer und Montessori.
Insgesamt lässt sich daher urteilen, dass in **wesentlichen Punkten** mit der Montessori-Pädagogik die **Vorstellungen Welzers umgesetzt** werden könnten.

Grundkurs Erziehungswissenschaft – Abiturprüfung NRW 2017
Aufgabe 1

Aufgabenstellung

	Punkte
1. Formulieren Sie die Hauptaussage des Textes, stellen Sie den Inhalt des Textes dar und skizzieren Sie den Argumentationsgang des Textes.	18
2. Ordnen Sie die Ausführungen Ellen Keys in den Kontext der reformpädagogischen Bewegung ein und vergleichen Sie Keys pädagogische Ausführungen mit der Montessoripädagogik.	34
3. Erörtern Sie die reformpädagogischen Erziehungsvorstellungen von E. Key und M. Montessori unter einer pädagogischen Perspektive, z. B. der Rolle des Erziehers, und unter Einbeziehung eines Modells zur psychosozialen Entwicklung.	28

Zugelassenes Hilfsmittel: Wörterbuch zur deutschen Rechtschreibung

Ellen Key: Erziehung

[…]

Ruhig und langsam die Natur sich selbst helfen lassen und nur sehen, daß die umgebenden Verhältnisse die Arbeit der Natur unterstützen, das ist Erziehung.

[…]

Das eigene Wesen des Kindes zu unterdrücken und es mit dem anderer zu überfüllen, ist noch immer das pädagogische Verbrechen, das auch die auszeichnet, die laut verkünden: daß die Erziehung nur die eigene individuelle Natur des Kindes ausbilden solle!

[…]

Es liegt eine tiefe Einsicht in Mme. Staels[1] Worten, daß bloß der, welcher mit Kindern spielen kann, auch imstande ist, sie etwas zu lehren. Selbst wie das Kind zu werden, ist die erste Voraussetzung, um Kinder zu erziehen. Aber das schließt keine gespielte Kindlichkeit, kein herablassendes Plappern in sich, das das Kind sogleich durchschaut und tief verabscheut. Das bedeutet, sich von dem Kinde ebenso ganz und einfältig[2] ergreifen zu lassen, wie dieses selbst vom Dasein ergriffen wird; das Kind wirklich wie seinesgleichen zu behandeln, d. h. dieselbe Zurückhaltung, dasselbe Feingefühl und Vertrauen zu zeigen, das man einem Erwachsenen zeigt. Das bedeutet, das Kind nicht dadurch zu beeinflussen, daß man das fordert, was man selbst möchte, daß das Kind es sei, sondern es durch den Eindruck dessen zu beeinflussen, was man selbst ist. Das bedeutet, dem Kind nicht mit List oder Gewalt zu begegnen, sondern mit seinem eigenen Ernst und seiner eigenen Ehrlichkeit.

[…]

Das Kind nicht in Frieden zu lassen, das ist das größte Verbrechen der gegenwärtigen Erziehung gegen das Kind. Dahingegen wird eine im äußeren sowie im inneren Sinne schöne Welt zu schaffen – in der das Kind wachsen kann; es sich darin frei bewegen zu lassen, bis es an die unerschütterliche Grenze des Rechts anderer stößt – das Ziel der zukünftigen Erziehung sein. Erst dann werden die Erwachsenen wirklich einen tiefen Einblick in die Kindesseele, dieses noch fast immer verschlossene Reich, erlangen können. Denn es ist ein natürlicher Selbsterhaltungsinstinkt, der das Kind veranlaßt, sein Inneres vor dem Erzieher zu verschließen, der unzarte Fragen stellt, z. B. woran das Kind denke, eine Frage, die es fast immer mit einer schwarzen oder einer weißen Unwahrheit beantwortet; vor einem Erzieher, der seine Gedanken und Neigungen zurechtweist oder betastet, der rücksichtslos die feinsten Gefühle des Kindes verrät oder lächerlich macht, der vor Fremden seine Fehler verweist oder seine Eigenschaften belobt, ja, das in einer offenen Stunde gemachte vertrauliche Geständnis eines Kindes in einer anderen zu Vorwürfen ausnützt!

Der Satz, daß kein menschliches Wesen es lernt, ein anderes zu verstehen, allerhöchstens es zu vertragen[3], gilt vor allem von dem inneren Verhältnis der Kinder und der Eltern zueinander, in welchem gerade die tiefste Eigenart der Liebe, das Verständnis, beinahe immer fehlt.

[…]

Während nur ein Hundertstel der jetzigen Mühe der Eltern dazu gebraucht werden sollte, um in das Leben des Kindes einzugreifen, müßten die übrigen neunundneunzig Hundertstel dazu verwendet werden, um zu leiten, ohne einzugreifen; um eine unsichtbare Vorsehung zu werden, durch die die Kinder ihre Erfahrungen erhalten, aber aus denen sie dann ihre eigenen Folgerungen ziehen dürfen. Jetzt prägt man seine eigenen Entdeckungen, Meinungen, Grundsätze dem Kinde ein, indem man stets an seinen Handlungen bessert. Daß man wirklich eine ganz neue Seele vor sich hat, ein eigenes Ich, dessen erstes und vornehmstes Recht ist, selbst über die Dinge nachzudenken, denen es begegnet – das ist die letzte aller Erfahrungen, die ein Erzieher macht. Mit einer neuen Seele meint er nur einen neuen Jahrgang des alten Menschen, und ist schnurstracks mit den alten Flaschen bei der Hand[4] ! […] Aber wer lehrt die neue Seele, selbst die Wege zu wählen, die sie zu betreten hat? Wer ahnt, daß die Sehnsucht nach diesen eigenen Wegen so heiß sein kann, daß die harte oder milde Dressur zur Gleichförmigkeit die ganze Kindheit zu einer heimlichen Qual macht?!

[…]

Während man schöne Worte von der individuellen Entwicklung spricht, geht man gegen die Kinder vor, als wären diese gar kein Selbstzweck, sondern einzig allein zur Freude; zum Stolz und zur Behaglichkeit[5] der Eltern erschaffen. Und da all dies am besten gefördert wird, wenn die Kinder wie alle anderen werden, strebt man früh danach, sie zu ehrsamen und tauglichen Mitgliedern der Gesellschaft zu machen.

Aber der einzige richtige Ausgangspunkt bei der Erziehung eines Kindes zu einem sozialen Menschen ist, es als einen solchen zu behandeln, während man gleichzeitig den Mut des Kindes stärkt, ein individueller Mensch zu werden.

Der neue Erzieher wird durch planmäßig geordnete Erfahrungen das Kind stufenweise lehren, seinen Platz im großen Zusammenhang des Daseins und seine Verantwortung gegen alles, was es umgibt, einzusehen, während andererseits keine der individuellen Lebensäußerungen des Kindes unterdrückt werden soll, insofern sie nicht dem Kinde selbst oder anderen zum Schaden gereicht. […]

Ellen Key: Das Jahrhundert des Kindes. Studien. Weinheim, Basel: Beltz 2000, S. 77 ff., übersetzt von Francis Marco (Anmerkung: Originalausgabe: S. Fischer Verlag Berlin 1926) (Auszüge; der Text wurde in der Rechtschreibung des Originals belassen.)

Anmerkungen:
Ellen Key (1849–1926) war eine schwedische Reformpädagogin und Schriftstellerin.

1 gemeint ist die Schriftstellerin Baronne de Stael-Holstein (* 1766 † 1807)
2 einfältig: naiv, kindlich, einfach
3 vertragen: aushalten (im positiven Sinne)
4 gemeint ist: alte Muster; alte Erziehungsvorstellungen
5 Behaglichkeit: körperlicher und seelischer Zustand subjektiven Wohlbefindens

---

Bezüge der Aufgabe zu den Vorgaben 2017 – Inhaltliche Schwerpunkte
Inhaltsfeld 3: Entwicklung, Sozialisation und Erziehung
- Interdependenz von Entwicklung, Sozialisation und Erziehung
- Erziehung in der Familie

Inhaltsfeld 5: Werte, Normen und Ziele in Erziehung und Bildung
- Erziehung in verschiedenen historischen und gesellschaftlichen Kontexten
  - Montessoripädagogik als ein reformpädagogisches Konzept

Lösungsvorschläge

1. *Die erste Aufgabe besteht aus drei Teilen. Die Aufgabenstellung gibt dabei die Struktur der zu erarbeitenden Teilaspekte vor. Zuerst soll der* ***Hauptgedanke*** *des Textes formuliert werden. Als zweiter Schritt soll der* ***Inhalt des Textes*** *dargestellt werden. Dies kann hier chronologisch erfolgen. Es ist darauf zu achten, dass die Aussagen der Autorin klar als solche zu erkennen sind: dies erfolgt entweder über die Nutzung der indirekten Rede oder Formulierungen, die dies verdeutlichen, wobei direkte Zitate vermieden werden sollen. Bei der anschließenden Darstellung des* ***Argumentationsganges*** *geht es darum, dass der Gedankengang des Autors kurz dargelegt wird. Auf Wertungen ist hier zu verzichten.*

   In dem Sachtextauszug „Ellen Key: Erziehung" stellt Key ihre Vorstellungen von Erziehung vor. Die **Hauptaussage** des Textes besteht darin, dass den Erziehern die Aufgabe zuteilwerde, die **kindliche Motivation und Selbsttätigkeit** zu bewahren, es möglich zu machen, **Erfahrungen zu sammeln** und ihre Strukturierung zu unterstützen. Auf diese Art und Weise entwickle das Kind eine **stabile Persönlichkeit**.
   Key führt an, dass Erziehung die **Entfaltung der Natur** unterstütze (vgl. Z. 2 f.). Sie bezeichnet es als „Verbrechen" (Z. 6), wenn Erziehung die **Individualität** des Kindes unterdrücke (vgl. Z. 5 ff.). Daher sei die Basis für Erziehung, dass das Kind

als **individuelle Persönlichkei**t anerkannt werde und sich der Erzieher auf das Kind einlasse, indem er das Kind mit dem gleichen „Feingefühl und Vertrauen" (Z. 17) begegne, welches man auch Erwachsenen entgegenbringe (vgl. Z. 11–17). Key fordert weiter, dass Kindern eine „schöne Welt" (Z. 25) geschaffen werden soll, in der sich die Kinder **frei entwickeln** können (vgl. Z. 24 f.), wobei die Grenze nur darin bestehe, dass das Kind die Grenzen anderer nicht verletzt (vgl. Z. 26). Nur so bestünde die Möglichkeit, eine Beziehung aufzubauen und das Kind zu verstehen (vgl. Z. 38 ff.). Des Weiteren **kritisiert** Key an der bisherigen Erziehung die **lenkende Funktion des Erziehers**, der nicht einsehe, dass jedes Kind „ein eigenes Ich" (Z. 48 f.) habe, sondern danach strebe, das Kind nach seinen Wünschen zu erziehen (vgl. Z. 44–55) und es der Gesellschaft anzupassen (vgl. Z. 61). Das Kind als **soziales Wesen** könne sich nur durch eine neue Erziehungspraxis entfalten (vgl. Z. 62). Key sieht die Aufgabe des Erziehers folglich darin, das Kind in seiner **individuellen Entfaltung zu akzeptieren**, es als Wegbegleiter zu lehren, damit es Verantwortung für sich und andere in der Gesellschaft übernehmen kann (vgl. Z. 65 ff.).
Zur **Argumentationsstruktur** des Textes lässt sich sagen, dass Key zunächst aufzeigt, was sie **unter Erziehung versteht**, da sie von einer naturgemäßen Entwicklung ausgeht. Im Folgenden **kritisiert** die Autorin die gängige **Erziehungspraxis**, in der die Erzieher die Kinder eher lenken, statt sie zu begleiten. Abschließend legt Key die **Aufgabe des „neuen" Erziehers** begründet dar.
Alles in allem wird hier deutlich, dass eine gelingende Erziehung aus Keys Sicht nur dann erfolgen kann, wenn der Erzieher dem Kind mit Respekt begegnet und es als eigenständige Persönlichkeit begreift, dessen Entwicklung man begleiten sollte.

2. *In der zweiten Aufgabe geht es zunächst darum, dass Sie unter* ***Berücksichtigung Ihres Vorwissens*** *Ellen Keys Ausführungen in die reformpädagogische Bewegung einordnen. Die* ***Einordnung*** *sollten Sie mit entsprechenden* ***Textbeispielen*** *untermauern. Anschließend sollen Sie Keys Ausführungen mit der Montessoripädagogik* ***vergleichen****. Dies erfordert zunächst, dass Sie* ***Kriterien*** *für den Vergleich formulieren, an denen sich der Vergleich orientieren soll. Damit wird auch die* ***Struktur*** *der Erarbeitung festgelegt, denn jedes Kriterium wird auf den Text bezogen und die reformpädagogischen Ansätze werden auf* ***Gemeinsamkeiten, Ähnlichkeiten und Unterschiede*** *untersucht. Ziehen Sie abschließend ein zusammenfassendes, beurteilendes* ***Fazit****, das die wesentlichen Aspekte noch einmal betont.*

Die Reformpädagogik kritisiert die bisherige Art des Unterrichts, der Schule und der Erziehung und zielt damit darauf ab, dass **Erziehungs- und Bildungsprozesse** grundlegend **verbessert** und **neu gestaltet** werden. Des Weiteren steht das **Kind im Zentrum** der Betrachtung, daher wird die Reformpädagogik auch als eine **Pädagogik vom Kinde** aus bezeichnet. Damit einhergehend hat sich auch der Blick auf die Entwicklung des Kindes geändert, denn das Kind entwickelt sich aus der Sicht der Reformpädagogik aus sich selbst heraus und ist somit auch für seine Entwicklung und sich selbst verantwortlich.

Auch Ellen Key beschreibt in ihrem Text, dass der Erzieher das Kind bei seiner **naturgemäßen Entwicklung** lediglich begleiten soll (vgl. Z. 2 f.). Der Erzieher sollte Räume schaffen, in denen sich das Kind frei bewegen und wachsen kann (vgl. Z. 24 ff.), anstatt es nach seinen eigenen Vorstellungen zu erziehen (vgl. Z. 46 f.). Des Weiteren geht Key darauf ein, dass der Erzieher das **Kind respektieren** und sich in dieses hineinversetzen sollte, damit er in der Lage ist, ihn wie „seinesgleichen zu behandeln" (Z. 16). Hier geht es Key darum, dass die **Individualität des Kindes** geachtet und gestärkt wird und es nicht um Unterdrückung oder Anpassung des Kindes gehen darf. Dadurch, dass Key die Erziehung vom Kind aus denkt und damit ein anderes Entwicklungs- und Erziehungsverständnis hat, das sich deutlich vom bisherigen unterscheidet, ist sie der Reformpädagogik eindeutig zuzuordnen.
Montessori vertritt ebenfalls eine Pädagogik vom Kinde aus und fordert – ebenso wie Key – ein Umdenken der Erzieher, denn sie sollen nach Montessori Achtung vor dem Kind haben und Demut zeigen. Für einen Vergleich der beiden reformpädagogischen Ansätze werden folgende **Kriterien** aufgestellt: Bild vom Kind, Entwicklungsverständnis, Rolle des Erziehers, Rolle der Umgebung.
Key sieht das Kind als **individuelles und soziales Wesen** an (vgl. Z. 62 ff.). Des Weiteren beschreibt die Autorin das Kind als selbst entdeckend und denkend (vgl. Z. 46, 49 f.). Auch autonome Bestrebungen schreibt Key dem Kind zu, wenn sie kritisch fordernd nach den eigenen und selbst gewählten Wegen des Kindes fragt (vgl. Z. 53 ff.). Deutlich wird an diesen Textstellen auch, dass das Kind ein aktives Wesen ist, das sich **selbst bilden und entwickeln** möchte. Auch Montessori beschreibt das **Kind als aktiv**; ihrer Meinung nach hat das Kind ebenfalls ein Bedürfnis, zu lernen. Montessori geht weiterhin von einer **intrinsischen Motivation** bei Kindern aus und damit von einem inneren Bedürfnis nach Erkundung und Entdeckung neuer Erfahrungen, die auch Key andeutet, wenn sie von Erfahrungen spricht, aus denen Kinder ihre Schlussfolgerungen ziehen sollen (vgl. Z. 45 f.). Auch Montessori bezieht sich auf die **Individualität und Autonomie** des Kindes, was in ihrem Leitspruch „Hilf mir, es selbst zu tun!" verdeutlicht wird. Aus der Darstellung zum **Bild vom Kind** lässt sich folglich ableiten, dass Key und Montessori der gleichen Auffassung sind und Kinder als selbstbestimmte, individuelle, aktive Wesen betrachten.
Bezogen auf das **Entwicklungsverständnis** führt Key an, dass das Kind sich seiner individuellen Natur gemäß entwickeln sollte (vgl. Z. 2 f., 7 f.). Das Kind solle sich frei entfalten und wachsen dürfen (vgl. Z. 25). Montessori hingegen geht bezogen auf die naturgemäße Entwicklung von einem **inneren Bauplan** aus, der das Kind in seiner Entwicklung leitet. Das Kind ist der „**Baumeister seines Selbst**" und damit Bildner seiner Persönlichkeit. Die Entwicklung vollzieht sich nach Montessori in **sensiblen Phasen**, die Lernfenster für bestimmte Fähigkeiten sind. In der ersten Sensitivität geht es vor allem um Bewegung, Ordnung, soziale Bindungen und Sprache. Eine Ähnlichkeit findet sich auch zu Keys Verständnis, denn ihrer Auffassung nach sollte das Kind stufenweise lernen (vgl. Z. 65 f.). Auch Bewegung wird bei Key thematisiert, wenn sich das Kind „frei bewegen" (Z. 25 f.) soll. Sie spricht in ihrem Text auch soziale Bindungen zwischen Erzieher und Edukand an,

wenn der **Erzieher** das Kind selbst als soziales Wesen betrachten und behandeln soll und es bei seiner **Entwicklung zu einem individuellen Menschen unterstützt** und ermutigt (vgl. Z. 62 ff.). Während sich hier zwar Bezüge erkennen lassen, hat Montessori jedoch im Unterschied zu Key Entwicklungsphasen für die Kindheit und Jugend benannt, zeitlich festgelegt und inhaltlich ausdifferenziert.
Im Unterschied zu Key spricht Montessori auch den **absorbierenden Geist** an. Darunter versteht man eine Geisteskraft, die bis zum dritten Lebensjahr unbewusst ist und in der das Kind alle Umwelteindrücke ungefiltert aufnimmt, ordnet und selbst ans Licht bringt. Aufgrund der aufgenommenen Eindrücke ähnelt das Kind schließlich der Umwelt selbst. Ab dem dritten Lebensjahr wird das Kind dann zum bewussten Arbeiter. Key geht auf Derartiges nicht ein, allerdings beschreibt sie, dass die Kinderseele ein fast verschlossenes Reich sei und Kinder über einen natürlichen Selbsterhaltungsinstinkt verfügen (vgl. Z. 28 f.), was einen Hinweis auf unbewusste Vorgänge im Kind darstellt. Key beschreibt in ihrem Text, dass das Kind „selbst vom Dasein ergriffen wird“ (Z. 15). Ein weiterer Aspekt, der nach Montessori zur Entwicklung beiträgt, ist die **„Polarisation der Aufmerksamkeit“**. Dieses Phänomen beschreibt die tiefe Versunkenheit eines Kindes in eine Tätigkeit, die nach eigenem Zeitmaß erledigt wird. Das Kind erscheint danach wacher, intelligenter und geordneter. Montessori ist davon überzeugt, dass jedes Kind den Willen zum Lernen hat, wenn man ihm ausreichend Anregungen bietet und keinen Zwang zum Lernen ausübt. Key verweist indirekt darauf.
Bezogen auf das Entwicklungsverständnis lässt sich folglich festhalten, dass beide Reformpädagoginnen von einer **freien Entfaltung des Kindes** ausgehen. Montessori hat im Gegensatz zu Key allerdings durch die sensiblen Phasen, die Polarisation der Aufmerksamkeit und den absorbierenden Geist ein detaillierteres Entwicklungsverständnis, auch wenn sich Inhalte in Ansätzen auch bei Key wiederfinden lassen.
Dieses Entwicklungsverständnis erfordert auch eine **neue Rolle des Erziehers**. Key stellt im Text Anforderungen an den „neue[n] Erzieher“ (Z. 65). Key fordert den Erzieher auf, selbst wie das Kind zu werden (vgl. Z. 11 f.), damit der Erzieher ein besseres Verständnis für das Kind entwickelt, es „wie seinesgleichen“ (Z. 16) behandeln kann und dem Kind **authentisch und mit Respekt** begegnet, um eine Erziehung durch eine Sachautorität zu ermöglichen (vgl. Z. 19 ff.). Des Weiteren soll der Erzieher laut Key das Kind in seinen **autonomen Bestrebungen**, ein individueller Mensch zu werden, unterstützen, ermutigen und ihm dabei helfen, Verantwortung für sich und die Gesellschaft, in der er lebt, zu übernehmen, indem er dem Kind Erfahrungen ermöglicht (vgl. Z. 64–67). Wichtig dabei ist Key, dass das Kind als „eigenes Ich“ (Z. 48) betrachtet wird und nur eingegriffen werden soll, wenn das Kind sich selbst oder anderen Schaden zufügt (vgl. Z. 67 f.). Notwendig erscheint Key auch, dass dafür eine Umgebung geschaffen werden soll, in der das Kind sich frei entfalten kann (vgl. Z. 24 f.). Hier lassen sich direkte Anknüpfungspunkte zur Montessoripädagogik finden. Montessori fordert von ihrer **„neuen Lehrerin“**, dass sie dem Kind mit **Achtung und Demut** begegnet und das Kind als individuelle und autonome Persönlichkeit betrachtet. Hierin stimmen die

beiden Reformpädagoginnen überein. Wenn Key von „planmäßig geordneten Erfahrungen" (Z. 65) spricht, so lässt sich auch hier ein Bezug zu Montessori herstellen. Die Erzieherin ist **aktiv**, wenn sie in Montessori-Einrichtungen das Kind mit dem Material vertraut macht, und **passiv** beobachtend, wenn das Kind mit dem Material arbeitet. Montessori spricht nicht von „planmäßig geordnete[n] Erfahrungen" wie Key, sie gibt dem Kind die Möglichkeiten, selbstständig das auszuwählen, was seine Entwicklung gerade braucht, z. B. in Freiarbeitsphasen. Lernen durch Erfahrung spielt bei ihrer Pädagogik dennoch eine Rolle. Der „neuen Lehrerin" in Montessori-Institutionen kommen noch andere Aufgaben zu: Sie bereitet das Material vor, ist Hüterin der Umgebung, die sie ebenfalls vorbereitet, und Ansprechpartnerin für die Kinder, wenn sie **Hilfe zur Selbsthilfe** benötigen.

Beide Reformpägagoginnen fordern ein, dass die Erzieher das Kind als eigenständige Persönlichkeit betrachten und respektieren. Sowohl Key als auch Montessori sehen den **Erzieher als Wegbegleiter** an, der das Kind in seiner individuellen Entwicklung unterstützen und dabei Impulse und Anregungen geben soll. Im Unterschied zu Key hat Montessori ihre reformpädagogischen Überlegungen in die Praxis umgesetzt und daher kommen auf den Erzieher in Montessori-Einrichtungen noch weitere Aufgaben zu, die Key nicht anspricht, wie zum Beispiel das Herstellen von Entwicklungsmaterial, Sinnesmaterial und Übungen des täglichen Lebens. Auch die **Umgebung** wird von der „neuen Lehrerin" vorbereitet. Key fordert dazu auf, „eine im äußeren sowie im inneren Sinne schöne Welt zu schaffen –in der das Kind wachsen kann; es sich darin frei bewegen zu lassen …" (Z. 24 ff.). Montessori hat diesen Gedanken in die Praxis umgesetzt, denn in einer vorbereiteten Umgebung hat alles seinen Platz, da ihrer Meinung nach **äußere Ordnung zur inneren Ordnung** führt. Daher sind die Räume in **Themenbereiche** gegliedert. Das Mobiliar ist kindgerecht, damit jedes Kind selbstständig die Materialien erreichen und damit arbeiten kann. Was oder auf welche Art und Weise das Kind lernt, entscheidet es selbst. So wird deutlich, dass das Kind als **Individuum** anerkannt und respektiert wird. Key und Montessori sind sich einig über eine Raumgestaltung, die den Entwicklungsbedürfnissen und Autonomiebestrebungen der Kinder entspricht und diese fördert.

Darüber hinaus hat Montessori auf die sensiblen Phasen abgestimmte **Materialien** entwickelt, die die Kinder in ihrer Entwicklung fördern. Zu diesen Materialien zählen u. a. Sinnesmaterialien, Sprachmaterialien oder Materialien zur „kosmischen Erziehung". Für Montessori ist das Material der **Schlüssel zur Welt**. Durch das Erkunden mit allen Sinnen kann sich jedes Kind das Material, das Umfeld und die Welt erfassen, denn bei Montessori führt **Greifen zum Begreifen**. Jedes Material muss bestimmte Merkmale erfüllen, denn es muss zur Aktivität anregen, ästhetisch sein, mengenmäßig begrenzt, eine Fehlerkontrolle enthalten und eine Eigenschaft isolieren. Dabei stellt das Entwicklungsmaterial fachliche Aspekte in den Vordergrund, während das Sinnesmaterial zur Förderung der Wahrnehmung dient und die Übungen des praktischen Lebens die Selbstständigkeit des Kindes fördern sollen. Key beschreibt keine praktischen Umsetzungsmöglichkeiten in der Form.

Abschließend kann man sagen, dass sowohl Montessori als auch Key das **Kind als Ausgangspunkt** für ihre reformpädagogischen Ansätze wählen. Die Reformpädagoginnen betonen die **selbsttätige und selbstständige Entwicklung** der Kinder und gehen beide von einem **Erzieher** aus, der das Kind auf seinem eigenen Weg **begleiten** soll. Montessori geht bezogen auf die Entwicklung des Kindes deutlich über die Ansätze Keys hinaus und beschreibt auch die Umgebung detaillierter, da sie ihre Theorie praktisch umgesetzt hat. Bei dem Bild vom Kind und der Rolle des Erziehers beziehen sich beide auf die gleichen Prinzipien, allerdings hat Montessori aufgrund der praktischen Umsetzung noch klarere Vorstellungen von den Aufgaben des Erziehers.

3. *In der dritten Aufgabe sollen Sie die reformpädagogischen Erziehungsvorstellungen Montessoris und Keys unter einer pädagogischen Perspektive (**Rolle des Erziehers**) und unter Einbeziehung des psychosozialen Entwicklungsmodells von Erikson erörtern. Zuerst sollten Sie das zu erörternde **Problem darstellen** und eine Problemfrage formulieren. Beide Seiten sind dabei **thesenartig** vorzustellen. Des Weiteren ist es sinnvoll, dass Sie das Modell der psychosozialen Entwicklung in seinen Grundzügen kurz einführen. Eine **Strukturierungshilfe** können **Kriterien** sein, die Sie dann entwickeln (hier z. B. die Phasen der Kindheit). Anschließend formulieren Sie **Pro- und Kontra-Argumente** bezogen auf die Rolle des Erziehers. Zum Schluss formulieren Sie ein kritisches, beurteilendes **Fazit**.*

Die Reformpädagogen fordern, dass Lern- und Erziehungsprozesse so konzipiert werden, dass die **Selbsttätigkeit** und **Individualität** des Kindes bedacht werden. Der Erzieher soll dabei eher eine beobachtende und begleitende Rolle einnehmen. Dabei spielt die Frage, inwiefern dieses **Rollenverständnis** für die psychosoziale Entwicklung von Kindern nützlich ist, eine bedeutende Rolle.
Hierbei sind beide Seiten zu beleuchten. Einerseits besteht die Möglichkeit, dass eine **begleitende Erzieherrolle** die Entwicklung fördern kann, da das Kind viele **Freiräume** für eigene Erfahrungen und Entdeckungen erhält. Andererseits könnte genau dies auch das Hemmnis darstellen, denn es sind **keine festen Grenzen** gesetzt und das Kind wird sich und seiner Entwicklung vielleicht zu stark selbst überlassen.
Erik H. **Eriksons psychosoziales Phasenmodell** beschreibt die Persönlichkeitsentwicklung im gesamten Lebenslauf. Diese basiert auf dem **epigenetischen Prinzip**, einem Grundbauplan, und erfolgt daher in einer bestimmten Reihenfolge. In jeder Phase gibt es eine **Krise**, die es zu bewältigen gilt. Die konstruktive Bewältigung des Konflikts kann sich positiv auf die Persönlichkeitsentwicklung auswirken, eine Nichtbewältigung kann sich demzufolge negativ auswirken. Im Folgenden wird sich auf die Kindheitsphasen bezogen, denn in der Phase der Adoleszenz findet eine Ablösung von den Eltern statt und die Peergroup rückt in den Vordergrund.
In der ersten Phase „**Urvertrauen vs. Urmisstrauen**" soll der Säugling ein grundlegendes Gefühl von Sicherheit entwickeln, da das Urvertrauen die **Basis** für eine

gesunde Persönlichkeitsentwicklung bildet. Hier ist es wichtig, dass das Kind eine **feste Bezugsperson** hat, die seine **Grundbedürfnisse** befriedigt. Gleichzeitig darf nicht jedes Bedürfnis direkt befriedigt werden, damit eine gesunde Balance zur Konfliktlösung gefunden werden kann. Erikson misst hier folglich dem Erzieherverhalten eine große Bedeutung zu, denn der Säugling ist komplett auf den Erzieher angewiesen. Nur der Erzieher kann also dem Kind bei der Lösung des Kernkonfliktes helfen.

Der Erzieher nach den reformpädagogischen Vorstellungen müsste hier seine wegbegleitendende Rolle verlassen und viel **aktiver erzieherisch tätig** werden. Besonders in dieser Phase ist das Kind abhängig von dem Erwachsenen, damit es die Krise bewältigen kann. Für die Förderung der psychosozialen Entwicklung spricht, dass die Reformpädagoginnen beide bestrebt sind, das Kind in den Mittelpunkt ihrer Betrachtung zu stellen und es in seiner naturgemäßen Entwicklung zu unterstützen. Sie setzen Vertrauen in sein Tun und Handeln. Allerdings spricht in dieser Phase dagegen, dass der Erzieher hier weitaus mehr leisten muss und es fraglich ist, ob hier die Ansicht Eriksons mit denen der Reformpädagoginnen übereinstimmt.

In der zweiten Phase „**Autonomie vs. Scham und Zweifel**" erweitert das Kind seinen Aktionsradius und tritt mit seiner Umwelt in **Interaktion**. Es lernt Laufen und Sprechen und nimmt sich selbst als handelnde Person wahr. Wenn es in seinen Autonomiebestrebungen eingeschränkt oder getadelt wird, können Gefühle von Scham und Zweifel entstehen. Erfolgt dies ohne sachliche Begründungen, kann es sein, dass diese Emotionen überwiegen. Wird das Kind in seinen Autonomiebestrebungen ständig ermuntert, könnte auch hier ein Ungleichgewicht entstehen. Im Sinne der Reformpädagogik könnte die Erzieherrolle hier durchaus positiv auf die Entwicklung Einfluss nehmen, denn sowohl Key als auch Montessori **achten** das Kind und setzen **Vertrauen** in die Fähigkeiten des Kindes, wodurch die **Autonomie gefördert** werde. Gleichzeitig schreibt Key, dass der Erzieher eingreifen soll, wenn das Kind sich selbst oder anderen Schaden zufügt (vgl. Z. 68 f.). Hinderlich wäre es für die Entwicklung, wenn reformpädagogische Ansätze falsch interpretiert und die Kinder sich selbst überlassen würden. Dies führe zu einem Ungleichgewicht zugunsten der Autonomie und Kinder würden keine Grenzen und Regeln kennenlernen.

In der Phase „**Initiative vs. Schuldgefühl**" befindet sich das Kind im **Spielalter**. Hier soll es Bereitschaft zur Initiative zeigen, aber auch ein **Gewissen** ausbilden. Erzieher haben hier einen **Vorbildcharakter**, weil sich das Kind an den Normen und Werten der Eltern orientiert. Die Krise wird angemessen gelöst, wenn das Kind Vertrauen in seine eigene Initiative entwickelt und seine eigenen Ziele verfolgen kann, während fehlendes Selbstwertgefühl die unangemessene Lösung darstellt. Da in der Erzieherrolle der Reformpädagogen die **Aktivierung der eigenen Kräfte im Kind** betont wird, spricht dies für die Förderung der Entwicklung. In einer Umgebung, die genug Anreize für eigene Erfahrungen und Entdeckungen bietet, kann das Kind **initiativ tätig** werden und erhält laut Montessori über die Materialien Rückmeldung bezüglich seiner Leistung. Es erfährt so, was es kann oder auch eben noch nicht kann, ohne dass ein Erwachsener Unvermögen rückmeldet. Dies kann förderlich für das Selbstwertgefühl sein. Des Weiteren betonen beide Reformpädagoginnen den Willen des Kindes, sich selbst zu entfalten. Die Hilfe zur Selbsthilfe kann sich folglich auch hier positiv auf die Initiative auswirken. Auch die Gewissensbildung wird hier gegebenenfalls durch selbstregulierende Prozesse gefördert, wenn das Kind durch Rückmeldung anderer erfährt, wo es eine Grenze überschritten hat.

Der Kernkonflikt der nächsten Phase ist „**Werksinn vs. Minderwertigkeit**". Hier erweitert sich das Feld der sozialen Beziehungen um Gleichaltrige und das Kind beschäftigt sich mit seinen **intellektuellen und sozialen Kompetenzen**. Kinder wollen Leistungen erbringen und ihnen wird bewusst, was sie schon können, aber auch, was sie noch nicht können (ggf. auch durch die Rückmeldungen anderer und über Vergleiche). Das Gefühl der Minderwertigkeit mag für manche ein Ansporn zu besserer Leistung sein, jedoch kann dieses Gefühl auch zu Angst vor Kritik oder Ablehnung führen. Kann ein Kind seine Stärken und Schwächen nicht realistisch einschätzen, kann es auch die Krise dieser Phase nicht bewältigen. Die Erziehung hat in diesem Stadium einen großen Einfluss auf den Phasenverlauf. In Montessori-Institutionen wird auf Lob und Tadel verzichtet, allerdings erfolgt durch die Fehlerkontrolle des Materials eine Rückmeldung über das Leistungsvermögen, sodass das Kind Orientierungspunkte für eine realistische Selbsteinschätzung erhalten kann. Beide Reformpädagoginnen erwarten von den Erziehern, dass diese das **Kind achten und respektieren**. Auch dieser Aspekt kann sich **förderlich** hinsichtlich des **Werksinns** ausbilden. Gegebenenfalls reicht es manchen Kindern aber nicht aus, wenn sie nur über das Material eine Rückmeldung erhalten, sie brauchen Lob und Anerkennung, aber auch Grenzen.

Zusammenfassend kann man sagen, dass sich die **reformpädagogischen Erziehungsvorstellungen** besonders in der zweiten, dritten und vierten Phase **positiv** auf die psychosoziale Entwicklung **auswirken** können. Gerade zur Entwicklung von Autonomie, Initiative und Werksinn ist es wichtig, dass Kinder eigene Ideen entwickeln, selbstständig lernen und in ihrer Entwicklung durch Hilfe zur Selbsthilfe gefördert werden. Allerdings müsste für die erste Phase eine aktivere Erzieherrolle eingenommen werden, da der Säugling in dieser Phase vom Erwachsenen abhängig ist, da nur dieser seine Grundbedürfnisse befriedigen kann. Hier ist der Erzieher für das Kind überlebensnotwendig.

Grundkurs Erziehungswissenschaft – Abiturprüfung NRW 2017
Aufgabe 2

Aufgabenstellung Punkte

1. Formulieren Sie die Hauptaussage des Textes, stellen Sie die zentralen Aussagen dar und skizzieren Sie den Aufbau der Argumentation. 18
2. Setzen Sie die in den Ausführungen Spiewaks zur Geltung kommenden frühkindlichen intellektuellen Entwicklungserkenntnisse in Beziehung zu einem Ihnen bekannten Modell der kognitiven Entwicklung. 32
3. Ziehen Sie auf der Grundlage Ihrer bisherigen Erarbeitungen Konsequenzen zur professionellen pädagogischen Förderung von Kindern mit niedrigem HLE-Faktor in Vorschuleinrichtungen. 30

Zugelassenes Hilfsmittel: Wörterbuch zur deutschen Rechtschreibung

Martin Spiewak: Was macht intelligent? Heimvorteil

[…]

Wissenschaftler wie die Heidelberger Entwicklungspsychologin Sabina Pauen[1] sprechen von den Jahren nach der Geburt […] als „Schicksalsjahren des Lebens". In dieser Zeit bilden sich die meisten Nervenverbindungen. Werden Kindern Anregung und Zuwendung verweigert, hat das nachhaltige Folgen. Das haben die erschütternden Schicksale der rumänischen Waisenkinder gezeigt, die vor der Wende[2] in staatlichen Heimen völlig vernachlässigt wurden. Ihre Hirnrinde war dünner als die von normal aufgewachsenen Kindern. Wurden die Waisenkinder vor dem zweiten Lebensjahr von Pflegeeltern aufgenommen, konnten die unterentwickelten Hirnareale teilweise ihr Wachstum nachholen. Der Rest der Kinder blieb fürs Leben gezeichnet.

Nicht nur traumatische Erlebnisse oder evidente[3] Vernachlässigung prägen das Denkvermögen. Gleiches gilt für Wörter und Gesten, Blicke und Berührungen, Lieder und Reime, die Eltern in den ersten Lebensjahren tausend- und abertausendfach mit ihrem Kind austauschen – oder eben nicht.

Eine Videoaufnahme zeigt einen Jungen, der, umgeben von Spielzeug, im Kinderzimmer einen Bagger fahren lässt. Die Mutter sitzt unbeteiligt daneben und räumt stumm immer wieder hinter dem Jungen her. Als das Kind ihr etwas zeigen will, nimmt sie ihm den Bagger aus der Hand und schaufelt – „so geht das!" – selbst einige Klötze in den Eimer.

Ein anderes Setting, ein anderes Kind. Ein Säugling liegt im Gitterbett. Lächelnd beugt sich die Mutter hinunter, hebt das Kind vorsichtig auf den Wickeltisch und beginnt es auszuziehen. Jede Handbewegung kommentiert sie dabei, der Augenkontakt zum Kind reißt niemals ab. Als die Mutter gegen ein Mobile stößt, erschrickt das Kind und blickt zur Seite. Die Frau nimmt die Wahrnehmung des Kindes sofort auf und verstärkt sie: „Ja, das ist ein Mobile“, sagt sie mit hoher Stimme.

Man kann die beiden Situationen als banal abtun. Man kann sie jedoch auch als Bildungserlebnis deuten, nicht weniger wichtig als später eine Matheaufgabe oder eine Seite Vokabeln. Der Säugling erfährt, dass er seine Umwelt steuern kann. Er lernt das Spiel von Signal und Gegensignal, die Basis jeder Kommunikation und allen Lernens. Wer das beherrscht, fügt sich später besser ein in jede (Kita-)Gruppe oder Schulklasse. Er wird eher wahrgenommen – und erhält dadurch bevorzugte Anregung. Gleichzeitig lernt der Säugling durch die Rückmeldung der Mutter, seine Emotion, den Schreck, zu regulieren. Diese Fähigkeit wird ihm später helfen, sich auf eine Aufgabe zu fokussieren und mit Misserfolgen umzugehen.

Der kleine Junge mit dem Bagger dagegen erfährt vor allem, dass er etwas nicht kann. Der Lerneffekt: Demotivation. Auch diese Botschaft kann, wenn Kinder sie früh immer wieder erleben, gravierende Folgen für ihre Bildungsbiografie haben. Denn Selbstwirksamkeit wie Motivation sind für den späteren Schulerfolg fast so elementar wie Intelligenz.

Mit solchen Videoaufnahmen dokumentieren Forscher die frühe Interaktion von Müttern mit ihrem Nachwuchs und deren Auswirkungen auf die späteren Fähigkeiten ihrer Kinder. Dabei zeigt sich: Je unsensibler die Mütter mit ihren Kindern umgehen, je weniger Aufmerksamkeit sie deren Signalen schenken, desto kleiner ist später der IQ der Kinder, desto geringer das Vermögen, sich einer Sache konzentriert zu widmen.

[…]

Tatsächlich wirkt sich das kulturelle Kapital einer Familie – und hier vor allem die Bildung der Mutter – weit stärker auf die intellektuellen Fähigkeiten eines Kindes aus als die reinen Einkommensverhältnisse. Wissenschaftler sprechen in diesem Zusammenhang vom Home-Learning-Environment (HLE), dem „Heim-Lern-Umfeld“. Sie zählen dabei nicht nur die Anzahl der Bücher in der Familie, die pädagogisch wertvollen Spielsachen oder die Besuche im Museum. Sie messen auch, auf welche Weise die Eltern mit ihren Kindern spielen und wie sie ihnen vorlesen oder zu ihnen sprechen.

Hier offenbaren sich unterschiedliche kulturelle Welten: In Familien mit niedrigem HLE-Faktor sprechen die Eltern wenig und häufig in knappen, befehlsartigen Sätzen – eher Kommandos, die keine Antwort erwarten. Ihr Vorlesen ist oft eine kommunikative Einbahnstraße. Die höher gebildeten Eltern dagegen reden pausenlos mit ihren Kindern, auf dem Spielplatz, beim Spazierenfahren mit der Kinderkarre, im Supermarkt, zu Hause beim Tischdecken. Sie bilden grammatikalisch anspruchsvollere Sätze und unterstreichen ihre Worte stärker mit Gesten, sie stellen kniffligere Fragen und regen die Kinder an, in die Zukunft oder Vergangenheit zu schauen. Sie diskutieren früh über Ge- und Verbote und nehmen Bücher zum Anlass, mit dem Kind ins Gespräch zu kommen.

[…]

Die US-amerikanischen Forscher Betty Hart und Todd Risley[4] haben in einem faszinierenden Projekt versucht, den sprachlichen Heimvorteil bildungsbürgerlicher Kinder konkret zu beziffern. Sie beobachteten Familien aus verschiedenen Milieus und zählten über Monate die Anzahl der Wörter, die sich über den Nachwuchs ergießt. Am

Ende nannten sie ihre Studie *The Early Catastrophe*, „die frühe Katastrophe". 30 Millionen Wörter – so viele Wörter mehr hören wohlhabende und umsorgte Kinder bereits in den ersten drei Jahren. Keine Schule dieser Welt kann eine derartige Kluft später auch nur annähernd schließen – mögen sich die Lehrer noch so abmühen.

[…]

Martin Spiewak: Was macht intelligent? Heimvorteil. In: DIE ZEIT, Nr. 22/2015, 28. Mai 2015, S. 33 f. (Auszüge)
Online verfügbar unter: URL: http://www.zeit.de/2015/22/intelligenz-erste-lebensjahre-forschung

Anmerkungen:
Martin Spiewak, geb. 1964 in Hamburg, ist Wissenschafts-Journalist und seit 1999 Redakteur im Wissens-Ressort der Wochenzeitung „DIE ZEIT".

1 Prof. Dr. Sabina Pauen ist Lehrstuhlinhaberin für Entwicklungspsychologie an der Universität Heidelberg; Forschungsschwerpunkt u. a.: Konzepterwerb in der frühen Kindheit.
2 Gemeint ist hier die politische Wende in Deutschland nach dem Mauerfall 1989 und die Wiedervereinigung beider deutscher Staaten 1990.
3 evident: offenkundig/offensichtlich
4 Betty Hart und Todd R. Risley forschen an der University of Kansas über den Einfluss der Kommunikation und Interaktion zwischen Eltern und Kindern in der frühen Kindheit.

Bezüge der Aufgabe zu den Vorgaben 2017 – Inhaltliche Schwerpunkte

Inhaltsfeld 3: Entwicklung, Sozialisation und Erziehung
- Interdependenz von Entwicklung, Sozialisation und Erziehung
- Unterschiedliche Verläufe von Entwicklung und Sozialisation

Inhaltsfeld 6: Pädagogische Professionalisierung in verschiedenen Institutionen
- Institutionalisierung von Erziehung
  - Einbindung in Institutionen am Beispiel von Vorschuleinrichtungen

Lösungsvorschläge

1. *Stellen Sie den **Hauptgedanken** des Textes mit eigenen Worten vor und gehen Sie dabei über die Nennung des Themas hinaus. Ein Hauptgedanke ist dann erreicht, wenn die zentrale Intention eines Textes inhaltlich differenziert benannt wird. Der Operator „**darstellen**“ zeigt Ihnen an, dass Sie den Gedankengang des Textes **mit eigenen Worten darlegen** sollen. Da Sie den Hauptgedanken eigenständig formulieren sollen, sollten Sie bei Ihrer Ausführung auf Textzitate verzichten und die zentrale Aussage aus dem Textzusammenhang **selbstständig erschließen**. Die erste Aufgabe endet mit der Aufforderung, den Argumentationsaufbau zu skizzieren. In Ergänzung zur inhaltlichen Wiedergabe sollen Sie an dieser Stelle zeigen, dass Sie den **argumentativen Aufbau** des Textes verstanden haben und in seinen Grundzügen ausdrücken können. Dies können Sie entweder zusammen mit der Darstellung zentraler Aussagen oder getrennt davon erledigen. In diesem Lösungsvorschlag wird der Argumentationsaufbau aus Gründen der Übersichtlichkeit am Ende der ersten Aufgabe vorgestellt.*

Der vorliegende Text „Was macht intelligent? Heimvorteil“ wurde von Martin Spiewak verfasst und erschien 2015 in „Die Zeit“. Im Text geht es um den empirisch belegten **positiven Zusammenhang** zwischen **früher elterlicher Interaktion mit dem Kind** und deren **Auswirkung auf die intellektuellen Fähigkeiten** des Kindes. Als Hauptgedanke lässt sich formulieren, dass aufgrund dieses Zusammenhangs Kinder aus bildungsbürgerlichem Milieu, in dem sie in der Regel auf vielfältige Weise angeregt werden, einen „sprachlichen Heimvorteil“ (Z. 65) gegenüber sozial schwächeren Milieus haben.
Der Autor stellt die **Bedeutung der ersten Lebensjahre** für die kognitive Entwicklung heraus, indem er die Entwicklungspsychologin Pauen zitiert. Untersuchungen von rumänischen Waisenkindern und normal aufgewachsenen Kindern würden den **unterschiedlichen Entwicklungsstand** der Hirnareale zeigen. Rückstände in der kognitiven Entwicklung könnten nur teilweise aufgeholt werden und hätten ihren Ursprung in Traumata und Vernachlässigung. Spiewak unterstreicht anhand von Beispielen qualitativ unterschiedlicher Interaktionen mit Kindern die **Bedeutung früher Bildungserlebnisse** für die kognitive und soziale Entwicklung eines Kindes, für seine Motivation und seine Intelligenz, d. h. in der Konsequenz für seine gesamte Bildungsbiografie.
Einen höheren Einfluss als das Einkommen der Eltern hätte das **„kulturelle Kapital einer Familie“** (Z. 46), mit dem verschiedene Formen familiärer Interaktion und Anregung bezeichnet werden. Qualitative Aspekte wie die Ansprache des Kindes und gemeinsame Museumsbesuche und quantitative Aspekte wie die Anzahl der Bücher im Haushalt würden mit dem Begriff **Home-Learning-Environment** (HLE) zusammengefasst. Spiewak stellt die **Bedeutung von Kommunikation** in der Familie heraus: Die Sprache und ihre Inhalte unterschieden sich in ihrer Ausprägung je nach HLE-Faktor in der Familie. In diesem Zusammenhang zitiert der

Autor eine amerikanische Studie, nach der bildungsbürgerliche Kinder in den ersten Lebensjahren einen deutlichen sprachlichen Vorteil hätten, den Schulen nicht mehr schließen könnten.
Dem Text liegt folgende **Argumentationsstruktur** zugrunde: Zunächst illustriert der Autor mit dem eindrücklichen Beispiel rumänischer Waisenkinder das Thema des Zeitungsartikels und erläutert dieses dann näher, indem er sich auf wissenschaftliche Ergebnisse bezieht. Er erklärt seine Thesen mit Bezügen zu Interaktions-Beispielen. Mit den wissenschaftlichen Erkenntnissen zum HLE und mit einer amerikanischen Studie zur familiären Sprache in den ersten drei Jahren zieht der Autor eine Konsequenz für die Schule.

2. *Mit dem Operator „**in Beziehung setzen**" sind Sie bei dieser Aufgabe aufgefordert, Gesichtspunkte für Bezüge zwischen den Ausführungen Spiewaks zu frühkindlichen intellektuellen Entwicklungserkenntnissen und einem geeigneten Modell kognitiver Entwicklung zu wählen. In der Aufgabenstellung werden **keine Gesichtspunkte** vorgegeben, nach denen Sie **Gemeinsamkeiten, Ähnlichkeiten und/oder Unterschiede ermitteln und darstellen** sollen. Daher müssen Sie selbst **Aspekte wählen**, die Sie für das Herstellen von Bezügen zwischen der Position des Autors und den Grundannahmen des Entwicklungsmodells – in dieser Aufgabenlösung: Piaget – zugrunde legen. Stellen Sie nun **aufgabenbezogen die Grundannahmen von Piagets Modell zur kognitiven Entwicklung** dar. Orientieren Sie sich dabei an den zuvor genannten Gesichtspunkten und führen Sie so nur die für die Aufgabenstellung relevanten Aussagen an. **Resümieren** Sie Ihre Bezüge abschließend in einem **Fazit** auf einer abstrakteren Ebene. Beachten Sie, dass die Lösungsqualität der Aufgabenbearbeitung von der Quantität und der Differenziertheit der Bezüge abhängt.*

Hinsichtlich der **kognitiven Entwicklung** von Kindern lassen sich **Übereinstimmungen** zwischen Spiewak und Piaget festhalten. Der Journalist betont die Bedeutung der ersten Lebensjahre, da sich in dieser Zeit „die meisten Nervenverbindungen" (Z. 4) bildeten. Fänden diese neuronalen Verknüpfungen bis zum zweiten Lebensjahr nicht in hinreichendem Maße statt, könnten die betreffenden Hirnareale ihr Wachstum nicht mehr nachholen. Piaget äußert sich diesbezüglich in ähnlicher Weise, wenn er annimmt, dass das erste Lebensstadium für die kognitive Entwicklung bedeutsam und prägend ist. Er bezeichnet diese Zeit bis zum zweiten Lebensjahr als **sensomotorisches Stadium**, in dem Sinneserfahrungen und sichtbares Verhalten das kindliche Denken bestimmen. Das Kind beginnt laut Piaget in den ersten Lebensmonaten, sich und seine Umwelt zu unterscheiden und gezielt zu handeln. Am Beispiel des zunehmend gezielteren Zusammenspiels zwischen Augen und Händen zeigt sich eine zunehmende **kognitive Koordination**. Der Zeitraum zwischen viertem und achtem Lebensmonat lässt sich nach Piaget als **Experimentierphase** kennzeichnen, in der das Kind aktiv Handlungen wiederholt. In der Zeit vom achten bis zum zwölften Monat ist das Kind in der Lage, **Gesten** seiner Bezugspersonen zu **verstehen** und zu **imitieren**. Piaget geht davon aus, dass ein Kind zwischen dem 18. und 24. Lebensmonat lernt, über das Symbolsystem Sprache zu verfügen und damit Erfahrungen und Sinneseindrücke auf einer **abstrakteren Ebene** auszudrücken. Im zweiten Stadium (ca. von zwei bis sieben Jahren), das Piaget als **präoperationales Stadium** bezeichnet, kann ein Kind gedankliche Operationen anstelle von konkreten Handlungen ausführen. Es verfügt sicherer über das **Symbolsystem Sprache** und kann kommunizieren, ohne dass der Gegenstand des Gesprächs sichtbar ist. Nach Piaget hat das Kind in diesem Stadium den **physikalischen Egozentrismus** der ersten Lebensmonate überwunden, d. h. es ist der Lage, zwischen sich und seiner Umwelt zu unterscheiden, wobei dennoch seine Perspektive etwa beim Malen durch seine unmittelbare Wahrnehmung gekennzeichnet ist. In Bezug auf die kognitive Entwicklung lässt sich festhalten, dass Spiewak die Relevanz neuronaler Verknüpfungen in der ersten Lebensphase eines Kindes für seine weitere Entwicklung unterstreicht. Piaget sieht ebenfalls die hohe Relevanz dieser Lebensphase und beschreibt differenziert das Verhalten des Kindes in Interaktion mit seiner ihn umgebenden Umwelt.

Unter dem Aspekt der **Kommunikation** lassen sich ebenfalls Gemeinsamkeiten formulieren. Piaget legt in seinem Modell kognitiver Entwicklung, wie oben dargestellt, die zunehmenden Fortschritte des Kindes dar, Gesten zu interpretieren und Symbole zu benutzen. Diese Entwicklung ist zwingend auf **Interaktion** angewiesen, d. h. es sind Bezugspersonen nötig, die das kindliche Experimentieren unterstützen und die in Interaktion mit dem Kind treten. Auch Spiewak hebt die Bedeutung der Kommunikation hervor, indem er mit zwei Beispielen positive und negative Effekte elterlicher Kommunikation illustriert: Während beim Bagger-Beispiel die Mutter zunächst unbeteiligt ist und dann auf unsensible Art die Spielhandlung ihres Sohnes verbessert, nimmt die Mutter des Säuglings im zweiten Beispiel intensiv Kontakt mit ihm auf, kommentiert und verstärkt seine Wahrnehmungen. Spiewak wertet diese Beispiele als Bildungserlebnisse (vgl. Z. 27) unterschiedlicher Qualität: Eltern hätten mit ihrem Verhalten Einfluss darauf, inwieweit sich ihr Kind als kompetent und selbstwirksam erlebt. Spiewak und Piaget stimmen also darin überein, dass die Kommunikation und Interaktion mit dem Kind wesentlich für seine Entwicklung ist. Spiewak differenziert im Gegensatz zu Piaget in seinen Ausführungen näher zwischen entwicklungsfördernder und entwicklungshemmender Interaktion mit dem Kind.

In Bezug auf die **Bedeutung der Umwelt** für das Kind macht Spiewak auf die **gegenständliche und soziale Ebene** der Umwelt aufmerksam. Auf sozialer Ebene ist, wie das Bagger-Beispiel zeigt, eine sensible, interessierte und vertrauensvolle Interaktion mit dem Kind entwicklungsfördernd. Die Untersuchung zum HLE stützt diese Schlussfolgerung: Sprachlich komplexere Anregungen und die Art und Weise, dem Kind vorzulesen und mit ihm zu spielen, wirkten sich auf seine intellektuellen Fähigkeiten positiv aus (vgl. Z. 46–62). Auf gegenständlicher Ebene lassen sich ebenfalls Umwelteinflüsse auf das Kind ausmachen: Laut der Untersuchung zum HLE haben anregende Bücher und Spielsachen einen entwicklungsfördernden Einfluss. Auch Piaget thematisiert die Relevanz des Umfeldes: Er weist darauf hin, dass ein Kind sich in Auseinandersetzung mit seiner Umwelt ent-

wickelt. Dabei unterscheidet er im Prozess kindlicher Aneignung der Welt zwischen **Assimilation**, der Anpassung der Umwelt an kognitive Schemata, und **Akkommodation**, der Anpassung kognitiver Schemata an die Umwelt. Nach diesem Modell entwickelt ein Kind seine Kognition, indem es versucht, ein bestehendes Ungleichgewicht (z. B. eine Frage oder ein misslingender Versuch) in ein Gleichgewicht (z. B. eine befriedigende Antwort oder ein gelingender Versuch) zu überführen. Das Wechselspiel zwischen Assimilation und Akkommodation bezeichnet Piaget als Anpassungs- und **Äquilibrationsprozess** bzw. als **Adaptation**. In der Zusammenschau von Spiewak und Piaget lässt sich erkennen, dass Kinder über das **Austarieren eines kognitiven Ungleichgewichts** lernen und dass dabei das Verhalten der Bezugspersonen und die dingliche wie sprachliche Anregungsqualität seiner Umwelt eine bedeutende Rolle spielen. Inwieweit es einem Kind gelingt, gedanklich abstraktere Leistungen zu vollbringen und sich kognitiv weiterzuentwickeln, hängt also auch entscheidend von altersadäquaten Erfahrungs- und Interaktionsmöglichkeiten ab.
Unter dem pädagogischen Gesichtspunkt der **Beziehung zwischen Eltern und Kind** zeigt sich bei Spiewak, dass vertrauensvolle Begegnungen Kinder stärken in ihren Ansprüchen, die Welt zunehmend selbstständig erkunden zu können und dabei gleichzeitig emotional mit ihren unmittelbaren Bezugspersonen – in der Regel den Eltern – verbunden zu bleiben. An den im Text vorliegenden Beispielen (Bagger, Säugling) und der Untersuchung zum HLE wird erkennbar, dass sich eine entwicklungsfördernde Haltung von erzieherisch Handelnden etwa wie folgt näher fassen lässt: Sensibilität für Entwicklungsbedürfnisse, sprachlich komplexe Anregungen, erfahrungsreiche Interaktionsmöglichkeiten. Diese ausgewiesen pädagogische Perspektive erzieherischer Förderung von Entwicklung kommt zwar bei Piaget nicht so deutlich zum Tragen wie bei Spiewak, jedoch verweist auch Piaget darauf, dass kognitive und sprachliche Abstraktionsfähigkeit von altersgemäßer Anregung abhängt.
Zusammenfassend lässt sich sagen, dass es zahlreiche Gemeinsamkeiten in der Sicht auf die Entwicklung von Kindern zwischen Spiewak und Piaget gibt, etwa im Hinblick auf Entwicklungsmerkmale und der Bedeutung der Umwelt. Spiewak thematisiert in diesem Zusammenhang noch mehr als Piaget erzieherische Konsequenzen vor dem Hintergrund der Relation zwischen intellektueller Entwicklung (als Determinante von Bildungserfolg) und sozialen Disparitäten und verweist auf die begrenzten Wirkungen der Schule.

3. *Machen Sie in dieser Aufgabe einleitend deutlich, warum die Aufgabenstellung aus pädagogischer Sicht wichtig erscheint. Sie sollen auf der Grundlage Ihrer bisherigen Erarbeitungen in Aufgabe 2* ***pädagogische Konsequenzen*** *ziehen, das bedeutet, dass Sie aus der Position Spiewaks und Ihrer in Aufgabe 2 gewählten Bezugstheorie – in diesem Lösungsvorschlag: Piaget – fachlich begründete Schlussfolgerungen entwerfen sollen. Beachten Sie, dass sich pädagogische Konsequenzen an pädagogischen Kriterien ausrichten müssen, die Sie aus Gründen der Transparenz*

auch so bezeichnen sollten und für die Sie Ihre Erkenntnisse aus der zweiten Aufgabenstellung benutzen können. Schließen Sie Ihre Bearbeitung mit einem ***abwägenden, pädagogischen und kriteriengeleiteten Urteil*** *zu den pädagogischen Konsequenzen ab.*

Die von Spiewak aufgezeigten wissenschaftlichen Untersuchungen belegten deutlich den „sprachlichen Heimvorteil bildungsbürgerlicher Kinder" (Z. 65 f.), sodass der Autor Folgendes konstatiert: „Keine Schule dieser Welt kann eine derartige Kluft später auch nur annähernd schließen." (Z. 70 f.) Wenn Familien sich in ihrem kulturellen Kapital so sehr unterscheiden und die Möglichkeiten von Schulen angesichts der prägenden ersten Lebensjahre begrenzt sind, stellt sich aus pädagogischer Sicht die Frage nach **Konsequenzen im Bereich professioneller pädagogischer Förderung** in der frühen Kindheit, d. h. nach notwendigen kompensatorischen Fördermöglichkeiten in Vorschuleinrichtungen, auf die keineswegs verzichtet werden darf.
Vor dem Hintergrund der Erkenntnisse Piagets zeigt sich, wie in Aufgabe 2 dargelegt, dass den ersten Lebensmonaten und -jahren eines Kindes eine große Bedeutung für die weitere intellektuelle Entwicklung zukommt. Als **fördernde Faktoren für kognitive Entwicklungsschritte** stellten sich insbesondere intensive, zugewandte und sprachlich komplexe **Interaktionen mit vertrauten Bezugspersonen** in einer anregungsreichen (Lern)Umwelt heraus. Die Qualität der sozialen und dinglichen Umwelteinflüsse auf das Kind kann als fördernder bzw. limitierender Faktor für neuronale Vernetzungen verstanden werden. Aus den wissenschaftlichen Erkenntnissen lässt sich schließen, dass sich ein Kind durch **Äquilibrationsprozesse** weiterentwickelt, d. h. es lernt symbolisches und abstraktes Denken durch herausfordernde Ungleichgewichtssituationen und deren (sozial unterstützte) Bearbeitung.
Auf Basis dieser Erkenntnisse lassen sich Schlüsse ziehen, woran sich pädagogische Konsequenzen für Vorschuleinrichtungen orientieren können: Die Förderung von Kindern, insbesondere solchen mit niedrigem HLE-Faktor, sollte sich an den Erkenntnissen zur kognitiven Entwicklung, zur sozialen Interaktion und zum Lernumfeld ausrichten. Anhand dieser Kriterien werden im Folgenden **erzieherische Konsequenzen** formuliert.
An der zitierten Studie mit rumänischen Waisenkindern (vgl. Z. 5–10) wird deutlich, dass die ersten Lebensjahre für eine gelingende neuronale Entwicklung, d. h. komplex vernetzte neuronale Strukturen, entscheidend sind. Vor diesem Hintergrund stellt sich die Frage nach dem **verpflichtenden Besuch vorschulischer Einrichtungen** bzw. der Kopplung von Vorschule und finanziellen Anreizsystemen für Eltern. **Erzieherische Prävention und Intervention** sollten früh beginnen, um ihre Wirksamkeit zu erhöhen. Gezielte Förderung durch ein anregendes Lernumfeld kann in einer vorschulischen Einrichtung wie dem Kindergarten so realisiert werden, dass Kinder aus einem Angebot von Spielmaterialien auswählen können, die unterschiedliche Sinne ansprechen, Aufforderungscharakter besitzen und zu echter Aktivität und Beteiligung auffordern. Denkbar wären auch, ähnlich der Montessoripädagogik, alters-, entwicklungs- und sinnesspezifisch unterschiedliche

Entwicklungsmaterialien, die bestimmten Kriterien wie etwa der selbstständigen Fehlerkontrolle genügen. Ebenso vorstellbar wäre ein weniger naturwissenschaftlich, nicht nur auf weitgehend starre Materialien fixierter Ansatz wie z. B. die Reggio-Pädagogik, in der Kinder ihre Interessen projektartig verwirklichen können und die erziehenden Bezugspersonen die Rolle der Begleiter und Anreger einnehmen. In jedem Fall legen die Ausführungen Spiewaks die Sichtweise nahe, dass vorschulische Einrichtungen bildende sind, die in der Entwicklung von Kindern gerade im Kontext sozialer Disparitäten eine wichtige Funktion für die Entwicklung haben. Wenn es um die Förderung sozialer Interaktion geht, spielen **kooperative Arbeits- und Spielformen in der Vorschule** eine wichtige Rolle. Durch Verantwortungsübernahme und wechselnde Rollen können sich Kinder als selbstwirksam in einer vertrauten sozialen Gruppe erleben. Die von Spiewak im Positiv-Beispiel geschilderte **emotional warme Zuwendung** und das echte Interesse an kindlicher Wahrnehmung sind auf vorschulische Einrichtungen anwendbar. Individuelle Förderung und emotionale Zuwendung sind jedoch voraussetzungsreich: Sie erfordern pädagogisch reflektiertes Wissen um Entwicklungsförderung, das durch eine möglichst hohe und gesicherte Qualifikation und Fortbildung von Erzieherinnen und Erziehern und durch entsprechende Betreuungsschlüssel gesichert werden müsste. Vorschuleinrichtungen wie die Kindergärten müssten ein **sprachlich anregendes Lernumfeld** bieten; dies bezieht sich auf die Ansprache der Kinder durch pädagogisches Personal ebenso wie auf gezielte Begegnungen mit Literatur. Diese (An)Forderung gewinnt insbesondere durch Kinder mit Migrationshintergrund zusätzliche Aktualität.
Zusammenfassend lässt sich festhalten, dass die formulierten pädagogischen Konsequenzen aus Sicht heutiger Entwicklungserkenntnisse hohe gesellschaftliche Relevanz haben. Eine pädagogische Kompensation von Entwicklungsdefiziten kann die Schule allein nicht leisten. An dieser Stelle sind Vorschuleinrichtungen gefragt, Kinder gezielt **kognitiv, sprachlich und sozial** zu **fördern**, insbesondere durch herausfordernde entwicklungsdifferenzierte Spiel- und Arbeitsangebote, durch eine emotional zugewandte Haltung dem Kind gegenüber und durch elaborierte Sprache. Vor dem Hintergrund kognitiver Entwicklung sind dies bedeutende pädagogische Konsequenzen, mit denen der Zusammenhang zwischen kognitiver Entwicklung und sozialer Herkunft abgeschwächt werden könnte. Man wird diesen Zusammenhang sicher nicht ganz lösen können, denn die Faktoren, die das HLE bestimmen, bleiben in der Lebenswelt eines Kindes neben dem Besuch der jeweiligen Bildungseinrichtung wirksam. Insofern werden abschließend die pädagogischen Konsequenzen als sehr bedeutsam für die kognitive Förderung eines Kindes beurteilt, jedoch sind die Möglichkeiten des pädagogischen Personals auch begrenzt.

Grundkurs Erziehungswissenschaft – Abiturprüfung NRW 2017
Aufgabe 3

Aufgabenstellung | Punkte

1.	Formulieren Sie die Hauptaussage des Textes und stellen Sie den Inhalt strukturiert dar, indem Sie die Aussagen zur Identitätsentwicklung und die mit der Identitätsentwicklung verbundenen Schwierigkeiten herausarbeiten.	18
2.	Setzen Sie die Ausführungen des Autors in Beziehung zu einem von Ihnen gewählten Identitätskonzept. Begründen Sie Ihre Entscheidung.	32
3.	Ziehen Sie vor dem Hintergrund der Annahmen zur Identitätskonstruktion und Ihrer bisherigen Ausführungen pädagogische Konsequenzen zur schulischen Unterstützung der Identitätsarbeit Jugendlicher.	30

Zugelassenes Hilfsmittel: Wörterbuch zur deutschen Rechtschreibung

Ulrich Schnabel: Mein wahres Gesicht

[…]

Gibt es so etwas wie unser „wahres Gesicht“? Besitzen wir einen unverwechselbaren Persönlichkeitskern, der uns mitgegeben ist und von Geburt an in uns schlummert? Oder müssen wir uns mühsam immer wieder selbst erfinden? Ist dieser Prozess vielleicht sogar erst im Alter abgeschlossen, in dem endlich unsere „wahre Natur“ zutage tritt?

Klar ist: Die Herstellung von Authentizität ist mühsam und erfordert einen hohen persönlichen Einsatz. Der Versuch, die Kleidung, das Aussehen, den Partner oder die Wohnung zu finden, die „wirklich zu mir passen“, kann Menschen ein ganzes Leben lang beschäftigen. […]

„Selbst im Spiegel“[1] hat etwa der Psychologe und Kognitionsforscher Wolfgang Prinz das Buch genannt, in dem er die Bilanz seines Forscherlebens zieht. Tenor: Was wir für unser Ich halten, ist letztlich nur ein Konstrukt, das im sozialen Kontext entsteht. Im Babyalter, sagt Prinz, entstehe etwa unser Gefühl für Subjektivität dadurch, dass wir andere als Subjekte wahrnähmen, bis wir schließlich begriffen, dass wir selbst ebensolche Wesen seien. Was den Kern unseres Menschseins ausmache, sei letztlich der soziale Austausch mit der Umwelt.

[…]

Die eigene Identität werde erst im Laufe des Lebens geformt, erklärt der Psychologe Klaus Rothermund von der Universität Jena. „Es ist nicht so, dass man geboren wird, und da steckt schon der ganze Klaus drin, der sich nur noch entfalten muss.“ Ein Selbstbild zu entwickeln bedürfe geduldiger innerer Arbeit. Die wird vor allem in der

Jugend geleistet. Da erprobt man seine Talente und Vorlieben, sucht Freunde, Kleidung und Symbole, die mit der Vorstellung vom eigenen Ich korrespondieren.

Genetische Dispositionen fließen dabei ebenso mit ein wie frühe Kindheitserfahrungen: Wer aus einer Musikerdynastie stammt, begreift das Musizieren eher als Teil seiner Identität als jemand, der aus einer Sportler- oder Mathematikerfamilie kommt. Entscheidend ist aber der Einfluss der Umgebung – Familie, Schule, Freunde. Damit etwa ein Schachgenie gedeiht, braucht es Förderer, die ebenfalls Schach spielen. Lernt ein mögliches Genie seine Begabung niemals kennen, dann kann es sie nicht ausleben, dann wird das Talent zum unverstandenen Sonderling. In Strafprozessen kommt es nicht selten vor, dass Hochbegabte als Kriminelle auf der Anklagebank sitzen, weil sie niemals die Gelegenheit hatten, ihre echte Begabung zu entfalten.

So bedingen sich Anlagen und Umwelteinflüsse in einem fort wechselseitig: Menschen suchen sich immer mehr jene Rollen, Milieus und Partner aus, die ihnen entsprechen – und die wiederum verstärken bereits angelegte Wesenszüge. Kurz gesagt: Fußballtalentierte oder Philosophieinteressierte suchen die Gesellschaft anderer Kicker/Schöngeister und werden dadurch schließlich zu richtigen Fußballern/Philosophen. Wirklich abgeschlossen sei dieser Prozess aber erst, wenn „man auch andere davon überzeugt hat, dass man der ist, der man scheinen will", sagt Rothermund. Das geht meist mit dem Eintritt ins Berufsleben einher, weshalb die Identitätsfindung bei Akademikern besonders lange dauert.

Unabhängig davon, wie die Lebensentwürfe aussehen: Ist die Identität erst einmal gefunden, tun wir alles, diese zu stabilisieren, zu verfestigen und gegen Angriffe zu verteidigen. Dabei schrecken wir nicht davor zurück, Realitäten umzudeuten oder alles hartnäckig zu ignorieren, was der Vorstellung vom stabilen Ich entgegensteht [...].

[...]

Diese Stabilitätsillusion funktioniert nur bei allmählichen Veränderungen reibungslos. Abrupte Umbrüche hingegen bedrohen die eigene Identität massiv: Wenn der strahlende Politiker plötzlich als Plagiator dasteht oder der vorbildliche Manager als Steuerhinterzieher, kann das extreme Krisen zur Folge haben: Bei manchen Menschen führt das sogar zu psychiatrischen Störungen[2] wie dem Borderlinesyndrom, bei dem die Betroffenen Persönlichkeitsteile von sich abspalten müssen, um zu überleben. In weniger dramatischen Fällen versucht das Ich, die Angriffe von außen zu marginalisieren[3] („... sind doch nur Fußnoten/Peanuts"), positive Eigenschaften hervorzuheben, die der eigenen Entlastung dienen („... habe nach bestem Wissen und Gewissen"), und vom eigenen Ich abzulenken („In Wahrheit geht es hier doch um etwas ganz anderes"). Wird der Bruch im (Selbst-)Bild unvermeidbar, folgt die Phase der Anpassung und Umorientierung. Dann verweist der ins Wanken Gebrachte verstärkt auf irgendwelche Verdienste in anderer Sache, die ihm nun als neuer „wahrer" Kern dienen. [...]

Denn letztlich kommt es darauf an, dass das Selbstbild zu den Lebensumständen passt. Und diese „Passung" ist niemals starr, sondern kann sich laufend verändern. [...]

Ulrich Schnabel: Authentizität. Mein wahres Gesicht. In: DIE ZEIT, Nr. 34/2014, 14. August 2014 (Auszüge; Zwischenüberschriften wurden aus Gründen besserer Lesbarkeit weggelassen.)
Hier zitiert nach: http://www.zeit.de/2014/34/authentizitaet-persoenlichkeit-wahres-gesicht (Entnahmedatum 18. 03. 2016)

Anmerkungen:
Ulrich Schnabel ist ein deutscher Wissenschaftsjournalist bei der deutschen Wochenzeitung *Die Zeit* und Buchautor.

1 Die Anführungszeichen wurden der besseren Lesbarkeit halber gesetzt, sie fehlen im Original.
2 psychiatrische Störung: psychische Erkrankung, die einer ärztlichen Behandlung bedarf
3 marginalisieren: etwas unbedeutend, nebensächlich erscheinen lassen

---

Bezüge der Aufgabe zu den Vorgaben 2017 – Inhaltliche Schwerpunkte

Inhaltsfeld 4: Identität

- Besonderheiten der Identitätsentwicklung in Kindheit, Jugend und Erwachsenenalter sowie deren pädagogische Förderung
- Anthropologische Grundannahmen zur Identität und ihre Auswirkungen auf pädagogisches Denken und Handeln

Inhaltsfeld 6: Pädagogische Professionalisierung in verschiedenen Institutionen

- Institutionalisierung von Erziehung

Lösungsvorschläge

1. *Die Aufgabenstellung enthält zwei konkrete Anforderungen an den Lösungsweg. Versuchen Sie diese weitestgehend strukturiert, in eigenen Worten, aber dennoch am Text orientiert abzuarbeiten. Konzentrieren Sie sich dabei auf wesentliche Aspekte.* ***Stellen*** *Sie zunächst ausgehend von einem Einleitungssatz den* ***Hauptgedanken*** *des Textes* ***dar****. Verzichten Sie dabei auf Textzitate und erschließen Sie sich die zentrale Aussage aus dem Textzusammenhang* ***selbstständig****. Dies erfordert einen ersten Analyseschritt, da die Hauptaussage nicht zwingend direkt im Text genannt wird. Die zweite Anforderung kann in zwei Abschnitte gegliedert werden, was die Bearbeitung für Sie erleichtert. Die* ***Inhaltsangabe*** *soll von Ihnen anhand der Aussagen des Textes zur generellen Identitätsentwicklung und im zweiten Teil anhand der thematisierten Schwierigkeiten in diesem Zusammenhang* ***formuliert*** *werden. Um sich die Arbeit zu erleichtern, sollten Sie diese Aufteilung sowie die Chronologie des Ausgangstextes nicht zu sehr verlassen.*

   Der vorliegende Artikel „Mein wahres Gesicht“ wurde von Ulrich Schnabel am 14. August 2014 in der Zeitschrift „Die Zeit“ veröffentlicht. Der Autor stellt in seinem Text heraus, dass die **Entwicklung von Identität** ein komplexer und lebenslanger Prozess sei, welcher sich neben einem **stetigen Wandel** insbesondere im sozialen Kontext auch durch ein hohes Potenzial für Problemstellungen auszeichne.
   Zunächst zeigt der Autor einleitend die zentrale Fragestellung nach Anlage und Umwelt im Zusammenhang mit der Identitätsentwicklung auf. Im Anschluss beschreibt er, dass sich die Identitätsentwicklung als ein **Streben nach Authentizität** beschreiben lasse, mit welchem sich Menschen während ihres gesamten Lebens mit enormem Einsatz auseinandersetzen würden.

Zunächst thematisiert der Autor die **Rolle des Umfeldes** im Prozess der Identitätsentwicklung. Unter Berufung auf den Psychologen und Kognitionsforscher Wolfgang Prinz benennt der Autor Identität als ein Konstrukt des sozialen Kontextes und bezieht sich dabei exemplarisch auf die **Ich-Bildung** im sozialen Austausch, die bereits im Babyalter ihre Anfänge nimmt. Zusätzlich wird die Lebensphase der Jugend und ihre Rolle für die Identitätsentwicklung aufgeführt. So sei die Entwicklung des Selbst ein mit Anstrengungen verbundener **lebenslanger Prozess**, der vor allem in der Jugend geleistet werde.
Neben diesen Ausführungen im Zusammenhang mit dem sozialen Umfeld geht Schnabel nun auf die Rolle der genetischen Ausgangslage für die Identitätsentwicklung ein und stellt heraus, dass **genetische Dispositionen**, aber auch Erfahrungen in der frühen Kindheit von hoher Bedeutung seien. Anlage und Umwelt würden sich folglich gegenseitig bedingen und aufeinander auswirken.
Als ersten zentralen Punkt auf dem Weg zur ausgebildeten Identität nennt der Autor den **Eintritt in das Berufsleben**, da es erst dann gelungen sei, das Gegenüber von den Ausprägungen des eigenen Selbst zu überzeugen. Der weitere Prozess der Identitätsentwicklung sei fortan dadurch bestimmt, dass die entwickelte Identität gegen äußere Bedingungen stabilisiert werde, und zeige sich in einer stetigen Veränderung des Selbstbildes im Zusammenhang mit den eigenen Lebensumständen.
Zusätzlich benennt Schnabel aber auch eine Reihe von Schwierigkeiten im Verlaufe des Prozesses. Aus den bisherigen Ausführungen wird bereits deutlich, dass die Entwicklung mit großer Anstrengung verbunden ist. Neben der individuellen Mühe sei der Einzelne dabei aber auch immer abhängig von **Unterstützern**, sei es aufseiten der Familie oder anderer Gruppen des sozialen Umfeldes. Im Zusammenhang mit potenziellen Begabungen führt Schnabel auf, dass es immer wieder deviantes Verhalten bei potenziell begabten Menschen gegeben habe, deren Begabung nicht entdeckt und gefördert worden wäre. Eine weitere Schwierigkeit, die vom Autor aufgeführt wird, ist die **Auseinandersetzung mit plötzlichen Lebensveränderungen**. Diese führten unter Umständen zu Krisen und psychiatrischen Störungen und könnten Verhalten wie die Marginalisierung von Problemen oder das Ablenken von sich selbst als Teil des Problems hervorrufen.
Ziel sei es letztlich immer, das Selbstbild kontinuierlich den äußeren Umständen anzugleichen.

2. *Der Operator „in Beziehung setzen" fordert von Ihnen, dass Sie auf Grundlage des Textes unter selbst gewählten Gesichtspunkten strukturiert Zusammenhänge zu einem von Ihnen gewählten Identitätskonzept herstellen. Zunächst sollten Sie einen Einleitungssatz formulieren. Ausgangspunkt für die weitere Bearbeitung sollten dann die von Ihnen in den Fokus gerückten Kriterien sein, die Sie zunächst* ***darstellen*** *und* ***erläutern****. Ausgehend von der Zielorientierung, die Sie durch die Aufgabenstellung und die Kriterien verfolgen,* ***benennen*** *Sie dann die von Ihnen gewählte Theorie (hier das Identitätskonzept nach* ***Erikson****) und* ***begründen*** *Ihre Auswahl, bevor Sie die Theorie* ***aufgabenbezogen erläutern****. Hierbei sollten Sie nach*

einer globalen Darstellung der Theorie diejenigen Punkte darstellen und behandeln, die für Ihre weitere Bearbeitung relevant sind. Es geht nicht darum, die Theorie vollständig darzustellen, vielmehr sollen Sie hier unter Beweis stellen, dass Sie Theorien zielgerichtet einsetzen und einbeziehen können. Konzentrieren Sie sich auf die für den Bezug wesentlichen Aspekte des Textes und greifen Sie diese unter Zuhilfenahme der korrekten Zitationstechniken auf. Abschließend ***formulieren*** *Sie ein* ***Fazit****, welches die im Beginn genannten Kriterien wieder aufgreifen und* ***prägnant*** *Ihre Ausführungen zusammenfassen sollte.*

Der folgende Textabschnitt bettet die im Text aufgeführten Aussagen zur Identitätsentwicklung in einen wissenschaftlichen Kontext ein, indem zentrale Aussagen, ausgehend von konkreten Kriterien, in Bezug zu zentralen Elementen der **Theorie Eriksons** gesetzt werden.
Im Folgenden werden insbesondere die konkreten **Prozesse der Identitätsbildung**, die Bedeutung des sozialen Umfeldes sowie die Rolle **zentraler Lebensabschnitte** als Gesichtspunkte herangezogen.
Die Theorie Eriksons eignet sich besonders für einen Bezug, da sie als Weiterentwicklung des Modells Sigmund Freuds dem **Umfeld eine zentralere Rolle** im Prozess der Identitätsentwicklung zukommen lässt und somit auch im pädagogischen Kontext eine Akzentuierung der Handlungskomponente ermöglicht. Sie bietet somit nicht nur eine analytische Grundlage, sondern ebenfalls einen gestalterischen Ausgangspunkt, der es Pädagogen ermöglicht, bereits im Vorfeld tätig zu werden, ohne dabei jedoch das Individuum in einem engen theoretischen Korsett einzugrenzen und entgegen der pädagogischen Zielsetzung der Mündigkeit des Individuums zu agieren. Zusätzlich lassen sich, wie im Folgenden deutlich werden wird, einige konkrete Anhaltspunkte erkennen, die für einen Bezug von Text und Theorie herangezogen werden können.
Erikson formulierte seine Theorie der **psychosozialen Entwicklung** auf der Grundlage des Modells der psychosozialen Entwicklung nach Sigmund Freud. Bereits der Name gibt Aufschluss über eine der zentralen Weiterentwicklungen, nämlich der **starke Einbezug des sozialen Umfeldes**. Außerdem beschreibt Erikson in seiner Theorie einen Prozess, welcher bis ins hohe Alter reicht und nicht konkret abgeschlossen werden kann. Eine zentrale Grundlage des Entwicklungsmodells nach Erikson ist das von ihm formulierte **epigenetische Prinzip**, wonach sich der Mensch, wie jeder sich entwickelnde Organismus, ausgehend von einem Grundplan entwickelt und bestimmten Entwicklungsgesetzen folgt. Jedoch baut jeder Entwicklungsschritt auf den vorher gemachten Erfahrungen auf. Somit ist die Identität nicht von Geburt an festgelegt, sondern entwickelt sich auf einer konkreten Anlage immer weiter. Dies geschieht laut Erikson im Austausch mit anderen Menschen und in sozialen Beziehungen.
Erikson unterteilt das gesamte menschliche Leben in acht Phasen, denen jeweils eine **psychosoziale Krise** zugrunde liegt, die vom Individuum bewältigt werden muss. Auf der Grundlage der Bewältigung oder Nicht-Bewältigung der vorherge-

gangenen Krisen stellt sich das Individuum dann seinem weiteren Entwicklungsverlauf. Demzufolge sind diese psychosozialen Krisen von enormer Relevanz für die Entwicklung der eigenen Identität.
Während beispielsweise in der ersten Phase, von Erikson als „Urvertrauen vs. Urmisstrauen" bezeichnet, die Entwicklung einer Balance zwischen eben diesen beiden Polen als zentrale Herausforderung aufgeführt werden kann, sticht in dem Modell Eriksons im Zusammenhang mit der Frage nach einer Identitätsentwicklung sicherlich die fünfte Phase heraus; diese wird von Erikson mit **„Identität vs. Identitätsdiffusion"** betitelt und in der **Lebensphase der Jugend** angesiedelt. Ausgehend von den beginnenden körperlichen Veränderungen stellt sich hierbei dem Individuum die Aufgabe, aus den **Ich-Werten**, die bisher im Lösen von Krisen gesammelt wurden, in einem mühsamen Prozess eine eigene Ich-Identität, auch ausgehend von Werten und Normen des Miteinanders, zu formen. Gelingt das Lösen dieser Aufgabe nicht, resultiert daraus eine **„Identitätsdiffusion"**, d. h. die Identität ist an die jeweilige Situation gebunden, die das Individuum gerade durchlebt. Sukzessive wird hierbei die Verantwortung für die Folgen des eigenen Handelns gesteigert, Erikson benennt jedoch ein mögliches „**Moratorium**", welches Jugendliche im Identitätsfindungsprozess durchleben. In diesem „Moratorium" gilt es, ein gesteigertes Maß an Verständnis für das **Abweichen der Jugendlichen von gewohnten Handlungs- und Lebensfeldern** zu entwickeln, da diese Erfahrungen letztlich als mögliche Identitätsangebote benötigt werden, um eine gefestigte Ich-Identität zu entwickeln.
Vergleicht man die Ausführungen Schnabels und das Modell Eriksons, lassen sich einige Parallelen erkennen. Beide sehen letztlich die **Notwendigkeit der Identitätsbildung** für die Gestaltung der eigenen Biografie, welche letztlich in einer starken Ich-Identität (vgl. Erikson) beziehungsweise einer Authentizität mündet, die als mühsamer Prozess begriffen werden kann (vgl. Z. 7 f.). Ebenfalls wird bei beiden die Rolle des **sozialen Umfeldes** im gesamten Lebenszyklus hervorgehoben, da das Ich „ein Konstrukt, das im sozialen Kontext entsteht" (Z. 13 f.), ist und „im Laufe des Lebens geformt" (Z. 19) wird. Ebenfalls werden bei Schnabel und auch Erikson sowohl **Erfahrungen der frühen Kindheit** im Zusammenhang mit den Bezugspersonen der entsprechenden Phase (vgl. Z. 25–33) als auch den **Lebensabschnitt der Jugend** als elementaren Bestandteil der Arbeit an der Entwicklung einer Identität (vgl. Z. 12 ff.) fokussiert.
Unterschiede lassen sich insbesondere in der Tiefe der beiden Ausführungen sowie der Positionierung und Strukturierung von Problemstellungen im Prozess ausmachen. Der in Form des **epigenetischen Prinzips** verdeutlichte grundlegende vergleichbare Bauplan der Entwicklung im Modell Eriksons wird bei Schnabel in dieser Deutlichkeit nicht aufgeführt. Ebenfalls sind die vertiefenden Ausführungen zu der Lebensphase Jugend in Form der Beschreibung eines „**Moratoriums**" in dieser Form bei Schnabel nicht erkennbar. Zusätzlich beschreibt Schnabel die Identitätsentwicklung als einen lebenslangen Prozess, bei Erikson jedoch hat der lebenslange Prozess im Zusammenhang mit der psychosozialen ganzheitlichen Entwicklung des Menschen einen deutlich größeren Umfang. Die Identität als solche wird dabei explizit in den Fokus der Lebensphase Jugend gerückt, spielt

jedoch auch im weiteren Modell eine Rolle. Ferner sei angemerkt, dass Schnabel im Zusammenhang mit potenziellen Problemstellungen von einer „Stabilitätsillusion“ (Z. 48) spricht, welche insbesondere durch „[a]brupte Umbrüche“ (Z. 49) angegriffen werde und letztlich Krisen hervorrufen könne. Der **Begriff der Krise** ist bei Erikson deutlich positiver besetzt, da die den Phasen zugrunde liegenden jeweiligen Krisen es möglich machen, stärkende Erfahrungen für den weiteren Entwicklungsprozess zu machen. Strategien zur Bewältigung von Krisen können sich so manifestieren und immer wieder angewandt werden.
Insgesamt lässt sich festhalten, dass die Ausführungen Schnabels durchaus in vielerlei Hinsicht in Einklang mit dem Modell der psychosozialen Entwicklung Eriksons stehen. So wird die Identitätsentwicklung als prozesshafter Vorgang beschrieben, wobei dem Umfeld eine enorme Wichtigkeit zugeschrieben wird und auch zentrale Lebensabschnitte für die Entwicklung einer Identität benannt werden. Die Theorie Eriksons zeigt hierbei, sicherlich auch aufgrund ihres deutlich höheren Umfangs, ein gesteigertes Maß an Tiefe. Darüber hinaus ist als zentrale Differenz bei Erikson jedoch ein produktiverer Umgangston im Zusammenhang mit potenziellen Problemstellungen im Entwicklungsprozess erkennbar.

3. *Die dritte Teilaufgabe verlangt von Ihnen,* ***pädagogische Konsequenzen zu ziehen****. Diese dürfen keinesfalls im freien Raum stehen, sondern müssen sich als logische Konsequenz aus Ihren bisherigen Ausführungen im Zusammenhang mit klaren pädagogischen Kriterien zeigen. Auch in dieser Aufgabe ist es daher hilfreich, sich an einer Struktur entlangzuarbeiten. Zunächst sollte, nach einem Einleitungssatz, noch einmal* ***verdeutlicht*** *werden, wieso es notwendig ist, im Hinblick auf die Identitätsentwicklung pädagogisch unterstützend tätig zu werden. Dies sollte wenn möglich direkt im Zusammenhang mit dem geforderten Praxisfeld, der Schule, formuliert werden. Als Nächstes sollten Sie das pädagogische Kriterium* ***benennen****, anhand dessen Sie ihre vorgeschlagenen Maßnahmen pädagogisch* ***prüfen*** *wollen. In dieser Beispiellösung wird hierzu die pädagogische Zielkomponente der Mündigkeit herangezogen. Danach benennen Sie, ausgehend von Ihren bisherigen Ausführungen, Elemente des Ausgangstextes und der Referenztheorie, die als theoretische Grundlage zur Konzeption schulischer Maßnahmen herangezogen werden, und erst in einem letzten Schritt benennen Sie konkrete Maßnahmen.* ***Formulieren*** *Sie im Hinblick auf Ihr pädagogisches Kriterium stichhaltige* ***Maßnahmen.***

Der letzte Abschnitt dieser Ausarbeitung wird sich nun mit konkreten schulischen Maßnahmen zur **pädagogischen Begleitung der Identitätskonstruktion** auseinandersetzen. Eine Notwendigkeit für pädagogische Konsequenzen in diesem Bereich resultiert ausgehend von der im Text und auch in der Referenztheorie benannten Feststellung, dass Menschen für den **Prozess der Identitätsbildung** eine Vielzahl an **Kompetenzen** benötigen, da es sich um einen für das Individuum fordernden, aber auch enorm wichtigen Prozess handelt. Der Umgang mit etwaigen **Identitätskrisen** wird den Menschen ein Leben lang begleiten und neben der konkreten

Unterstützung in der jeweiligen Lebensphase gilt es somit auch, das Individuum nachhaltig auf diese Auseinandersetzung vorzubereiten.
Um nicht alleinig ausgehend von einer theoretischen Konzeption schulische Maßnahmen zu formulieren, werden die jeweiligen Vorschläge auch aus pädagogischer Sicht geprüft. Hierzu wird das **Kriterium der Mündigkeit** herangezogen. Mündigkeit beschreibt hierbei die umfangreiche Zielsetzung der Pädagogik, dem Edukandten die Möglichkeit zu geben, ein mündiger Teil der Gesellschaft zu werden. Dieser Prozess ist frei von Indoktrination und reiner Bevormundung, sondern versucht vielmehr, die Möglichkeit der freien Entscheidungsfindung unter Berücksichtigung eines gesellschaftlich anerkannten Werte- und Normensystems zu antizipieren. Gerade im Zusammenhang mit der Identitätsentwicklung ist dies eine enorm wichtige Zielkonzeption, da im Prozess der Identitätsbildung eine Limitierung, gegebenenfalls unter Zuhilfenahme von Zwang oder Ähnlichem, enorme negative Konsequenzen im Hinblick auf die weitere Biografie des Individuums zur Folge hätte.
Anhand der bisherigen Ausführungen wird deutlich, dass sich im Kontext Schule Identitätsentwicklung im **Austausch mit dem sozialen Umfeld** vollzieht; die Schule bietet somit ein hervorragendes Praxisfeld, um pädagogisch tätig zu werden, da sich das Individuum dort im Austausch mit der Peergroup befindet, aber auch Eltern, Lehrer und womöglich weitere Familienmitglieder als Akteure auftreten können. Auch im Bereich des **epigenetischen Prinzips** treten einzelne Schulformen in der Regel zu strukturierten Zeitpunkten in das Umfeld des Individuums. Sie sind gewissermaßen Teil des Bauplans und können diesen an den entsprechenden Stellen begünstigen. Beispielsweise tritt ein junger Mensch zu definierten Zeitpunkten in die Grundschule, weiterführende Schule etc. ein. Schule bzw. Schulformen können somit entsprechend der Herausforderungen, die im jeweiligen Altersabschnitt im Hinblick auf Identitätsförderung vorliegen können, konzeptionell reagieren. Insbesondere im Bereich der Lebensphase Jugend können Schulen das „**Moratorium**" positiv bedingen, beispielsweise durch Angebote, die zusätzliche Identitätsangebote schaffen; durch eine zu starre Einengung kann es allerdings auch negativ beeinflusst werden. Die Schule als Institution bietet **Möglichkeiten zur Selbstdarstellung**, vermittelt aber nicht nur die formale Qualifikation für den, auch im Zusammenhang mit der Identitätsentwicklung wichtigen Berufseinstieg, sondern eben auch jene Kompetenzen, die das Individuum auf dem Weg zu seiner Identität benötigen könnte. Die **positive Bewältigung von Krisen** und Problemen und die daraus resultierenden Kompetenzen stehen dem Individuum folglich den gesamten, lebenslangen Prozess der Persönlichkeitsentwicklung beziehungsweise -abgleichung im sozialen Umfeld zur Verfügung.
Schule kann in vielen Bereichen eine **Identitätsentwicklung positiv beeinflussen**. Um beispielsweise zusätzlich im Bereich der Lebensphase Jugend zu unterstützen, kann Schule jahrgangsübergreifende extracurriculare Angebote schaffen. Sie würde den Jugendlichen so Zugang zu weiteren Identitätsangeboten ermöglichen. Eine weitere Möglichkeit der Unterstützung wäre auf struktureller Ebene die **Vernetzung des sozialen Umfeldes**. Schule könnte somit den Austausch zwischen Individuum, Eltern, Peergroup etc. konstruktiv begleiten und Raum für Austausch

und Gespräche bieten, um insbesondere in der komplexen Phase der Adoleszenz eine Austauschmöglichkeit zu bieten. Ganz grundlegend kann Schule verstärkt die Vermittlung eines Wertesystems in ihr Curriculum integrieren. So könnte die Schule dem Individuum einen **Orientierungspunkt** bieten, um bei widersprüchlichen Anforderungen aus dem sozialen Umfeld entsprechende Entscheidungen treffen zu können. Auch beim **Lösen von Entwicklungsaufgaben** kann die Schule unterstützend tätig sein, indem beispielsweise Berufsberatungsgespräche angeboten werden, die dem Individuum Möglichkeiten aufzeigen können, seine eigene Ich-Identiät weiterzuentwickeln. Zu guter Letzt können auch im regulären unterrichtlichen, aber auch extracurricularen Miteinander jene Kompetenzen vermittelt werden, die es dem Individuum in der jeweiligen Lebensphase, aber auch darüber hinaus, ermöglichen, an entsprechenden Problemen oder Krisen zu arbeiten. Hier wären **Kommunikationsfähigkeit**, beispielsweise durch offene Diskussionsformen im Unterricht, **Partizipation**, etwa durch demokratische Strukturen der Mitbestimmung der Schüler im Schulalltag, oder aber **Reflexionsvermögen**, unter Umständen durch deutliche Reflexionsschleifen hinsichtlich der eigenen Leistung in Gesprächen mit Bezugslehrkräften, anzuführen.
Insgesamt bietet die Schule somit einen idealen pädagogischen Kontext, um im Zusammenhang mit der Identitätsentwicklung unterstützend in der jeweiligen Phase, aber auch präventiv in Form von Kompetenzbildung, tätig zu werden. Die oben aufgeführten Maßnahmen bilden sicherlich nur einen kleinen Ausschnitt der Möglichkeiten ab, sind jedoch allesamt **im Einklang mit der pädagogischen Zielsetzung der Mündigkeit**, da sie nicht versuchen, das Individuum auf dem Weg zur Identität einzuengen oder gar eine gewisse Ausprägung von Identität zu indoktrinieren, sondern dem Individuum eine große Palette an Kompetenzen und Situationen anbieten, um den Weg hin zu einer starken Identität eigenständig und selbsttätig zu gehen.

Grundkurs Erziehungswissenschaft – Abiturprüfung NRW 2018
Aufgabe 1

Aufgabenstellung

		Punkte
1.	Formulieren Sie die Hauptaussage des Textes und stellen Sie pädagogisch relevante Aussagen mithilfe einer selbst gewählten Struktur dar.	20
2.	Erläutern Sie die Ausführungen der Autorin auf der Grundlage einer selbst gewählten Theorie zur Identitätsentwicklung. Begründen Sie Ihre Wahl.	32
3.	Ziehen Sie vor dem Hintergrund Ihrer bisherigen Erarbeitungen und auf der Grundlage des Modells der produktiven Realitätsverarbeitung pädagogische Konsequenzen für die von der Autorin skizzierte Problematik.	28

Zugelassenes Hilfsmittel:
- *Wörterbuch zur deutschen Rechtschreibung*
- *Herkunftssprachliches Wörterbuch für Studierende, deren Herkunftssprache nicht Deutsch ist*

Ute Eberle: #AlwaysOn: Jugend im digitalen Zeitalter

[...]

Es ist nichts Neues, dass der digitale Wandel das soziale Miteinander grundlegend verändert. Doch wie genau verändern sich Freundschaften und Beziehungen zwischen Jugendlichen? Welchen Einfluss üben neue Medien und digitale Kommunikation auf die Werte von Teenagern aus? Hat ihre permanente Nutzung Auswirkungen auf den Selbstwert von Heranwachsenden, auf ihr Selbstbild?

Weshalb das Smartphone im Leben von Teenagern eine so große Rolle spielt, ist schnell erzählt: Sie benutzen es als Uhr, als Wecker, Taschenlampe, Fotoapparat, Filmkamera, zum Musikhören, Anschauen von Videoclips. Per App oder Webbrowser informieren sie sich über Abfahrtszeiten von Bussen, prüfen den Wetterbericht, lesen Sportnachrichten.

Und manchmal nutzen sie die Geräte sogar, um zu telefonieren – wenn auch kurioserweise immer seltener: Offenbar empfinden Jugendliche einen unerwarteten Anruf mehr und mehr als regelrechten Übergriff, als eine unangenehme Situation, die ungeteilte Aufmerksamkeit erfordert, eine sofortige Reaktion. Lieber will man sich mitteilen, wann es einem passt – bequem per Textmessage.

[...]

So stillen die tausenden Messages eine natürliche Sehnsucht, die tief in jedem von uns verwurzelt ist: danach, seine Isolation zu überwinden, mit anderen in Kontakt zu treten, Nähe und Bindung zu erfahren, akzeptiert zu werden.

In dieser Hinsicht kommen die digitalen Kommunikationswege Jugendlichen auf vielerlei Weise entgegen. Wer zum Beispiel schüchtern ist, hat so die Möglichkeit, andere zunächst unverfänglich und vor allem angstfrei zu kontaktieren – ohne befürchten zu müssen, aus Verlegenheit zu erröten oder sich im Gespräch zu verhaspeln.

Zudem bietet die digitale Welt neue Rückzugsorte. Schließlich können Jugendliche per Smartphone ihre Kontakte weitgehend frei von elterlicher Einmischung pflegen. Ob im Familienauto unterwegs oder auf der Wohnzimmercouch: Chatten kann man immer, die anderen bekommen ja nicht mit, wem man gerade was schreibt.

Und viele Teenager profitieren davon – insbesondere von den sozialen Netzwerken. Die Möglichkeiten, sich selbst zu präsentieren und Kontakte zu pflegen, helfen ihnen, Selbstvertrauen zu gewinnen, Zuspruch zu erfahren und Bestärkung. Bei einer Umfrage unter 13- bis 17-Jährigen in den USA gab rund ein Viertel der Social-Media-Nutzer an, durch die Online-Kontakte aufgeschlossener und selbstsicherer geworden zu sein.

Doch es wäre natürlich naiv, anzunehmen, dass das neue Kommunikationszeitalter nicht auch Gefahren birgt – zumal für Teenager. Denn klar ist: Messaging und soziale Netzwerke können einen Sog entfachen, der fast alles andere unwichtig erscheinen lässt.

[…]

Real erfahrbar ist bei der Kommunikation in Nachrichten, Kommentaren und anderen schriftlichen Äußerungen, der Jugendliche so ausgiebig nachgehen, allerdings nur eine einzige Person: die eigene. Die spontane Reaktion des Gegenübers, das Zusammenspiel von Gesten, Mienen, Tonfall – all das fehlt.

Ohnehin nimmt die Selbstbezogenheit in der digitalen Welt beständig zu. Schließlich sind gerade die elektronischen Pinnwände der sozialen Medien auf Selbstdarstellung ausgelegt. So kommt es, dass wir uns online buchstäblich permanent selbst ins Bild setzen. […]

Eine weitere Folge der elektronischen Kommunikation besteht darin, dass wir offenbar weniger Rücksicht nehmen, wenn wir unserem Gegenüber beim Kontakt nicht in die Augen schauen. Das erklärt wohl auch, wieso insbesondere Jugendliche heutzutage weniger Hemmungen haben, andere zu versetzen.

[…]

Experten beobachten zudem, dass Menschen online generell enthemmter sind. Manche geben sich äußerst offenherzig, emotional oder anteilnehmend. Andere dagegen treten in sozialen Netzwerken, in Blogs und Foren weitaus gehässiger auf als in der realen Welt.

Niedertracht säen, sich über andere erheben: In der Welt des Internets ist das offenbar für viele bedenkenlos. Oft nutzen die Akteure falsche Namen, verstecken sich in der Anonymität. Doch selbst wenn sie ihre wahre Identität nicht verbergen, gibt ihnen die digitale Technik, so glauben Psychologen, ein Gefühl der Unsichtbarkeit, Unangreifbarkeit.

Die Folgen treffen nicht zuletzt Jugendliche: Jeder zehnte deutsche Teenager zwischen zehn und 18 hat schon erlebt, dass falsche Gerüchte im Internet gestreut wurden. Jeder siebte ist im Netz beleidigt oder gemobbt worden. Das Spektrum der Belästigungen reicht von höhnischen Kommentaren oder unvorteilhaften Bildern in sozialen Medien über beleidigende Messages und E-Mails an das Opfer bis zur Gründung regelrechter Hassgruppen, die auf speziellen Webseiten über den Betroffenen herziehen.

Permanente Lästerattacken solcher Art sind für die Opfer nur schwer zu ignorieren. Schließlich können sie sich selbst zu Hause oder im Urlaub den Feindseligkeiten kaum entziehen. Ein Rückzug aus der digitalen Welt kommt für die Betroffenen meist aber nicht infrage.

„Cyberbullying", so der Fachausdruck für Mobbing über Internet und Mobiltelefone, führt daher oft zu Depressionen. […]

Zudem kann die permanente Konfrontation mit den Aktivitäten der anderen dazu führen, dass das eigene Leben immer fahler wird, die Unzufriedenheit zunimmt.

Denn das Bild, das viele von sich auf den Profilen zeichnen, ist äußerst selektiv. Online gestellt werden tendenziell beneidenswerte Momente: Fotos von Urlauben, von ausgelassenen Abenden im Freundeskreis, von Shopping-Touren durch die Innenstadt.

Dunkle Augenblicke, die zu jedem Dasein dazugehören, Aspekte alltagsgrauer Monotonie lassen die meisten aus.

Fast zwangsläufig erscheint vielen das Leben der anderen dadurch attraktiver und aufregender als das eigene. […]

Gerade Jugendliche mit niedrigem Selbstvertrauen, so die Befürchtung, könnten sich unter diesem Eindruck der digitalen Scheinwelt völlig zurückziehen und – ganz real – vereinsamen.

Für jene hingegen, die glauben, dass es jeder selbst in der Hand hat, Glückseligkeit in sein Leben zu bringen, scheinen die Möglichkeiten dazu zahllos zu sein.

Die Folge: Sie versuchen, sich so viele Optionen wie möglich zu erschließen und so lange wie möglich offenzuhalten. Viele Teenager treiben gleich drei oder vier Pläne für einen Samstagabend voran und entscheiden erst zum Schluss, was sie tatsächlich tun. […]

Dieses Verhalten, so glauben Experten, prägt nun zunehmend auch die großen Fragen des Lebens: Welchen Partner wähle ich? Wer passt zu mir?

[…]

Ute Eberle: „#AlwaysOn: Jugend im digitalen Zeitalter". In: GEOkompakt, Heft 45/2015, S. 82–91 (Auszüge; Anpassungen an die sprachliche Richtigkeit wurden vorgenommen.)

Anmerkung:
Ute Eberle, Jg. 1971, ist freie Autorin und Wissenschaftsjournalistin. Sie schreibt regelmäßig z. B. für die Zeitschriften GEO, Stern und ZEIT-ONLINE.

Bezüge der Aufgabe zu den Vorgaben 2018 – Inhaltliche Schwerpunkte

Inhaltsfeld 3: Entwicklung, Sozialisation und Erziehung
- Erziehung durch Medien und Medienerziehung

Inhaltsfeld 4: Identität
- Besonderheiten der Identitätsentwicklung in Kindheit, Jugend und Erwachsenenalter sowie deren pädagogische Förderung
  - Interdependenz von Streben nach Autonomie und sozialer Verantwortlichkeit im Modell der produktiven Realitätsverarbeitung
- Anthropologische Grundannahmen zur Identität und ihre Auswirkungen auf pädagogisches Denken und Handeln

- Unzureichende Identitätsentwicklung am Beispiel von deviantem Verhalten und der Gefahr von Identitätsdiffusion auch in sozialen Netzwerken (Web 2.0; Web 3.0; …)

Lösungsvorschläge

1. *Die Operatoren der Aufgabe 1 entsprechen dem Anforderungsbereich I. Zunächst sollen Sie die* ***Hauptaussage*** *des Textes mit eigenen Worten „****formulieren****“. Achten Sie darauf, dass Sie dabei detaillierter auf die Aussage des Textes eingehen und möglichst eigene Worte benutzen. Im nächsten Schritt sollen Sie die pädagogisch relevanten Aussagen des Textes „****darstellen****“, wobei Sie die Struktur Ihrer Darstellung selbst wählen. Geben Sie dabei die zentralen Inhaltselemente des Textes so konkret wie möglich wieder. Aufgrund des Inhaltes des Textes bietet sich hier eine getrennte Darlegung von Vor- und Nachteilen sozialer Medien an. Nach dieser Aufteilung erfolgt dann automatisch die Struktur Ihres Textes. Bedenken Sie, dass in dieser Aufgabe ebenfalls ein* ***Einleitungssatz*** *formuliert werden muss, welcher die bibliografischen Daten des Textes nennt (Titel, Autor, Erscheinungsort und -jahr) und den übergegliederten Inhalt des Textes wiedergibt. Beachten Sie ebenfalls, in dieser Aufgabe direkte Zitate zu vermeiden und das Präsens zu verwenden.*

Der vorliegende Artikel „#AlwaysOn: Jugend im digitalen Zeitalter“, der in der Magazinreihe GEOkompakt im Jahr 2015 veröffentlicht und von Ute Eberle verfasst wurde, setzt sich mit den **Vorteilen** und **Gefahren digitaler Medien** auseinander, indem zentrale Elemente wie ein positiver Einfluss auf Selbstsicherheit oder potenzielle Isolation durch digitale Medien herausgestellt werden.
Zunächst befasst sich die Autorin mit positiven Effekten und zeigt auf, dass digitale Medien das menschliche **Grundbedürfnis nach Kontakt und Bindung** erfüllen können. So seien digitale Medien besonders für verschlossene Personen eine Möglichkeit, aus einer potenziellen **Isolation zu entfliehen** und mit anderen Menschen frei von Ängsten **in Kontakt zu treten**. Ebenfalls betont Frau Eberle, dass junge Menschen von sozialen Netzwerken profitieren können, indem sie dort durch Anerkennung anderer ihr **Selbstvertrauen stärken** können. Online-Kontakte würden somit auch die **Offenheit** junger Menschen **positiv beeinflussen.**
Jedoch benennt die Autorin im weiteren Verlauf Ihrer Ausführungen auch **Gefahren**, die im Umgang mit digitalen Medien auftreten können. Da während der medial gestützten Kommunikation die Reaktion des Gegenübers nur bedingt und auch nicht immer spontan auftrete, vertiefe sich die **Selbstbezogenheit** eines solchen Austausches. Im Vordergrund stünde nunmehr die **Selbstdarstellung** und nicht das Miteinander verbaler Kommunikation. Eberle hebt weiter hervor, dass die Nutzung digitaler Medien **enthemmendes Verhalten** bei den Konsumenten begünstige, da **weniger Rücksicht** aufeinander genommen werde. Laut der Autorin sinken die Hemmschwellen in Bezug auf Gehässigkeit oder andere negative Äußerungen über Dritte. Dies geschehe oftmals unter anderem Namen, der den

Nutzer scheinbar anonym agieren lässt. Einem solchen Verhalten seitens anderer Nutzer auszuweichen, sei in der Welt der digitalen Medien dabei nur schwer möglich, da die entsprechenden Kanäle jederzeit verfügbar seien. Derartige Angriffe in sozialen Medien provoziere oftmals **Depressionen**. Weiterhin konstatiert die Autorin, dass der permanente Einblick in die, meist durch mediale Optimierung inszenierten, Aktivitäten anderer das eigene Leben zunehmend langweiliger erscheinen lassen könne. Eberle betont dabei, dass daraus eine starke **Gefahr für das eigene Selbstwertgefühl** hervorgehe, da man das eigene Leben mit den oftmals rein positiven Darstellungen anderer vergleiche. Im schlimmsten Falle könne dies zu einer **Abschottung** und letztlich zu einer realen **Vereinsamung** junger Menschen führen.

2. *Bei der Bearbeitung der zweiten Aufgabe sollen Sie ausgehend von einer Theorie zur Identitätsentwicklung die Ausführungen des Textes nachvollziehbar „**erläutern**" (Anforderungsbereich II). Dabei sollen Sie sich auf eine von Ihnen gewählte **Theorie zur Identitätsentwicklung** beziehen. Identitätsentwicklung ist ein breites Themenfeld: Sie können beispielsweise auf die Theorienkomplexe von Erikson, Hurrelmann, Mead oder weitere zurückgreifen. Wählen Sie Ihre Theorie mit Bedacht, ausgehend von den Inhalten des Textes und Ihres Wissens. (An welchen Stellen können Bezüge zu einer vertrauten Theorie hergestellt werden?) **Setzen Sie** anschließend wesentliche Aussagen des Textes **in Beziehung** mit der von Ihnen gewählten Theorie. In der folgenden Lösung wird die Theorie des **symbolischen Interaktionismus** nach **Mead** herangezogen. Strukturieren Sie nun Ihre Erkenntnisse, indem Sie zunächst einen überleitenden **Einleitungssatz** formulieren, anschließend die relevanten **Aspekte des Textes** benennen, danach Ihre gewählte **Theoriewahl begründen**. Im Folgenden stellen Sie die Theorie aufgabenorientiert dar und verknüpfen schließlich Aussagen des Textes und der Theorie. Formulieren Sie am Schluss ein ausgewogenes **Fazit** zu der im Text genannten Problemstellung im Zusammenhang mit der theoretischen Grundlage.*

Nach der Darlegung der zentralen Inhaltsaspekte sollen diese nun in Bezug zu zentralen theoretischen Erkenntnissen gesetzt werden. Hierzu wird im Folgenden die Theorie des **symbolischen Interaktionismus** nach Mead herangezogen, um die Problemstellung kritisch zu beleuchten.
Der vorliegende Text thematisiert zentrale Probleme im Hinblick auf die **Identitätsentwicklung** und setzt diese in Zusammenhang mit digitalen Medien. So wird der **Einfluss auf die Kommunikation** betont (vgl. Z. 21–24), das **erlebte Selbst** insbesondere im Zusammenspiel mit dem **Erleben anderer** (vgl. Z. 74–82) und generell der Einfluss eines digital geprägten Lebensalltags auf die **Entwicklung der eigenen Identität** (Ich-Identität) im Ganzen (vgl. bspw. Z. 25–28). Um diese Aspekte auch theoretisch untersuchen zu können, soll der Theoriekomplex des symbolischen Interaktionismus als Bezugstheorie dienen. Diese Theorie eignet

sich hierbei insbesondere, da sie zwar Identitätsentwicklung im Ganzen thematisiert, aber ebenfalls einen deutlichen Schwerpunkt auf den **Bereich Sprache** und deren Rolle im Prozess der Identitätsentwicklung setzt.
George Herbert Mead beschreibt in seiner Theorie des symbolischen Interaktionismus einen **aktiven Prozess der Identitätsentwicklung**, in dem die Handlungen des Heranwachsenden wie auch seines Gegenübers eine zentrale Rolle einnehmen. Der **Interaktion** kommt dabei eine wesentliche Bedeutung zu, wobei die **Sprache** das signifikanteste **Symbolsystem** innerhalb der Identitätsentwicklung darstellt. Erst durch Kommunikation gewinnt eine Handlung an Bedeutung. Die Strukturen der **sozialen Interaktionen** und die dafür eingesetzten Gesten und Symbole sind für die gegenseitige Verständigung maßgeblich. Der Einzelne und die Gesellschaft nehmen folglich in diesem Prozess der Sozialisation stets Einfluss aufeinander.
In diesen Interaktionsprozessen entsteht die Ich-Identität, die Mead als „**Self**“ beschreibt. Das „Self“ konstruiert sich permanent aus dem Zusammenspiel von **impulsivem Ich** („**I**“) und **reflektiertem Ich** („**Me**“) bzw. steuert dieses Zusammenspiel. Im „**Me**“ sind durch Rollenübernahme gewonnene gesellschaftliche Normen und Werte absorbiert, wohingegen das „**I**“ spontane Reaktionen beschreibt. Hierbei geht es nicht um die Dominanz des „Me“, sondern um den kontinuierlichen Abgleich dieser beiden Positionen.
Das Erlernen dieses Abgleichs vollzieht sich durch **Interaktion**. Mead beschreibt jedoch zwei weitere elementare Abschnitte im Laufe der Identitätsausbildung, die diese Entwicklung begünstigen. Die Kompetenz, sich im späteren Leben in andere hineinzuversetzen, deren Erwartungshaltungen kennenzulernen und schließlich in seinem Handeln zu berücksichtigen (**Role-taking**), vollzieht sich entlang bestimmter Bezugsgruppen und in gewissen Formen. Während zunächst **signifikante Andere** (wie beispielsweise die Eltern) als konkrete und bedeutende Personen in das Spiel integriert und deren Handlungen in spielerischen Situationen simuliert werden (Mead bezeichnet diesen Prozess als „**play**“), kommt es später unter Berücksichtigung beschlossener Regeln zu der Simulation **verallgemeinerter Anderer** (beispielsweise Erzieher oder Lehrer), die personenungebunden eine gesellschaftliche Rolle innehaben. (Dieser Prozess wird als „**game**“ bezeichnet.) Identitätsausbildung ist laut Mead dann erfolgreich, wenn es dem Heranwachsenden gelingt, in einer Gemeinschaft ein bewusstes Mitglied zu werden, indem er sich in den Phasen des „play“ und „game“ erfolgreich weiterentwickelt. Eine zunehmende **Übernahme von Rollen** im „game“ ist besonders wichtig für die Identitätsentwicklung, da die Handlungsoptionen dadurch ausgebaut werden.
Die **Rolle der Kommunikation** ist bei der Identitätsentwicklung nach Mead ein nicht zu unterschätzender Faktor. Die im Text thematisierte Veränderung der Kommunikation ist hierbei aus verschiedenen Perspektiven zu betrachten. Zum einen wird hervorgehoben, dass digitale Kommunikation eine Möglichkeit bietet, andere Menschen „angstfrei zu kontaktieren“ (Z. 23) und „Zuspruch zu erfahren“ (Z. 31), auf der anderen Seite besteht jedoch die Gefahr, dass Hemmungen sinken (vgl. Z. 44–51). Die Nutzung der positiven Elemente einer durch digitale Medien veränderten Kommunikation und die zeitgleich notwendige Vermeidung negativer Tendenzen erweisen sich im Prozess der Identitätsentwicklung als ein schwieriges

Unterfangen. Das für Mead wichtigste Symbolsystem innerhalb der Interaktion, die Sprache, fehlt oftmals innerhalb der digitalen Kommunikation und auf die „spontane Reaktion des Gegenübers" (Z. 42) muss verzichtet werden. Die daraus resultierenden **Verhaltensweisen**, z. B. mangelnde gegenseitige Rücksichtnahme und Unzuverlässigkeit (vgl. Z. 48–51), und die generelle **Einschränkung signifikanter Symbole** in der digitalen Kommunikation können sich negativ auf die Ausbildung des „Self" auswirken, da die für die Identitätsentwicklung wesentliche **Rollenübernahme** nur **eingeschränkt** stattfinden kann.

Weiterhin thematisiert die Autorin **neue Kommunikationsräume**, die **frei von elterlicher Kontrolle** sind (vgl. Z. 25–28). Diese begünstigen den für die Identitätsentwicklung wesentlichen Übergang von „play" zu „game". In der digitalen Welt kann die Fähigkeit erworben werden, in der Phase des **„game"** von der Position eines anderen aus zu denken und sich in die Lage einer anderen Person hineinzuversetzen. Dies führt zu einer Weiterentwicklung der Identität. Die sich hier bietenden Räume können durch den Heranwachsenden folglich genutzt werden, um sich in der **Rollenübernahme generalisierter Anderer zu erproben**. Dadurch lernt er, sich in eine Gemeinschaft einzufügen und sich nicht nur auf einzelne Individuen zu stützen. So gilt es, einzuschätzen, was das digitale Gegenüber von einem erwartet, und dieses in Interaktion umzusetzen.

Die Autorin greift mit der **verfälschten Selbstdarstellung** in der medialen Welt ein weiteres Problem im Prozess der Identitätsentwicklung auf (vgl. Z. 74–82). Die kontinuierliche positive Selbstinszenierung in digitalen Netzwerken führt oftmals zu **ausgeprägter Selbstbezogenheit** und erzeugt Druck, die eigene Person positiv hervorzuheben. Nach Mead rückt dadurch, infolge der Reaktionen anderer, z. B. in Form von Likes, das **„I"** stark in den **Vordergrund**, wobei das **„Me"** sich nicht adäquat entwickeln kann. Dem durch die digitale Welt ausgebildeten „Me" kommt für das „Self" in der realen Welt eine enorme Bedeutung zu. Die Ausbildung des **„Self"** kann dabei ins **Ungleichgewicht** geraten und stark beeinflusst werden.

Insgesamt lässt sich festhalten, dass die von der Autorin beschriebenen Vorteile und Gefahren digitaler Medien für die Identitätsentwicklung durchaus in Einklang mit den theoretischen Grundlagen der Theorie des symbolischen Interaktionismus zu bringen sind. Ein **starker Fokus** scheint hierbei auf den **Gefahren** zu liegen: Dies suggeriert folglich, dass digitale Kommunikation im Hinblick auf Identitätsentwicklung heranwachsender Menschen, wenn möglich, vermieden werden sollte. Ähnlich wie es die Autorin aber zu Beginn des Textes formuliert, ist die Nutzung digitaler Kommunikation aus dem Lebensalltag junger Menschen nicht mehr wegzudenken. Somit wird sie zum zentralen Handlungsfeld der Pädagogik und pädagogischer Maßnahmen im Prozess der Begleitung junger Menschen hin zu einer gesunden Identität.

3. *Die dritte Teilaufgabe verlangt von Ihnen, pädagogische „**Konsequenzen zu ziehen**“ (Anforderungsbereich III). Beziehen Sie diese nachvollziehbar auf Ihre bisherigen Überlegungen. Vermeiden Sie komplett neue Gedankengänge und/oder Theorien. Weitere Ankerpunkte in Ihren Ausführungen sollten dabei die von Ihnen benannten Kriterien für entsprechende Maßnahmen sein. Gehen Sie bei der Bearbeitung der Aufgabe strukturiert vor. Formulieren Sie einen **überleitenden Einleitungssatz** und benennen Sie zunächst, wieso bei der Auseinandersetzung mit der beschriebenen Thematik pädagogisches Handeln überhaupt nötig ist. Benennen Sie dann ihre **pädagogischen Beurteilungskriterien**. Der folgende Lösungsvorschlag bezieht sich auf die erzieherische Zielkomponente der **Selbsttätigkeit**. Benennen Sie nun bedeutsame Punkte der **Theorie Hurrelmanns**. Diese müssen nicht so umfangreich sein wie Ihre Theorieausführungen in Aufgabe 2. Vielmehr sollten Sie ausschließlich relevante Aspekte der Theorie für die weitere praktische Arbeit nennen. Führen Sie nun konkrete Maßnahmen aus, auf welche Weise pädagogisch unterstützt werden kann. Es kann hilfreich sein, ein konkretes Setting in den Blick zu nehmen. Der folgende Lösungsvorschlag nimmt **Bezug auf Schule und Familie**. Abschließend wird von Ihnen ein **Fazit** zu pädagogischem Einwirken in diesem Bereich verlangt.*

Abschließend steht nun die Frage nach der Art und Weise des pädagogischen Einwirkens im Raum, welche im folgenden Text mit konkreten Maßnahmen beantwortet werden soll. Die Notwendigkeit, den **Identitätsbildungsprozess** auch in der digitalen Welt pädagogisch zu unterstützen, wird aus den bisherigen Ausführungen offenbar. Läuft ein junger Mensch in diesem Prozess Gefahr, durch ein verändertes Interaktionsmodell fehlgeleitet zu werden oder seine eigene Rolle in der Gemeinschaft falsch zu interpretieren, ist es notwendig, ihm dabei zur Seite zu stehen, ein aktives Mitglied einer realen Gemeinschaft zu werden.
Um letztlich die Zielsetzung der hier aufgeführten Maßnahmen zu überprüfen, wird die pädagogische Zielkomponente der **Selbsttätigkeit** herangezogen. Selbsttätigkeit meint hierbei die **aktive Rolle**, die das Individuum in der Gestaltung seiner eigenen Person, aber auch seiner Umwelt einnimmt. Um dieses Ziel zu erreichen, ist es erforderlich, eine gewisse Ausgewogenheit im Hinblick auf seine **eigene Person** zu entwickeln. Aber das Individuum soll gleichermaßen auch dazu fähig sein, im **Austausch mit der Umwelt** Bedingungen und Bedürfnisse des Gegenübers klar wahrzunehmen.
Dieses **Zusammenspiel** aus **individuellen** und **gesellschaftlichen Aspekten** der Identität wird auch in der Theorie der **produktiven Realitätsverarbeitung** nach Hurrelmann verdeutlicht. Die im Text beschriebene Problematik der digitalen Kommunikation tritt insbesondere im Zusammenhang mit der Identitätsentwicklung des Jugendalters auf. Folglich bietet sich der Theoriekomplex Hurrelmanns als Grundlage für die Entwicklung pädagogischer Maßnahmen an.
Hurrelmann formuliert in seiner Theorie der produktiven Realitätsverarbeitung jugendspezifische **Entwicklungsaufgaben** – Qualifizieren, Binden, Konsumieren und Partizipieren –, die bewältigt werden müssen, um den Übergang ins Erwach-

senenalter erfolgreich abzuschließen. Für die erfolgreiche Bewältigung der Entwicklungsaufgaben benötigen Jugendliche sowohl **personale Ressourcen**, d. h. Handlungs- und Kommunikationskompetenzen, als auch **soziale Ressourcen**, die durch die Sozialisationsinstanzen, wozu auch Medien zählen, vermittelt werden. Im Hinblick auf pädagogische Maßnahmen wäre die **Gewinnung von Kommunikationskompetenzen** in der realen Welt eine zu erwägende Maßnahme. Dadurch lassen sich die personalen Ressourcen im Sinne der **Selbsttätigkeit** erweitern.

Das Zusammenspiel aus **Individuation** und **Integration** spielt bei den Entwicklungsaufgaben eine wesentliche Rolle. **Individuation** betont dabei die Kompetenz des Individuums, autonom und selbstständig handlungsfähig zu sein. Innerhalb dieses Prozesses erfolgt die Ausbildung einer individuellen Persönlichkeit. **Integration** wiederum beschreibt die Anpassung des Individuums an gesellschaftliche Werte und Normen verbunden mit der Übernahme gesellschaftlicher Verantwortung in Ökonomie, Familie oder Politik. Diese Bereiche sind nie vollkommen isoliert voneinander zu verstehen. Der Heranwachsende muss im Rahmen seiner Identitätsentwicklung, insbesondere im Jugendalter, immerzu **Integration und Individuation austarieren** und diese auch entsprechend der pädagogischen Zielsetzung der Selbsttätigkeit aktiv gestalten.

Um die **Entwicklungsaufgabe „Konsumieren“** erfolgreich zu bewältigen, d. h. u. a. einen vernünftigen Umgang mit dem Konsum digitaler Medien zu erlernen, ist es wichtig, dass Kindern und Jugendlichen sowohl positive als auch negative Aspekte digitaler Medien aufgezeigt werden. Dazu bieten sich im Rahmen pädagogischer Maßnahmen beispielsweise **Unterrichtsprojekte** an, die Abhängigkeit oder Cybermobbing thematisieren und somit die Sensibilität dafür erhöhen.

Gestaltet sich die Identität also in der digitalen Welt und wird die reale Welt gleichermaßen zunehmend digital gestaltet, muss das Individuum darin bekräftigt werden, die eigene Identität in diesem Umfeld optimal zu gestalten und aktiv an dieser digitalen Welt teilzunehmen. Es stellt sich daher die Frage, wie dies pädagogisch begleitet werden kann. Zunächst kann im Rahmen der Schule versucht werden, **Funktionsweisen der digitalen Kommunikation** offenzulegen, beispielsweise kann eine „Verrohung“ der Sprache im Deutschunterricht aufgezeigt werden. Im Bereich der Individuation und der Identitätsentwicklung kann beobachtet werden, dass eine massiv vereinfachte Sprache das **Erlernen von Rollenübernahme** in der Gesellschaft **erschwert**.

Auch der **soziale Umgang** miteinander in der digitalen Welt könnte, in ein Sozialcurriculum eingebettet, zu einem **Projekttag** werden. So könnte sich das Individuum gezielt mit dem Drang zur Selbstinszenierung oder der Gefahr des Hemmungsverlustes im Rahmen der Kommunikation auseinandersetzen und die Konsequenzen für die Integration und die Individuation der beteiligten Parteien in der digitalen Welt untersuchen.

Auch die **Familie als pädagogische Instanz** kann in diesem Zusammenhang aktiv werden. So können beispielsweise ausgewählte Räume und konkrete Zeiten für die **Nutzung digitaler Medien** thematisiert und festgelegt werden. Auf diese Art und Weise ist es zum einen möglich, das Handeln im digitalen Raum zu erlernen und

zu praktizieren, zum anderen aber besteht gleichermaßen die Möglichkeit, der Gefahr des Realitätsverlustes vorzubeugen.
Alle genannten Maßnahmen ermöglichen dem Heranwachsenden, einen reflektierten Umgang mit der digitalen Welt zu gewinnen, und bestärken ihn gleichzeitig, aktiv daran teilzunehmen. Die Maßnahmen dienen nicht der Abschottung oder dazu, den Konsum digitaler Medien gar zu verbieten, sondern es geht darum, Problemstellungen zu thematisieren und reale Kommunikationen zu erproben. Letztlich verfolgen sie so das **Ziel der selbsttätigen Teilnahme** an der **Gesellschaft** im Rahmen des **Zusammenspiels von Individuation und Integration**. Die digitale Welt wird somit zum Bestandteil dieses Zusammenspiels, wobei der Prozess der Digitalisierung als gesellschaftliches Phänomen auch im Hinblick auf die Entwicklung der eigenen Persönlichkeit nicht ignoriert wird. Es gilt, das Individuum zu ermutigen, aktiv an der realen Gesellschaft und deren Entwicklung teilzuhaben und die dafür erforderlichen Kompetenzen zu entwickeln und zu erweitern. Da digitale Kommunikation im 21. Jahrhundert zwangsläufig ein Teil moderner Gesellschaft geworden ist, kann sich die Pädagogik nicht vor ihr verschließen, sondern muss familiale oder schulische Maßnahmen entwickeln.

Grundkurs Erziehungswissenschaft – Abiturprüfung NRW 2018
Aufgabe 2

Aufgabenstellung Punkte

1. Formulieren Sie die Hauptaussage des Textes, stellen Sie die Textaussagen zu den Phasen Kindheit und Jugend strukturiert dar. Berücksichtigen Sie dabei auch die Rolle des Erziehers. 20
2. Erläutern Sie die von Ihnen in Aufgabe 1 erarbeiteten Textaussagen mithilfe einer geeigneten Theorie. Begründen Sie Ihre Wahl. 32
3. Setzen Sie sich vor dem Hintergrund Ihrer bisherigen Ausführungen fachlich mit der familialen Erziehung in der Kindheit hinsichtlich der Unterstützung des Aufbaus von Fähigkeiten, die zur Bewältigung der Jugendphase beitragen können, auseinander. Beziehen Sie sich dabei entweder auf Aspekte mehrerer Ansätze oder vertieft auf einen Ansatz. 28

Zugelassenes Hilfsmittel:
- *Wörterbuch zur deutschen Rechtschreibung*
- *Herkunftssprachliches Wörterbuch für Studierende, deren Herkunftssprache nicht Deutsch ist*

Claus Koch: Pubertät: Auf der Suche nach sich selbst

[…] Aus meiner Sicht ist der ganze Hype um die Pubertät nur deswegen möglich, weil die Pubertät bei den Eltern auf eine ihrer größten Schwachstellen trifft, nämlich auf ihre Angst vor *Kontrollverlust,* den diese Zeit hinsichtlich ihrer Kinder unweigerlich mit sich bringt. Denn im Gegensatz zu früher, als die Kinder noch jünger und damit auch ein gutes Stück abhängiger von ihren Eltern waren, werden die Jugendlichen in ihrer Pubertätszeit immer selbstständiger und unabhängiger. Und vor allem: Nun bestehen die „Pubertiere“[1] darauf, beides auch ausleben zu dürfen. Nach und nach gehen sie zu ihren Eltern auf *wohlwollende Distanz,* wie ich es nennen würde, auch deshalb, um sich besser von ihnen abgrenzen und um später eigenständiger leben zu können. Denn genau das ist schließlich der Sinn der ganzen pubertären Verwandlung, demnächst auf eigenen Füßen zu stehen, um das Leben allein und auf sich gestellt in Angriff nehmen zu können.

[…]

Eine solche Lebensphase hatten die Eltern mit ihren Kindern übrigens schon einmal erlebt, nämlich als die noch klein waren und ebenfalls lernen mussten, „Nein“ zu sagen. Psychologen erfanden für diesen ersten Versuch, sich vom Willen der Eltern abzugrenzen und das eigene Ich genauer zu erkunden, das etwas abfällige Wort „Trotzphase“. […] Doch auch dieser Zeitabschnitt der ersten Selbstfindung wird völlig schadlos an Kind und Eltern vorübergehen, und beide werden gestärkt aus ihm hervorgehen, wenn niemand versucht, das Verhalten des Kindes auf Teufel komm raus zum Stillstand zu bringen. Es geht nicht darum, alles zu akzeptieren, was das Kind tut oder nicht tut, sondern darum, ihm sein Verständnis dafür zu zeigen, dass es größer und selbstständiger werden will, statt es, zum Beispiel vor aller Augen, zu entwerten und zu beschämen. Das Kind fordert seine Eltern umgekehrt durch sein Verhalten geradezu heraus, ihm Grenzen zu setzen. Das Kind will den Widerstand der Eltern spüren. Fühlt es sich dabei angenommen und spürt, dass sein Wille, immer selbstständiger zu werden, nicht gebrochen werden soll, dann gelingt ihm ein großer Schritt in Richtung Selbstständigkeit.

Vieles davon erinnert tatsächlich an die Pubertätszeit, in der erstaunlich ähnliche Prozesse in der Beziehung zwischen Kindern und Eltern ablaufen, nur mit dem Unterschied, dass die Kleinen in ihrer „Trotzphase“ von uns Eltern buchstäblich besser „in den Griff“ zu bekommen waren. Mehr oder weniger völlig abhängig von uns hatten sie, wenn es zum Konflikt kam, kaum Mittel, sich zu wehren. Sie saßen schlichtweg am kürzeren Hebel – und mussten sich, wenn es hart auf hart kam, fügen.

In der Pubertät aber ist das anders. Hier treten uns Jugendliche entgegen, die in materieller Hinsicht zwar immer noch von uns abhängig sind, ansonsten ihr Leben aber durchaus unabhängig von uns gestalten können. Ihr Verstand bewegt sich mehr oder weniger auf unserer Höhe, ihre Beobachtungsgabe ist (auch was das Verhalten ihrer Eltern betrifft!) scharf und ausgeprägt. Entsprechend zugespitzt sprechen sie Wahrheiten aus oder setzen sich argumentativ mit uns auseinander. Darüber hinaus verlegen sie ihre Freizeitaktivitäten zunehmend in Gebiete, zu denen Erwachsene und Eltern keinen Zugang mehr haben, was den Eindruck des Kontrollverlusts noch einmal verstärkt.

Gerade die Freizeit bekommt in ihrem Leben auch deshalb ein anderes Gewicht, weil sie sich darin, bevorzugt am Wochenende, endlich frei bewegen können. Zudem sind in dieser Lebensphase weniger die Eltern als die Freundinnen und Freunde angesagt. Sie spielen – manchmal auch als Vorbilder – eine bedeutende Rolle, was vorübergehend ebenfalls zu Spannungen führen kann, wenn es aus den Augen der Eltern „die falschen“ sind.

[…]

Befreit man die Pubertät von ihrem schlechten Image, fällt es einfacher, die Probleme zu benennen, die sich in dieser Lebensphase ergeben können. Denn die intensive Beschäftigung mit dem eigenen Ich, die Wahrnehmung und intensive Beobachtung der Veränderungen am eigenen Körper und die damit einhergehende Entdeckung der eigenen Sexualität führen zunächst zu so etwas wie einer „Leerstelle“ zwischen dem, was war, und dem, was kommt. Und in den Hohlraum, der hier entsteht, nisten sich manchmal gerne Ängste und depressive Verstimmungen ein, die in den meisten Fällen „harmlos“ und vorübergehend sind. Allerdings sollten Eltern sie gut im Blick behalten, denn man weiß, dass 50 Prozent der wirklich schwerwiegenden psychischen Störungen und Krankheiten im Alter ab 14 Jahren beginnen. Auch exzessiver Alkoholgenuss oder der Konsum anderer, aber illegaler Drogen findet in diesen Gefühlen von innerer Leere ihren Ausgangspunkt, daneben kommt es häufig zu einem über ein vertretbares Maß hinaus risikobehafteten Freizeitverhalten.

Und da, wo sich so viel neues Leben auftut, mischen sich in die eigenen Gedanken eben manchmal auch unbestimmte Ängste ein, einmal sterben zu müssen, das Wissen darum, dass dieses Dasein im Hier und Jetzt irgendwann für immer aufhört. Und manche der jungen Leute entdecken in dieser Lebensphase die heilsamen Seiten von Religion und Spiritualität.

Die Entdeckerfreuden von Liebe, Sex und Freiheit, die Selbstfindung und Abgrenzung von den Eltern können also besonders in dieser Lebensphase, wenn alles neu und unbekannt auf einen zukommt, von – zumeist sporadischen – existenziellen Krisen begleitet sein. Existenziell fühlen sie sich deswegen an, weil der Jugendliche sein ganzes Ich betroffen und in Gefahr sieht. Die Frage nach der eigenen Identität stellt sich in dieser „Übergangsphase" ja auch dem Kind, das weiterhin in der Psyche des Pubertierenden existiert und jetzt buchstäblich in Auflösung begriffen ist. Dieses schwindende kindliche Ich setzt entsprechende Ängste frei: Was ist, wenn ich mich in diesem Wandlungsprozess am Ende nicht wiederfinde, so wie ich einmal war? Was ist, wenn ich nicht mehr so beschützt und geliebt werde wie zu der Zeit, als ich noch ein Kind war?

Nicht von ungefähr fangen viele junge Leute in diesem Alter *von sich aus* an, Musik zu machen, zu malen und zu dichten, um ihre Ängste und Unsicherheit darin auszudrücken und eine Antwort auf dieses „Wer bin ich?" zu finden; Krisen dieser Art sind in der Pubertät also normal und sollten nicht als „Krankheit" angesehen und behandelt werden. Oft setzen sie bei den Betroffenen sogar ungewöhnlich kreative Prozesse frei, die ihnen auch als Erwachsene helfen können, Krisen ganz anderer Art zu überwinden. Noch einmal: Nachweislich kommen nahezu alle Jugendlichen gut und unbeschadet durch diese Zeit der Selbstfindung und stehen am Ende mit einem Erfahrungsschatz da, der ihr Leben bereichert.

Claus Koch: Pubertät war erst der Vorwaschgang. Wie junge Menschen erwachsen werden und ihren Platz im Leben finden. Gütersloh: Gütersloher Verlagshaus 2016. Textauszüge aus dem 7. Kapitel: Pubertät: Auf der Suche nach sich selbst, S. 154–166 (Anmerkungen wurden zugunsten einer besseren Lesbarkeit weggelassen.)

Anmerkungen:
Claus Koch (*1950) ist ein deutscher Psychologe, er hatte u. a. einen Lehrauftrag an der Universität Bielefeld, er ist Mitbegründer des Pädagogischen Instituts Berlin.

1 „Pubertiere" ist eine Wortschöpfung des Autors Jan Weiler, er erzählt im gleichnamigen Buch (2014) Geschichten über pubertierende Kinder und ihre Familien.

Bezüge der Aufgabe zu den Vorgaben 2018 – Inhaltliche Schwerpunkte
Inhaltsfeld 3: Entwicklung, Sozialisation und Erziehung

- Interdependenz von Entwicklung, Sozialisation und Erziehung
  - Sozialisation als Rollenlernen (symbolischer Interaktionismus) und Entwicklungsaufgaben des Jugendalters nach K. Hurrelmann
- Erziehung in der Familie
- Pädagogische Praxisbezüge unter dem Aspekt von Entwicklung, Sozialisation und Erziehung in Kindheit, Jugend und Erwachsenenalter

Inhaltsfeld 4: Identität
– Besonderheiten der Identitätsentwicklung in Kindheit, Jugend und Erwachsenenalter sowie deren pädagogische Förderung

Lösungsvorschläge

1. *Die Bearbeitung der ersten Teilaufgabe besteht aus zwei Schritten; die Aufgabenstellung gibt die Struktur der Bearbeitung vor. In einem ersten Schritt sollen Sie zunächst die* ***Hauptaussage*** *des Textes* ***„formulieren"****. Achten Sie darauf, dass Sie an dieser Stelle detaillierter auf die Aussage des Textes eingehen und möglichst eigene Worte benutzen. In einem zweiten Schritt sollen Sie den* ***Inhalt*** *des Textes strukturiert* ***„darstellen"*** *und dabei die Phasen Kindheit und Jugend unterscheiden. Achten Sie darauf, möglichst eigene Formulierungen zu verwenden und Zitate zu vermeiden. In einem dritten Schritt sollen Sie den* ***Gedankengang*** *der Autoren in seinen Grundzügen* ***ausdrücken****. Die Aufgabenstellung gibt vor, die Rolle des Erziehers zu* ***„berücksichtigen"****. Alle drei Operatoren entsprechen dem Anforderungsbereich I.*

   In dem 2016 erschienenen Sachtextauszug „Pubertät: Auf der Suche nach sich selbst" stellt Claus Koch seine Überlegungen zur Lebensphase Pubertät vor und geht dabei auf die Bedeutung des Erziehenden ein. Als Hauptaussage des Textes lässt sich festhalten, dass die Pubertät eine **Lebensphase** sei, die Jugendliche und Eltern vor **Herausforderungen** stelle, da Heranwachsende sich zunehmend von ihren Eltern ablösten, gleichzeitig materiell aber noch von ihnen abhängig seien. Umgekehrt müssten **Eltern** mit ihren **Ängsten vor Kontrollverlust** umgehen, den Ablöseprozess zulassen und adäquat begleiten. Ungeachtet dieser Herausforderungen würden fast alle Jugendliche den **Übergang** ins **Erwachsenenalter meistern**. Der Autor verbindet die Lebensphasen Kindheit und Jugend miteinander unter der Perspektive der Heranwachsenden und ihrer Eltern. Für die Lebensphase Kindheit sei eine **starke Abhängigkeit von den Eltern** kennzeichnend. Das **Ziel** der **Selbstständigkeit** erfordere eine **Abgrenzung** von den Eltern. Koch charakterisiert diesen Lebensabschnitt als Selbstfindungsphase und ordnet den abwertenden Begriff „Trotzphase" (Z. 17 f.) in den Prozess der Abgrenzung ein. Eltern sollten ihre **Rolle als Erziehende** so gestalten, dass sie **Verständnis** für diesen Prozess aufbringen und **Grenzen** aufzeigen, die Kinder auch einfordern würden. Auf diese Weise könnten Kinder schrittweise Selbstständigkeit entwickeln und würden gemeinsam mit ihren Eltern aus der „Trotzphase" gestärkt herausgehen.
   Für die Lebensphase Jugend sei das **Erreichen von Selbstständigkeit** wichtig, jedoch seien die Jugendlichen in **materieller Hinsicht** noch auf ihre Eltern angewiesen. Jugendliche würden in dieser Lebensphase zunehmend **unabhängiger** und nähmen ein distanzierteres Verhältnis zu ihren Eltern ein. Sie gestalteten ihr Leben, insbesondere ihre Freizeit, weitgehend unabhängig von ihren Eltern, könnten ähnlich wie sie argumentieren und interagierten vor allem mit ihren **Freunden**. Dies könne zu Spannungen zwischen Jugendlichen und Eltern führen, die sich mit

zunehmendem **Kontrollverlust** konfrontiert sähen. Koch benennt **Probleme**, die sich aus der Entwicklung des eigenen Ichs, des Körperwachstums und der Sexualität ergeben können. Ängsten, Zweifeln, Drogenkonsum, unangemessenem Risikoverhalten oder Krisen einerseits stünden auf der anderen Seite **Chancen** wie Selbstfindung, Spiritualität oder Kreativität in Musik, Kunst oder Literatur gegenüber. Den Eltern kommt nach Koch die Aufgabe zu, mit ihrer Furcht vor Kontrollverlust umzugehen und ggf. Störungen in der Psyche der Jugendlichen zu erkennen. Eltern sollten die **Selbstfindungszeit** ihrer jugendlichen Kinder so **begleiten**, dass diese sich zu selbstständigen Erwachsenen entwickeln könnten.

2. *Mit dem Operator „**erläutern**" werden Sie aufgefordert, die in Aufgabe 1 dargestellten Textaussagen mit zusätzlichen Informationen nachvollziehbar zu **veranschaulichen**. Sie sollen dafür eine geeignete **Bezugstheorie** anwenden, deren Auswahl Sie zu Beginn der Aufgabenlösung begründen. Die Lösungsqualität dieser Teilaufgabe hängt wesentlich davon ab, inwieweit es Ihnen gelingt, differenzierte Theorieaspekte mit Textbezügen zu verknüpfen. Es wird von Ihnen keine vollständige Theoriewiedergabe erwartet, sondern ein textbezogener, aspektorientierter Theorieeinsatz. Formulieren Sie am Ende der Aufgabe ein **Fazit**, in dem Sie Ihre konkreten Erkenntnisse auf einer abstrakteren Ebene bündeln.*

In dieser Aufgabe wird als Bezugstheorie das Modell der **produktiven Realitätsverarbeitung nach Hurrelmann** herangezogen, denn dieses geht auf die Aufgaben von Jugendlichen und erzieherisch Handelnden, wie etwa Eltern, ein. Damit lassen sich Verknüpfungen mit Textaussagen von Claus Koch hinsichtlich folgender Aspekte vornehmen: Rolle der Eltern, Beziehung zwischen Eltern und Jugendlichen, Entwicklungsziele, Rolle der Gleichaltrigengruppe und mögliche Probleme im Prozess der Adoleszenz.
Koch sieht die **Eltern** als erzieherisch Handelnde in einem **Spannungsfeld** zwischen **Bindung** und **Loslösung**. Er bezeichnet ihre typische Erfahrung, die schwindende Abhängigkeit ihrer inzwischen jugendlichen Kinder von ihnen, als „Angst vor Kontrollverlust" (Z. 3). Der **Verlust von Kontrolle** sei Eltern zwar ansatzweise aus der Kindheit ihrer Kinder als „Trotzphase" (Z. 17 f.) bekannt, jedoch könnten Eltern Jugendliche, etwa in ihrer Freizeit (vgl. Z. 44 f.), deutlich weniger reglementieren, als dies bei Kindern noch möglich war. Während Eltern in der Kindheit Verständnis zeigen und Grenzen setzen sollten (vgl. Z. 22–25), wandele sich ihre Aufgabe, sobald ihre Kinder sich in der Pubertät befänden. Hier seien dann beispielsweise argumentative Auseinandersetzung (vgl. Z. 39 f.) und Sensibilität für Ängste und Unsicherheiten (vgl. Z. 58 ff.) wichtig.
Diese Form der Gestaltung elterlicher Begleitung von Jugendlichen ist anschlussfähig an das Modell der produktiven Realitätsverarbeitung von Klaus Hurrelmann. Er schreibt Jugendlichen eine **aktive, produktive Rolle** in der Bearbeitung von **Entwicklungsaufgaben** zu mit dem Ziel, eine eigene **Identität** zu **entwickeln**. Laut Hurrelmann kommt Eltern als **Sozialisationsinstanz** eine bedeutende Rolle zu. Sie sind als soziale Ressource unterstützend im Prozess des **Ausbalancierens**

von Individuation und Integration tätig und tragen somit zur Bewältigung der Entwicklungsaufgaben bei. **Integration** versteht Hurrelmann als Prozess der Vergesellschaftung, in dem sich ein Individuum geltenden Werten und Normen anpasst. Man spricht dabei auch von der **sozialen Identität** eines Menschen. **Individuation** bedeutet auf der anderen Seite die **personale Identität**, womit der **Aufbau** einer einzigartigen **Persönlichkeitsstruktur** in körperlicher, psychischer und sozialer Dimension gemeint ist. Hurrelmann macht deutlich, dass der Einfluss von Eltern in der Pubertät Grenzen hat, weil sie von der primären Sozialisationsinstanz der Kindheit zur sekundären Sozialisationsinstanz übergehen, da die Gleichaltrigengruppe an die Stelle der primären Sozialisationsinstanz tritt.
Auf die „bedeutende Rolle“ (Z. 47) der Gleichaltrigengruppe weist auch Claus Koch hin. Er schätzt den **Einfluss der Peergroup** hoch ein und thematisiert die **Vorbildfunktion**, die Jugendliche untereinander einnehmen können (vgl. Z. 47). Daraus ergäben sich Konfliktpotenziale in der Beziehung von Jugendlichen zu ihren Eltern, die sich mit ihrer eigenen „Angst vor Kontrollverlust“ (Z. 3) konfrontiert sähen. Diesbezüglich nimmt Hurrelmann eher die Perspektive von Jugendlichen als die von deren Eltern ein: Er macht auf den **hohen Stellenwert der Gleichaltrigengruppe im Sozialisationsprozess** aufmerksam, stellt die prägende Wirkung der Jugendlichen untereinander auf deren Wert-, Konsum und Lebensorientierungen heraus und bewertet es als vorteilhaft, wenn sich zwischen Eltern und Gleichaltrigengruppe kein allzu großes Spannungsfeld aufbaut, sondern sich ihre Wirkungskräfte ergänzen.
Damit ist die Beziehung zwischen Eltern und ihren jugendlichen Kindern angesprochen. Koch beschreibt die Veränderung dieser Beziehung näher: „Nach und nach gehen sie zu ihren Eltern auf wohlwollende Distanz“ (Z. 7 f.). Jugendliche würden, so führt er aus, „in ihrer Pubertätszeit immer selbstständiger und unabhängiger“ (Z. 5 f.). Nach Hurrelmann **verändert** sich der Stellenwert der **Eltern** als **Sozialisationsinstanz**: Eltern sind nach Hurrelmann eher Entwicklungsbegleitende und weniger Erziehende. Da in der Regel die Entwicklungsaufgabe der Qualifikation von Jugendlichen noch nicht abgeschlossen ist, befinden sie sich noch in **materieller Abhängigkeit** von ihren Eltern, während sie auf sozialer, emotionaler und kognitiver Ebene in der Regel einen relativ hohen Grad an **Autonomie** erreicht haben.
In diesem Prozess sind für Eltern und Jugendliche nach Claus Koch spezifische **Entwicklungsziele** leitend: Selbstständigkeit und Unabhängigkeit (vgl. Z. 6, 28), Selbstfindung und Identitätskonstruktion (vgl. Z. 69–75). Diese Entwicklungsziele können Jugendliche nach Hurrelmann über die **Bearbeitung von Entwicklungsaufgaben** erreichen, dazu zählen: **Qualifizieren**, **Binden**, **Konsumieren**, **Partizipieren**. Die erfolgreiche Bearbeitung dieser Entwicklungsaufgaben ist erkennbar an der Arbeit am eigenen Ich, insbesondere am Erwerb berufsrelevanter Qualifikationen, an der Entwicklung sozialer Bindungen, dem verantwortlichen Umgang mit Konsumgütern und den Voraussetzungen und der Bereitschaft, die eigene Lebenswelt verantwortlich mitzugestalten vor dem Hintergrund gesellschaftlicher Spannungsfelder wie etwa sozialer Ungleichheit, Armut oder religiöser Vielfalt.

Der Autor macht darauf aufmerksam, dass der **Prozess der Pubertät** in der Regel nicht bruchlos und konfliktfrei verläuft. Es entstehe eine Art „Leerstelle" (Z. 55) zwischen Vergangenheit und Zukunft, die mit Symptomen wie Ängsten, Unsicherheiten, psychischen Schwierigkeiten, Drogenkonsum oder Risikoverhalten in der Freizeit (vgl. Z. 57–63) einhergehen könne. Hurrelmann beschreibt die existenzielle Phase der Veränderung und Weiterentwicklung eines Heranwachsenden mit dem **Spannungsverhältnis** zwischen **innerer** und **äußerer Realität**, zwischen **Individuation** und **Integration**, für dessen produktive Bearbeitung der Jugendliche neben sozialen Ressourcen auf individuelle Bewältigungskompetenzen angewiesen sei. Gelingt keine angemessene Bearbeitung der vier Entwicklungsaufgaben, könne nach Hurrelmann **Entwicklungsdruck** entstehen. Insbesondere Jugendliche aus armen Elternhäusern sehen sich nach Hurrelmann vor Schwierigkeiten gestellt, eine Balance zwischen Anpassung und Selbstentfaltung zu konstruieren.
Insgesamt hat die Erläuterung des Textes mit der Theorie Hurrelmanns mehrere Anknüpfungspunkte ergeben. Kochs Überlegungen zu Entwicklungszielen des Jugendalters, zur Rolle der Gleichaltrigengruppe und zu möglichen Problemen erweisen sich als anschlussfähig an das Modell der produktiven Realitätsverarbeitung. Koch und Hurrelmann betonen **beide** die **aktive, gestaltende Rolle der Heranwachsenden**. Koch geht im **Unterschied** zu Hurrelmann näher auf die **Anforderungen** ein, die sich **Eltern** mit Kindern in der Pubertät stellen.

3. *Der Operator **„sich auseinandersetzen mit"** gibt Ihnen den Hinweis, dass Sie ein abgewogenes pädagogisches **Urteil fällen** und somit in der Lösungsqualität den Anforderungsbereich III erreichen sollen.*
*__Formulieren__ Sie in einem ersten Schritt das **Beurteilungsproblem** auf der Grundlage Ihrer bisherigen Ausführungen. **Entwickeln** Sie **pädagogische Urteilskriterien** für Ihre Auseinandersetzung und arbeiten Sie kritierienorientiert passende **Theorieverknüpfungen** heraus. Durch die Aufgabenstellung wird deutlich, dass Sie entscheiden sollen zwischen dem Einbezug von Aspekten aus mehreren Theorien oder dem vertieften Einbezug einer einzigen Theorie. **Verknüpfen** Sie die entwickelten Kriterien mit den dargelegten Theoriebezügen zu einer in sich konsistenten **Argumentation**, an deren Ende ein abwägendes und gewichtendes eigenständiges **Urteil** zum eingangs formulierten Beurteilungsproblem steht.*

Claus Koch stellt als zentrales **Entwicklungsziel** in der Pubertät die **Selbstständigkeit** heraus (vgl. Z. 11 f., 26 ff.). Jugendliche bearbeiten in der „Übergangsphase" (Z. 74) **Entwicklungsaufgaben** und lösen sich von ihren Eltern. Der Autor macht deutlich, dass der **Loslösungs- und Findungsprozess** in der Pubertät Heranwachsende und ihre Eltern vor Schwierigkeiten stellen kann. Insofern ergibt sich aus pädagogischer Perspektive die Frage, inwiefern **familiale Erziehung** Kinder im **Aufbau von Fähigkeiten** unterstützen kann, die ihnen später in der **Bearbeitung von Entwicklungsaufgaben** der Jugendphase helfen können.
Um diese Problemstellung zu beantworten, werden mehrere Ansätze herangezogen, in denen Aussagen über familiale Erziehung zu finden sind bzw. aus denen

sich Konsequenzen für erzieherisch Handelnde in der Familie formulieren lassen. Es werden derartige **Urteilskriterien** verwendet, die pädagogische Interaktionen in der **Familie betreffen** und anschlussfähig an das von Koch benannte Entwicklungsziel sind.

Erikson konzipierte ein **stufenförmiges Entwicklungsmodell**, das aus **acht Phasen** besteht. Jede Phase ist mit einer Übergangsthematik gekennzeichnet, die spezifische **Aufgaben** und **mögliche Krisen** umfasst. Die Bewältigung dieser Aufgaben und Krisen ist **entwicklungsfördernd**. Nach Erikson verläuft die Entwicklung der Persönlichkeit nach dem **epigenetischen Prinzip** ab, d. h. sie vollzieht sich in einer bestimmten Abfolge von aufeinander aufbauenden Stufen. Eine gute Beziehung zwischen Eltern und ihrem Kind wird nach Erikson im Säuglingsalter grundgelegt. Zwischen Geburt und erstem Lebensjahr soll der Säugling Ur-Vertrauen (und nur in begrenztem Maße Ur-Misstrauen) entwickeln und dadurch mit emotionaler Stabilität in die nächste Stufe des Kleinkindalters übergehen. Erikson nimmt eine **psychosoziale Perspektive** auf Entwicklung ein, d. h. er beschreibt insbesondere typische innere Veränderungen eines Heranwachsenden in Auseinandersetzung mit seiner Umwelt. Dabei fungieren **Krisen** als **Motor der Weiterentwicklung**. In den Altersstufen der frühen und mittleren Kindheit sind nach Erikson u. a. die Entwicklung von Lernfähigkeit und Problemlösevermögen, der Aufbau von Beziehungen zu Gleichaltrigen und die Entwicklung eines Unabhängigkeitsgefühls innerhalb der Familie typische Aufgaben. Damit ergibt sich für **Eltern** eine **wichtige Rolle** in der Vorbereitung ihrer Kinder auf die Bewältigung von Entwicklungsaufgaben der Jugend: Sie sollten ihre Kinder darin unterstützen, dass sie die oben genannten **Entwicklungsaufgaben** der Kindheit **meistern** und die angemessene **Verarbeitung von psychosozialen Krisen begleiten**.

Für eine erste Antwort auf die eingangs formulierte Frage nach dem Beitrag familialer Erziehung heißt das: Betrachtet man als pädagogisches Urteilskriterium die **Förderung von Autonomie** und **Balance aus Individuation und Integration**, dann ist der Beitrag familialer Erziehung für eine gelingende Vorbereitung auf Entwicklungsaufgaben der Pubertät erheblich.

Hurrelmann stellt fest, dass eine negative bzw. gestörte Persönlichkeitsentwicklung möglich ist, wenn Jugendliche nicht über hinreichende **Kompetenzen** bzw. Strategien **zur Bearbeitung von Entwicklungsaufgaben** verfügen. Er konkretisiert solche Kompetenzen als **personale Ressourcen** wie etwa: Kompetenzen in den Bereichen Kommunikation und Rollenhandeln, „eigenaktives Verhalten" oder das Aushalten von Unsicherheit und biografischen Wahlmöglichkeiten. Zudem sind auch **soziale Ressourcen** nötig, die durch die Sozialisationsinstanzen vermittelt werden. Dazu gehören die Familie, die Peergroup und Bildungseinrichtungen. Hurrelmann weist darauf hin, dass für die Entwicklung solcher Kompetenzen ein Nebeneinander von Freiheit und vorgegebenen Strukturen hilfreich sei. Damit ist im familialen Bereich der **demokratisch-partizipative** angesprochen: Kinder werden dementsprechend als gleichwürdige Mitglieder im System Familie **an Entscheidungen beteiligt**. Mit diesem Erziehungsstil ist ein Autoritätsbegriff verbunden, der ein autoritatives Handeln der Eltern impliziert. Kinder sollten nach der Idee des demokratisch-partizipativen Erziehungsstils als Subjekt im Bildungsprozess an ihrer eigenen Persönlichkeitsentwicklung aktiv mitwirken und Spielräume gemeinsam mit ihren Eltern aushandeln (Jesper Juul spricht in dem Kontext von Eltern als „Sparringspartnern".). Dies begünstigt den Aufbau von **Selbstkompetenz** sowie **sozialer Kompetenz** entsprechend des Erziehungsziels zu einem **mündigen Menschen**.

Für eine zweite Antwort auf die eingangs formulierte Frage nach dem Beitrag familialer Erziehung heißt das: Betrachtet man als pädagogisches Urteilskriterium die **Umsetzung demokratisch-partizipativer Erziehung**, dann haben erzieherisch Handelnde in Familien durch ihren Erziehungsstil entscheidende Möglichkeiten, gelingende Voraussetzungen dafür zu schaffen, dass ihre Kinder beginnen, Kompetenzen wie Gesprächsfähigkeit, reflektiertes Rollenhandeln oder Entscheidungsfähigkeit zu entwickeln.

Den Aspekt der **Voraussetzungen für Rollenhandeln** vertieft Lothar **Krappmann** im symbolischen Interaktionismus. Als Grundqualifikationen für Rollenhandeln nennt er „**role taking**", d. h. die Übernahme fremder Erwartungen, **Ambiguitätstoleranz**, d. h. die Fähigkeit, mit widersprüchlichen Erwartungen umzugehen, ferner **Identitätsdarstellung**, d. h. die Fähigkeit, die eigene Einzigartigkeit in Interaktionen darzustellen, und schließlich **Rollendistanz**, d. h. die Fähigkeit, fremde Erwartungen zurückzuweisen oder zumindest in Distanz zu ihnen treten zu können. **Familie** ist in der Regel das System, in dem Kinder ab der Geburt die **Grundqualifikationen für Rollenhandeln** auf unterschiedlichen Komplexitätsniveaus entsprechend ihrem Lebensalter und ihrem Entwicklungsstand **trainieren** können. Erzieherisch Handelnde haben also die Chance, das Rollenhandeln ihrer Kinder bereits in frühem Stadium aktiv zu fördern. Dies ist etwa in Form von Ansprache des Kindes möglich oder dadurch, dass sie Kontakte mit anderen Kindern ermöglichen und fördern. Auch Begegnungen mit anderen Kulturen kann Rollenübernahme von Kindern begünstigen. Mit zunehmendem Alter der Kinder können Eltern Kommunikation und Interaktion über argumentative Auseinandersetzungen mit ihren Kindern fördern.

Für eine dritte Antwort auf die eingangs formulierte Frage nach dem Beitrag familialer Erziehung heißt das: Betrachtet man als pädagogisches Urteilskriterium die **Förderung von Sprache und Rollenhandeln**, dann haben erzieherisch Handelnde in Familien durch die Art und Weise ihrer Interaktion mit Kindern weitreichende Möglichkeiten, reflektiertes Rollenhandeln anzubahnen.

Am Anfang der Teilaufgabe stand die Frage, inwiefern familiale Erziehung Kinder im Aufbau von Fähigkeiten unterstützen kann, die ihnen später in der Bearbeitung von Entwicklungsaufgaben der Jugendphase helfen können. In der Betrachtung der pädagogischen Kriterien „Förderung von Autonomie und Balance aus Individuation und Integration", „Umsetzung demokratisch-partizipativer Erziehung" und „Förderung von Sprache und Rollenhandeln" zeigte sich, dass unter Berücksichtigung von Erikson, Hurrelmann und Krappmann die **familiale Erziehung eine bedeutende Rolle** dabei spielt, Kinder im Hinblick auf spätere **Entwicklungsaufgaben des Jugendalters zu unterstützen**.

Allerdings muss einschränkend darauf hingewiesen werden, dass die positive Beurteilung des familialen erzieherischen Beitrags daran gebunden ist, dass in Familien grundlegende humane und demokratische Erziehungsziele wie Autonomie oder Selbstentfaltung in sozialer Verantwortung gelebt werden. Diese Ziele lassen sich jedoch nicht für alle Familien voraussetzen. Das gilt gleichermaßen auch für **Erziehungsstile und -mittel**. Autoritäre, gewaltgeprägte Erziehung, Kinder als Projektionsflächen für Wünsche ihrer Eltern, verstrickende Bindungen statt bezogener Individuation würden die Möglichkeiten stark einschränken, Fähigkeiten zu fördern, die zur Bewältigung der Jugendphase beitragen. Insgesamt haben erzieherisch Handelnde in Familien also eine große Verantwortung für die gelingende Entwicklung ihrer Kinder.

Grundkurs Erziehungswissenschaft – Abiturprüfung NRW 2018
Aufgabe 3

Aufgabenstellung Punkte

1. Formulieren Sie die Hauptaussage des Textes, stellen Sie den Inhalt dar und skizzieren Sie den Argumentationsaufbau des Textes. 18
2. Setzen Sie die Aussagen der Autorin in Beziehung zu einem Modell der kognitiven Entwicklung sowie zu den anthropologischen Grundannahmen Maria Montessoris. 34
3. Erörtern Sie vor dem Hintergrund Ihrer bisherigen Ausführungen sowie Ihrer Kenntnisse zur Medienerziehung die Position der Autorin. 28

Zugelassenes Hilfsmittel:
- *Wörterbuch zur deutschen Rechtschreibung*
- *Herkunftssprachliches Wörterbuch für Studierende, deren Herkunftssprache nicht Deutsch ist*

Gertraut Teuchert-Noodt: Ohne Smartphone ins digitale Zeitalter!

Verständlich sind Ängste von Eltern, die ihre Kinder chancenlos in der digitalen Welt glauben, wenn sie nicht schon im Kindergarten auf Tablets wischen. Doch kein Bauherr beginnt seinen Hausbau mit dem Dach. Warum glauben so viele Pädagogen, die kindliche Entwicklung könne beschleunigt werden, indem man deren Fundament zerstört?

Wie die gesamte Natur einen evolutionären Bauplan hat, beruht auch die frühkindliche Entwicklung des Gehirns auf einem genauen Plan. Er folgt immer denselben Regeln – ein Ablauf, der sich nicht beschleunigen lässt. Zwar verfügt bereits das Baby über einen „Rohbau" des Gehirns. Aber Türen und Treppen fehlen, und auch die Strom- oder Wasserleitungen sind noch zu verlegen. Das dauert rund 18 Jahre. Verstehen sich Eltern und Lehrer als kluge Bauherren, so untermauern sie die Entwicklung der Kinder mit genau dem Material, das die Evolution dafür vorgesehen hat.

Es sind nicht kognitive Leistungen, sondern körperliche Bewegungen, die erste Bereiche des Klein- und Großhirns reifen lassen. Dabei steuert das Kleinhirn die Motorik und ist verantwortlich für das Erlernen von Bewegungsabläufen, etwa beim Purzelbaum. Wenn motorische Regelkreise reifen, verankern sich zusätzlich kognitive Funktionen. So bewegen sich kleine Kinder beim Spielen in drei Dimensionen, wobei sich die Raumkoordinaten buchstäblich in das reifende Gehirn einprogrammieren. Auf diese Weise lernen Kinder, sich in der realen Welt zu orientieren. Wird diese Bewegung im Raum durch Tablet-Wischen ersetzt, fehlt dem Gehirn das „Material" für den Weiterbau des Denkapparates.

Wissenschaftlich ist unumstritten: Körperliche Aktivitäten beeinflussen die Struktur neuronaler Netze im Gehirn. Dazu müssen kleine Kinder körperlich differenziert aktiv werden. Sie sollten mit ihren Händen Bilder malen oder basteln. Außerdem klettern und purzeln sie herum – genau in der kritischen Phase, in der sich wichtige Bereiche des Gehirns organisieren. Dann fällt es Schulkindern später leicht, die vorgebahnten feinmotorischen Rindenfelder[1] zum Schreiben und Lesen einzusetzen – und im jugendlichen Alter mit digitalen Geräten sinnvoll umzugehen.

Dieser kognitive Mechanismus greift noch viel tiefer: Aus dem kindlichen Greifen erwächst das Be-greifen im Jugendalter. Daniel Ansari hat 2003 herausgefunden, dass sich ein räumliches Verständnis, die Welt zu be-greifen, unmittelbar in mathematische Fähigkeiten umsetzt: Wir lernen zum Beispiel, Zahlen auf einem Zahlenstrahl anzuordnen. Wer kleinen Kindern Bewegungen vorenthält, sorgt für Chaos auf der Gehirn-Baustelle. Bildschirm-Medien schränken automatisch das Bewegungsverhalten ein, weil sie Kinder vom Spielen in Parks oder auf Sportplätzen abhalten.

Wischen und tippen sie vor allem auf Tablets, schadet das auch der Reifung ihrer kognitiven Fähigkeiten. Die flüchtigen Händchen führen keine differenzierten, feinmotorischen Bewegungen aus. Das unterminiert[2] die Vernetzung im Gehirn – und untergräbt langfristig die Entwicklung geistiger Fähigkeiten. Befürworter von Tablets in Kindergärten wenden gerne ein: Es gehe doch beides, reale und virtuelle Welterfahrung. Vielleicht bei Jugendlichen, aber nicht bei kleinen Kindern, deren Lebenszeit zunehmend Bildschirme fressen. Ihnen fehlt so die nötige Zeit für das evolutionär geforderte Spiel in der realen Welt. Bildschirmzeiten ergänzen nicht Erfahrungen in der Natur – sie ersetzen sie in einem wachsenden Umfang. Statt in einer meisterhaften Architektur sollen die Kinder in konturlosen Fertighäusern leben.

Hinzu kommt: Digitale Medien haben für kleine Kinder ein hohes Suchtpotenzial. Ein Reizbombardement aus bunten Animationen geht auf der Gehirnregion ihres Hippocampus nieder. Glücksgefühle entstehen, wenn viele mediale Reize auf das Kind einströmen. So überdreht das Belohnungssystem und kann Suchtverhalten auslösen, weil die Kinder nach immer mehr solcher Erfahrungen verlangen. Bereits heute gelten mehr als 500 000 Menschen in Deutschland als computersüchtig.

Gleichzeitig schadet dieses Reizbombardement der Entwicklung des Stirnhirns, das viele kognitive Teilleistungen steuert. Es entsteht als letztes Funktionssystem, weil es so der erprobte, evolutionäre Bauplan vorsieht. Die Natur arbeitet wie ein kluger Baumeister, der auch zuletzt den Dachstuhl baut.

Was passiert, wenn das Stirnhirn nicht gut arbeitet? Dann werden seine exekutiven[3] Funktionen beeinträchtigt, die das gesamte Gehirn beherrschen. Es kann zu einer Reihe von Störungen kommen, etwa Sucht, Angst oder kognitiven Fehlleistungen. Fatal: Bildschirm-Medien diktieren die zugrunde liegende Beschleunigung und Überreizung.

Die steigende Zahl sprach- und lerngestörter Kinder ist sicher ein Zeichen für dieses Phänomen, weshalb TV und digitale Medien in diesem Alter Gift für gesunde Gehirnentwicklung sind. Der Grundstein für den Bau des Stirnhirns wird bereits im ersten Lebensjahr gelegt, wobei Babys genetisch auf den Umgang mit einer natürlichen Umwelt programmiert sind. Daher sollten wir sie völlig von Bildschirmen fernhalten.

„Eine Kindheit ohne Computer ist der beste Start ins digitale Zeitalter“: Diese These von Gerald Lembke und Ingo Leipner („Die Lüge der digitalen Bildung“) ist überhaupt nicht paradox. Wer den Einfluss digitaler Medien auf Kinder reduziert, fördert ihre Gehirnentwicklung, denn Jugendliche und Erwachsene brauchen später hohe kognitive Fähigkeiten, um digitale Herausforderungen zu bewältigen. Auch die Entwicklungspsychologie zeigt, dass Kinder erst ab etwa 12 bis 14 Jahren langsam in der Lage sind, ihre vollen kognitiven Potenziale zu entfalten.

Davor ist eine gesunde Entwicklung nötig, die durch den Ruf nach einer „frühen Medienkompetenz“ gefährdet ist. Wir brauchen dringend digitalfreie Oasen in Kindergärten und Grundschulen, wie es auch Lembke und Leipner fordern. Erst dann haben die weiterführenden Schulen eine Chance, bei Jugendlichen eine echte Medienkompetenz aufzubauen – auch im Umgang mit digitalen Medien.

Gertraut Teuchert-Noodt: Ohne Smartphone ins digitale Zeitalter! In: Frankfurter Rundschau vom 13. 09. 2016, S. 29

Anmerkungen:
Gertraud Teuchert-Noodt leitete bis 2005 das Institut für Human- und Neurobiologie der Universität Bielefeld.

1 Mit den Begriffen Rindenfelder, Hippocampus und Stirnhirn sind bestimmte Areale des Gehirns gemeint.
2 unterminieren: auflösen
3 exekutiv: vollziehend, durchführend, ausübend

Bezüge der Aufgabe zu den Vorgaben 2018 – Inhaltliche Schwerpunkte

Inhaltsfeld 3: Entwicklung, Sozialisation und Erziehung
- Interdependenz von Entwicklung, Sozialisation und Erziehung
- Erziehung durch Medien und Medienerziehung

Inhaltsfeld 5: Werte, Normen und Ziele in Erziehung und Bildung
- Erziehung in verschiedenen historischen und gesellschaftlichen Kontexten

Lösungsvorschläge

1. *Die Aufgabenstellung dieser Aufgabe (Anforderungsbereich I) enthält* ***drei Forderungen*** *an Ihre Arbeit: Zunächst müssen Sie die* ***Hauptaussage*** *des vorliegenden Textes mit eigenen Worten „****formulieren****". Lesen Sie dazu den Text intensiv, machen Sie sich ggf. Notizen zu den unterschiedlichen Aspekten (z. B. Erkenntnisse aus der Neurobiologie, Warnungen, Appelle etc.). Fassen Sie anschließend Ihre Notizen in zwei bis drei Sätzen zusammen. In einem weiteren Schritt besteht Ihre Aufgabe darin, den* ***Inhalt*** *– wiederum in eigenen Worten – „****darzustellen****". Dies erfordert, dass Sie den Text distanziert betrachten und ihn sinnvoll, in einem logischen Zusammenhang wiedergeben. Eine Zusammenstellung des Textes nach Kriterien ist dabei ratsam. Anschließend sollen Sie den* ***Aufbau der Argumentation beschreiben****, indem sie mit bezeichnenden Verben oder Nomen arbeiten (z. B. argumentieren, behaupten etc.). Voraussetzung für die erfolgreiche Anwendung dieser Begriffe ist, zuvor verstanden zu haben, was die Autorin mit dem Text intendiert. Dabei sollte man sich folgende Fragen stellen: Ist der Text informierend oder appellativ? Welche Adressaten spricht sie an? Wie genau geht die Autorin mit dem Text um, um ihr Vorhaben (z. B. an Personen zu appellieren) zu erreichen? Überprüfen Sie eventuell abschließend nach der Bearbeitung dieser Aufgabe Ihre Formulierung der Hauptaussage nochmals, um ggf. Ihre ersten Überlegungen zu präzisieren.*

Im vorliegenden, 2016 in der Frankfurter Rundschau erschienenen, Text von Gertraud Teuchert-Noodt mit der Überschrift „Ohne Smartphone ins digitale Zeitalter!" geht es darum, dass Kinder für die Entwicklung ihrer kognitiven Fähigkeiten **körperliche Bewegung** brauchen, da diese evolutionsbedingt die **Gehirnentwicklung** initiiere. Der Umgang mit **digitalen Medien** minimiere diese Bewegung und führe damit zu einer **ungesunden Entwicklung**. Die Autorin appelliert damit an Verantwortliche in Kindergärten und Grundschulen, auf digitale Medien zu verzichten.
Die Autorin vergleicht die Entwicklung des kindlichen Gehirns und seiner kognitiven Leistungen mit dem Bild eines Hausbaus. Sie stellt zu Beginn anhand dieses Bildes die These auf, dass Kindern durch den frühzeitigen und zu hohen Konsum digitaler Medien das **Fundament zur Hirnentwicklung** entzogen werde. Sie zeigt anhand wissenschaftlicher Erkenntnisse auf, dass **Bewegung** und körperliche Aktivität von Kindern entscheidenden **Einfluss** auf die **Organisation** von Arealen des **Gehirns**, auf die **Vernetzung neuronaler** Strukturen und deren **Reifung** haben. Bewegung und die Erfahrungen im dreidimensionalen Raum fördern nicht nur die Entwicklung des Gehirns, sondern führen bei späteren Reifeprozessen zur Erweiterung kognitiver Funktionen. Auch **mathematische Fähigkeiten** basierten auf einer Gehirnentwicklung, die **durch Bewegung initiiert** werde. Auch **Lesen und Schreiben** bereiten später keine Schwierigkeiten, wenn im Kindergartenalter durch körperliche Bewegung das Gehirn einen Reifungsprozess durchlaufen habe.

Mit diesen Erkenntnissen aus der Neurobiologie unterstreicht die Autorin die Bedeutsamkeit der Bewegung für das zukünftige Leben eines Menschen, worauf alle weiteren kognitiven Fähigkeiten aufbauen.
Die Autorin stellt fest, dass ein zu ausgiebiger Umgang mit **digitalen Medien** die **Bewegung** und das **Spielen** bei Kindern **einschränke**. Eine Kombination realer und virtueller Elemente schließt sie bei Kindern daher kategorisch aus. Sie geht nämlich davon aus, dass eine häufige Benutzung digitaler Medien den Kindern die Zeit nehme, die sie für Bewegung und Spiel dringend bräuchten. Digitale Medien würden so das **Spielen** im **Freien ersetzen**. Sie warnt daher vor dem Einsatz von Smartphones und Tablets, denn diese führten dazu, dass der **Aufbau kognitiver Fähigkeiten erschwert** oder eingeschränkt werde.
Um ihrem Appell Nachdruck zu verleihen, zeigt die Autorin die negativen Seiten des Umgangs mit digitalen Medien bei Kindern auf; die Gefahr, eine **Sucht** nach digitalen Medien zu entwickeln, sei hoch, da Kinder zunehmend mehr mediale Reize erfahren möchten, die zu Glücksgefühlen führten. Zudem könne das Resultat aus frühzeitiger Nutzung digitaler Medien eine **mangelhafte Entwicklung** des **Gehirns**, daraus folgende Sprach- und Lernstörungen sowie **Störungen** in den **exekutiven Funktionen** sein.
Die Autorin befürwortet, dass erst ab einem Alter von 12 bis 14 Jahren mit digitalen Medien umgegangen werde, denn erst dann seien die kognitiven Strukturen so ausgeprägt, dass die zuvor aufgeführten Gefährdungen sich relativieren. Erst ab diesem Alter sieht die Autorin folglich eine Medienerziehung als erforderlich an.

2. *Der Operator „**in Beziehung setzen**" (Anforderungsbereich II) zeigt Ihnen, dass Sie auf der Grundlage des Textes Zusammenhänge unter vorgegebenen oder selbst gewählten Gesichtspunkten zu einem **Modell der kognitiven Entwicklung** (z. B. Piaget) als auch zu den **Grundannahmen Maria Montessoris** herstellen sollen. Dass hier zwei Bezugstheorien aufgeführt sind, bedeutet, dass Sie die Grundschritte der Bearbeitung einmal für den Bezug zu Piaget und ein weiteres Mal zu Montessori vornehmen müssen. Legen Sie zunächst die Gesichtspunkte fest und benennen Sie diese (z. B. Gehirnentwicklung, Förderung von Gehirnentwicklung etc.). Bei der Arbeit mit zwei Bezugstheorien ist es ausreichend, zwei bis drei wichtige Aspekte auszuwählen. Arbeiten Sie nun wichtige Textaussagen zu Ihren Gesichtspunkten aus dem Text heraus und **vergleichen** Sie diese mit Piagets Erkenntnissen. Verfahren Sie mit den anthropologischen Grundannahmen Montessoris folgendermaßen: Stellen Sie diese vor und geben Sie die Aussagen der Autorin im Vergleich wieder. Die anthropologischen Grundannahmen Montessoris stellen schon einen (vorgegebenen) Gesichtspunkt dar. Schließen Sie Ihre Ausführungen jeweils mit einem zusammenfassenden **Fazit** ab.*

Im Folgenden wird zunächst das Entwicklungsmodell Jean Piagets in seinen relevanten Aspekten dargestellt, um daran die Aussagen der Autorin Teuchert-Nood, welche die **kognitive Entwicklung** betreffen, in Beziehung zu setzen. Die anthropologischen Grundannahmen Montessoris werden im Anschluss daran angeführt

und hinsichtlich des **Bildes vom Kind**, des **erzieherischen Verhaltens** und den daraus resultierenden **Folgen** mit den Aussagen der Autorin in Beziehung gesetzt.
In Bezug auf die **kognitive Entwicklung** des Kindes geht Piaget von einer qualitativen Veränderung, also von einem **Stufenmodell** aus. Er formulierte dazu **vier Entwicklungsstufen**, in denen sich die kognitive Entwicklung vollzieht: die sensomotorische, die präoperationale, die konkret-operationale und die formal-operationale Stufe. In jeder Stufe erwirbt das Kind nicht nur mehr Fähigkeiten, sondern entwickelt auch seine Art des Denkens weiter. Die Stufen bauen aufeinander auf und können nicht übersprungen werden.
In der **sensomotorischen Stufe** (1–2 Jahre) bestimmen Sinneseindrücke und Bewegungsabläufe die kognitive Entwicklung von Kindern. Dementsprechend können durch Übungen und Experimentieren Handlungen verbessert werden.
Die nachfolgenden Stufen sind durch **kognitive Fehlleistungen** von Kindern gekennzeichnet. Auf der **präoperationalen Stufe** (2–7 Jahre) weisen Kinder einen **Egozentrismus** aus, d. h. sie erfassen die Invarianz physikalischer Größen noch nicht. Die Fehler der vorhergehenden Stufe überwinden Kinder auf der **konkret-operationalen Stufe** (7–12 Jahre), sind jedoch noch an realen Gegebenheiten orientiert. Erst auf der **formal-operationalen Stufe** ist ein abstrakteres Denken möglich.
Piaget beschreibt die kognitive Entwicklung, das Lernen, als Anpassungsprozess mit den Erfahrungen aus der Umwelt (**Adaptation**). Kognitive Strukturen resultieren aus diesen Erfahrungen und Anpassungen. Diese kognitiven Strukturen nennt Piaget kognitive **Schemata**, die nach und nach angepasst und erweitert werden. Die Anpassungsprozesse beschreibt Piaget als Wechselspiel von **Assimilation** und **Akkommodation**. Unter Assimilation versteht er das Einfügen von Handlungen in bereits vorhandene Schemata, Akkommodation bedeutet Erweiterung der Schemata oder deren Änderung. Dieses Wechselspiel führt zu einem Ungleichgewicht, welches das Kind ausgleichen möchte (**Äquilibration**). Dadurch gelangt ein Kind auf die **nächsthöhere Stufe** der kognitiven Entwicklung.
Unter dem Aspekt der **Gehirnentwicklung** geht die Autorin Teuchert-Noodt von einem genau vorgegebenen **evolutionären Bauplan** aus, der in seinem Ablauf festgelegt und nicht zu beschleunigen sei (vgl. Z. 6ff.). Die Autorin nutzt dazu das Bild des Hausbaus, das nach und nach entstehe (Z. 9–12, 54f.). Dabei sieht sie das Gehirn des Babys als „**Rohbau**" (Z. 9) an, das entsprechend des in ihm angelegten Plans reifen müsse (vgl. Z. 14). Reifungsprozesse werden nach Teuchert-Noodt insbesondere durch **körperliche Bewegung** (vgl. Z. 13 f.) initiiert, wodurch der Ausbau des Gehirns erweitert werden könne (vgl. Z. 16f.). Dabei betont die Autorin, dass Bewegung differenziert und vielfältig sein muss (vgl. Z. 23f.). Wie die Autorin Teuchert-Noodt geht auch Piaget von einer **stufenartigen Entwicklung** der **kognitiven Fähigkeiten** auf der Basis der vorhergehenden Stufe aus. Auch er sieht folglich ein „Nacheinander" in der kognitiven Entwicklung. Die Schritte können nicht in ihrer Abfolge vertauscht werden, sondern müssen aufeinander aufbauend erfolgen. Lediglich Piaget konkretisierte jedoch die Stufen der kognitiven Entwicklung inhaltlich.

Die Aussage der Autorin Teuchert-Noodt über die **Bedeutung der Bewegung** für die Entwicklung des Gehirns (vgl. Z. 16 f.) deckt sich weitgehend mit der Vorstellung Piagets über die kognitive Entwicklung. Dies betrifft bei Piaget insbesondere die sensomotorische Phase, in der Bewegungen zu Handlungsschemata werden. **Bewegungen** führen also zur **Bildung kognitiver Strukturen**. Piaget konkretisierte seine Phasen der kognitiven Entwicklung mithilfe von qualitativen Kriterien, z. B. über welche Fähigkeiten Kinder in den einzelnen Phasen verfügen sollten und welche sie noch nicht beherrschen. Teuchert-Noodt klassifiziert die Gehirnentwicklung in zwei große Phasen: eine Phase, die empfindlich gegenüber Bewegungsmangel ist, und eine weitere, welche die Entfaltung der kognitiven Potenziale auch im digitalen Bereich zulässt (vgl. Z. 70 ff.).
Während Piaget aber der Ansicht ist, dass die sensomotorische Entwicklung zwar eine wichtige Basis sei, in den späteren Phasen allerdings nur eine untergeordnete Rolle spiele, betont Teuchert-Noodt, dass **Bewegung** die Entwicklung des Gehirns bis **zum Alter von 12–14 Jahren beeinflusse**. Piaget fokussiert in seinen **weiteren Stufen** Operationen als kognitive Repräsentation, die **keine motorische Perspektive enthalten**. Er geht davon aus, dass Kinder durch ihr Streben nach Äquibrilation mittels Assimilation und Akkommodation ihre kognitiven Schemata weiterentwickeln. Diese beruhen sicherlich auch auf motorischen Erfahrungen, aber sie sind nicht zwingend daran gekoppelt. Die Aussagen Teuchert-Noodts stimmen in diesem Punkt folglich nicht mit denen von Piaget überein.
Den Antrieb der Gehirnentwicklung sieht Piaget in den **Erfahrungen mit der Umwelt**, die kognitive Konflikte und dadurch bedingt ein Ungleichgewicht im Kind auslösen. Ungleichgewichte kommen nach Piaget durch fehlgeschlagene Assimilationsversuche, Widersprüche und Probleme zum Ausdruck. In der Anpassung führt dies schließlich zu einer Weiterentwicklung. Piaget reduziert die kognitiven Konflikte nicht auf motorisch assoziierte Elemente, denn für ihn ist auch dann Weiterentwicklung möglich, wenn diese nicht mit Bewegung verbunden sind. Für Teuchert-Noodt aber ist die **Bewegung** der **Motor** für die **Gehirnentwicklung** in den ersten 12 Jahren, ohne die sich die Vernetzung im Gehirn vermindere (vgl. Z. 36 f.). Alles, was Kinder von Bewegung abhält – im vorliegenden Text sind das digitale Medien –, bewertet sie als schädigend für die kognitive Entwicklung (vgl. Z. 33 ff.). Im Vergleich mit den Aussagen der Autorin Teuchert-Noodt misst Piaget der Bewegung keine vergleichbare Bedeutung für die Gehirnentwicklung im Kindergarten- und Grundschulalter bei: Für sein Modell sind auch bewegungsunabhängige kognitive Konflikte fördernd.
Zusammengefasst kann festgehalten werden, dass Piaget und die Autorin Teuchert-Noodt weitgehend ähnliche Annahmen über die kognitive Entwicklung vertreten, jedoch unterschiedliche Schwerpunkte setzen und andere Begrifflichkeiten verwenden.

Um die Aussagen der Autorin Teuchert-Noodt mit den anthropologischen Grundannahmen Maria Montessoris in Beziehung zu setzen, ist es sinnvoll, zunächst die elementaren Aussagen Montessoris näher zu erläutern. **Maria Montessori** geht in ihren anthropologischen Grundannahmen davon aus, dass jeder Mensch einen

inneren Bauplan in sich trägt, nach dem er sich entwickelt. Dies betrifft auch die **kognitive Entwicklung**. Dieser innere Bauplan führt dazu, dass sich ein Kind **selbstständig** und entsprechend seines Reifestandes weiterentwickelt. Montessori geht daher davon aus, dass das Kind „Baumeister seiner selbst" sei. Für seine Entwicklung verfügt das Kind über besondere Gegebenheiten wie einen **„absorbierenden Geist"**, die **„Polarisation der Aufmerksamkeit"** als auch **„sensible Phasen"**. Durch den „absorbierenden Geist" nimmt das Kind in seinen ersten drei bis vier Lebensjahren absorbierend die Umwelteindrücke auf und speichert dieses Wissen unbewusst. Die Muttersprache z. B. wird nach Maria Montessori über den „absorbierenden Geist" erlernt. Der passive Wortschatz entwickelt sich schon weitaus früher, als er dann aktiv angewendet wird.
Die Entwicklung des Menschen vollzieht sich nach Montessori in **sensiblen Phasen**. Damit sind vorübergehende Zeiträume gemeint, in denen das Kind bestimmte Fähigkeiten besonders gut erlernen kann. Für Kinder in den ersten sechs Lebensjahren sieht Montessori den **Schwerpunkt der sensiblen Phasen** in der **Bewegung**. Bewegung, Sprache und Ordnung greifen nach Montessori ineinander. Montessori geht davon aus, dass **Ordnung** konstituierend für die weitere Entwicklung sei. Ordnung bilden und schaffen prägt die spätere Entwicklung. Für Kinder im Alter zwischen drei und sechs Jahren sieht sie auch eine **Sensibilität für soziales Zusammenleben**. Ihre Annahmen beruhen auf der Vorstellung, dass Menschen **soziale Wesen** seien. Die Aufgabe von Erziehenden in der Montessori-Pädagogik liegt darin, den Kindern Freiräume zu schaffen, sodass sie sich gemäß ihrem inneren Bauplan entwickeln können. Dadurch unterstützen sie die sensiblen Phasen und tragen zur Weiterentwicklung der kognitiven Strukturen bei. Gelingt dies nicht, kann es zu einer **devianten Entwicklung** kommen. In der Montessori-Pädagogik spielt die **„kosmische Erziehung"** eine bedeutsame Rolle: Kinder sollen soziale und ökologische Zusammenhänge begreifen lernen und verstehen, dass alles miteinander verbunden ist.
Es ist auffallend, dass sowohl Montessori als auch Teuchert-Noodt von einem **(inneren) Bauplan** (Z. 6 f.) sprechen, der die Entwicklung steuert. In diesem Punkt besteht demzufolge völlige Übereinstimmung. Ihr **Bild vom Kind** zeichnet sich dadurch aus, dass beide davon ausgehen, dass das Kind nicht „fertig" auf die Welt kommt, sondern sich **aktiv mit seiner Umwelt auseinandersetzend** selbst aufbaut. Während Montessori diesen Plan auf alle Entwicklungsbereiche bezieht, also auch auf motorische, geistige und moralische, verweist Teuchert-Noodt in diesem Zusammenhang lediglich auf die kognitive Entwicklung. Wie Montessori nutzt auch Teuchert-Noodt den Begriff „Baumeister" (Z. 55), wobei bei Teuchert-Noodt damit die Anlagen gemeint sind. Montessori hingegen sieht den „Baumeister" im Kind selbst. Teuchert-Noodt kann auf neurobiologische Strukturen und neuere wissenschaftliche Erkenntnisse verweisen, um ihren inneren Bauplan und das Bild des Baumeisters zu erläutern, und dadurch ihre Annahmen untermauern. Montessori konnte sich zu ihrer Zeit allerdings noch nicht auf derartige Erkenntnisse beziehen. Während Montessori von einem **natürlichen Tätigkeitsdrang** ausgeht, der das Kind antreibt, sich aufzubauen, wird bei Teuchert-Noodt dieser Drang nicht

explizit beschrieben. Grundsätzlich aber besteht eine **Übereinstimmung** in diesem Bild des Kindes.
Die **Bewegung** wird sowohl bei Montessori als auch bei Teuchert-Noodt als wichtiges **entwicklungsförderndes Instrument** angesehen. Für Montessori haben Kinder im Kindergarten- und Grundschulalter eine sensible Phase für Bewegung. Auch wenn Teuchert-Noodt den Begriff der „sensiblen Phase“ nicht benutzt, spricht sie eine sensible Periode an, in der Kinder der Bewegung bedürfen (vgl. Z. 24 ff.).
Teuchert-Noodt sieht das Kindergarten- und Grundschulalter als eine Phase an, die auch für **Fehlentwicklungen** empfänglich sei (vgl. Z. 46 ff.). Sie spricht von einem „Reizbombardement“ (Z. 52) und von „sprach-und lerngestörte[n]“ (Z. 61) Kindern, die durch Ängste, Suchtverhalten und **Fehlleistungen auf kognitiver Ebene** hervorstechen (vgl. Z. 58 f.). Dabei stimmt sie mit Maria Montessori im Wesentlichen überein, die der Ansicht war, dass auch eine mangelnde Berücksichtigung der sensiblen Phasen **Deviationen** verursachen, die später nur schwer aufgehoben werden können. Ihr Bild vom Hausbau legt nahe, dass sie eine gesunde Entwicklung nur dann sieht, wenn die nötigen Schritte und Abfolgen eingehalten werden. Eine **Normalisation** durch eine entwicklungsgemäße Umgebung wird nach Teuchert-Noodt kaum möglich sein, wenn die Entwicklung des Gehirns bereits in den Anfängen verändert wird. Während Maria Montessori für die sensiblen Phasen pädagogische Angebote schaffte, mahnt Teuchert-Noodt an, dass digitale Medien in den sensiblen Phasen gemieden werden sollten.
Unter dem Aspekt des **erzieherischen Verhaltens** fordert Maria Montessori von Erziehenden Zurückhaltung und Respekt vor den inneren Bedürfnissen des Kindes. Das Kind soll **vor Umwelteinflüssen geschützt** werden, die es daran hindern, sich dem inneren Bauplan gemäß zu entwickeln. Montessori geht dabei davon aus, dass das Kind sich bei genügend Freiheit entsprechend dem Bauplan entwickelt. Die Autorin Teuchert-Noodt fordert im vorliegenden Textmaterial hinsichtlich des Erzieherverhaltens auch einen **Schutz vor dem schädlichen Einfluss digitaler Medien** (vgl. Z. 68, 74). Das entspricht den Forderungen Maria Montessoris, die Raum für die angelegte Entwicklung forderte, wie auch Teuchert-Noodt das im vorliegenden Text empfiehlt.
Zusammenfassend kann gesagt werden, dass sich die **Aussagen** der Autorin Teuchert-Noodt zur Gehirnentwicklung und dessen Förderung überwiegend mit den anthropologischen Annahmen Maria Montessoris **decken**, auch wenn Maria Montessori über viele Erkenntnisse noch nicht verfügte und daher andere Begrifflichkeiten verwendete.

3. *Der Operator „**erörtern**“ erfordert, dass Sie sich mit einer Fragestellung oder einer Überlegung auf der Grundlage Ihrer vorherigen Ausführungen auseinandersetzen sollen. Zunächst sollen Sie eine **Fragestellung oder Problemstellung** selbst entwerfen. Denken Sie daran, Ihre Frage- bzw. Problemstellung im Hinblick auf Medienerziehung zu formulieren. Eine mögliche Frage wäre, ob wirklich ein*

völliges Verbot digitaler Medien in Kindergarten und/oder Grundschule ausgesprochen werden sollte.
Sie können für die Auswahl Ihrer Problemfrage auch mehrere Aspekte wählen. Aus Ihren Fragestellungen sollten Sie nun eine ***These ableiten****, die Sie im Anschluss daran kriteriengeleitet mit Ihren Kenntnissen zur Medienpädagogik und dem vorliegenden Textmaterial ausarbeiten. Stellen Sie dazu* ***gleiche oder gegenteilige Positionen*** *dar. Damit dies strukturiert gelingt, sollten Sie auch hier kriteriengeleitet arbeiten. Abschließend sollten Sie die Ausarbeitung zu Ihrer These* ***pädagogisch beurteilen****. D. h., dass Sie die Argumente und Positionen hinsichtlich pädagogischer Urteilskriterien (z. B. erwünschte Erziehungsziele wie Mündigkeit, Moralität, Selbstständigkeit etc., Erziehungsmittel oder Bedingungen der Erziehung)* ***bewerten*** *(Werturteil).*

Da digitale Medien heutzutage zum Alltag gehören, ist zunehmend der Ruf nach einer Förderung medialer Kompetenz zu hören. In einigen Schulen und Kindergärten werden digitale Medien bereits mit dem Argument der frühen Förderung für die Nutzung in einer „digitalen Welt“ (Z. 1) eingesetzt. Kinder sollen damit schon früh auf die sog. „digitale Welt“ vorbereitet werden. Viele Pädagogen fragen sich, welche Auswirkungen der Umgang mit digitalen Medien auf die Entwicklung von Kindern hat. Befürchtungen, dass es schädliche Einflüsse gibt, unterstützt der vorliegende Text. Die Aussagen der Autorin Teuchert-Noodt legen nahe, dass digitale Bildung auf Kosten der **Hirnentwicklung** geschieht und diese nicht durch Medienkompetenz ausgeglichen werden kann. Daraus leitet sich die Forderung der Autorin nach „digitalfreien Oasen“ (Z. 74) in Kindergarten und Grundschule ab.
Von der These ausgehend, ob ein Verbot vom Umgang digitaler Medien in den ersten 12 Lebensjahren sinnvoll ist, werden folgende Aspekte herangezogen:

- die aktuelle **Lebenswelt** von Kindern
- **evolutionsbiologische Entwicklungsschritte**
- **Risiken** und **Chancen** digitaler Medien

Die **Lebenswelt** von Kindern und Jugendlichen hat sich in den letzten zwei bis drei Jahrzehnten besonders in Bezug auf digitale Medien deutlich verändert. Die Vermittlung von **Medienkompetenz** wird als Bildungsinhalt und sogar als Schlüsselqualifikation verstanden. Medienkompetenz zielt dabei nicht nur auf den kompetenten Umgang mit Medien ab, sondern insbesondere auf eine Reflexion der Mediennutzung.
In den Bildungsgrundsätzen von Kindertagesstätten findet sich der Hinweis, dass sowohl Medienerlebnisse aufgegriffen und verarbeitet als auch ein Ausgleich zur Mediennutzung geschaffen werden soll. Auch auf die Grundschulen wird seitens der politisch Verantwortlichen die Aufgabe zur Medienerziehung übertragen. In diesem Zusammenhang wird sowohl ein **kompetenter Umgang mit Medien** gefordert als auch zu einer kritischen Haltung hinsichtlich des eigenen Konsums aufgefordert. **Risiken und Chancen digitaler Medien** und deren **Auswirkungen auf die kognitive Entwicklung** sollen dabei reflektiert werden. Betrachtet man die aktuelle Lebenswelt von Kindern, so ist zu beobachten, dass diese mit Tablet und Smartphone aufwachsen. Da ein Großteil der Eltern, Erzieher, Lehrer etc. über ein

entsprechendes Gerät verfügt, ist auch für Kinder und Jugendliche Kommunikation mit dem Smartphone heutzutage Alltag. Auch die politische Forderung nach digitaler Bildung beziehungsweise Medienkompetenz in den Grundschulen zeigt den Einzug dieser Medien in die Lebenswelt der Kinder.
Die Forderung der Autorin Teuchert-Noodt, „Ohne Smartphone ins digitale Zeitalter!" (Titel) für die ersten 12 Lebensjahre, hätte zur Folge, den Kindern ihre Alltagswelt zu entziehen. Ein bereits vollzogener Einzug der digitalen Medien in die Bildungslandschaft kann nicht aufgrund der Aussagen der Autorin rückgängig gemacht werden. Daher kann es nur einen **konstruktiven Umgang mit Medien** geben, ein Fernhalten von digitalen Medien entspricht dabei nicht einem konstruktiven Lösungsweg.
Die Autorin Teuchert-Noodt konnte in ihrem Text darlegen, dass der Mensch evolutionsbiologisch auf Bewegung angewiesen ist. Sie weist allerdings nicht nach, dass digitale Medien einen schlechten Einfluss auf die Gehirnentwicklung hätten. Sie legt lediglich dar, dass **digitale Medien** Kinder **von Bewegung abhielten**. Sie müsste also konsequenterweise nicht nur den Umgang mit digitalen Medien verwerfen, sondern alle Tätigkeiten, die keine Bewegung inkludieren.
Die Nutzung digitaler Medien birgt grundsätzlich **Chancen und Risiken** für das Kinder- und Jugendalter. Die **Chancen** der digitalen Medien bestehen darin, dass es möglich ist, Wissen mit vielfältigen Zugängen zu erwerben. Kinder können über verschiedene Wege zum Lernen angeregt und motiviert werden. Es ergeben sich damit **neue Lernmethoden** und Möglichkeiten, Unterricht innovativ zu gestalten. Weitere Chancen liegen in der mit digitalen Medien verbundenen **Teilhabe an Kultur und Gesellschaft**, die Möglichkeiten, sich **identitätsstiftend auszuprobieren** und auch im Austausch und der Schaffung sowie **Erhaltung sozialer Kontakte**.
Als **Risiko** digitaler Medien kann auf Erlernen von **unerwünschtem Verhalten** wie Hass, Gewalt etc. verwiesen werden. Zudem besteht ein Risiko in der Gefahr, dass Kinder und Jugendliche **Opfer von Datenmissbrauch und Mobbing** werden. Nicht zuletzt stellt auch eine exzessive Nutzung digitaler Medien (**Suchtverhalten**) ein nicht zu unterschätzendes Risiko dar, das auch die Autorin Teuchert-Noodt thematisiert. Es ist offensichtlich erkennbar, dass Teuchert-Noodt bei Kindern bis zu 12 Jahren im Umgang mit digitalen Medien ausschließlich Risiken und keine Chancen sieht.
Versteht man Kinder als aktive Konstrukteure ihrer eigenen Umwelt, deren Entwicklungsaufgabe auch darin besteht, ihre individuelle Umwelt hinsichtlich ihrer Selbstbildungspotenziale zu nutzen und sich darin zu entwickeln, dann kann das Fernhalten von digitalen Medien in den ersten 12 Lebensjahren **kein realer Anspruch** sein. Digitale Medien sind nämlich Teil der Lebenswelt der Kinder. Vielmehr muss das Kind so erzogen werden, dass es in der Lage ist, **kompetent** mit Medien umzugehen. Teil der **Medienkompetenz** sollte sein, dass Risiken im Umgang mit digitalen Medien kompensiert werden und diese als Bildungsinhalte oder Bildungsinstrumente gewinnbringend genutzt werden können. Abgesehen von der Tatsache, dass es beinahe unmöglich ist, Kinder vom Umgang mit digitalen Medien abzuhalten, führt das Vorenthalten digitaler Medien zur **Unmündigkeit** eines

selbstständigen Kindes. Mündigkeit bedeutet in diesem Zusammenhang, dass Kinder lernen, Inhalte und Medien zu bewerten und einen eigenen Standpunkt zu beziehen. Dabei ist es notwendig, dass Kinder frühzeitig imstande sind, eine kritische Haltung einzunehmen. Ein zu spät beginnender Umgang mit digitalen Medien kann die gesunde Skepsis aufgrund des Bedürfnispotenzials aufheben. Statt eines Verbots sollte folglich eine **konstruktive Medienerziehung** stattfinden. Die von Teuchert-Noodt beschriebenen **Auswirkungen des Bewegungsmangels** müssen ernst genommen werden. Kinder sollten fortlaufend zu Bewegung angehalten werden. Kindergärten und Grundschulen sollten für sich überprüfen, ob sie dem Aspekt der Bewegung genügend Raum beimessen. In diesem Zusammenhang wären vielfältige Bewegungsangebote für die motorische Entwicklung und die damit verbundene Hirnentwicklung sinnvoll.

Nach Abwägung der vorangegangenen Argumente lässt sich festhalten, dass die Chancen digitaler Bildung überwiegen. Um die Risiken digitaler Medien zu minimieren, ist es zwingend notwendig, dass Kindern ein kompetenter Umgang mit digitalen Medien beigebracht wird.

Grundkurs Erziehungswissenschaft – Abiturprüfung NRW 2019
Aufgabe 1

Aufgabenstellung

		Punkte
1.	Formulieren Sie die Hauptaussage des Textes, stellen Sie den Inhalt strukturiert dar, indem Sie die Aussagen zur Suggestion sowie zur Erziehung in der Hitler-Jugend herausarbeiten, und skizzieren Sie den Aufbau der Argumentation.	18
2.	Ordnen Sie den Ausführungen des Autors Ihre Kenntnisse zur Erziehung im Nationalsozialismus zu.	32
3.	Beurteilen Sie die Möglichkeit erzieherischen Einwirkens auf Kinder und Jugendliche zur Vorbereitung auf den Umgang mit manipulativen Einflüssen. Berücksichtigen Sie dabei entweder einen psychoanalytischen oder einen psychosozialen Erklärungsansatz.	30

Zugelassenes Hilfsmittel:
- *Wörterbuch zur deutschen Rechtschreibung*

Andreas Ploeger: Erziehung in der Hitler-Jugend Voraussetzungen der Indoktrination[1]

Es gibt einen Slogan: „Wer die Jugend hat, hat die Zukunft". Dieser Satz trifft deswegen zu, weil Kinder und Jugendliche für Suggestionen[2] besonders offen und nachhaltig empfänglich sind. Denn besonders Kinder, aber auch Jugendliche, leben in der Abhängigkeit von Erwachsenen. Es gilt die Regel: „Je mehr ein Mensch in einer wie auch immer gearteten Abhängigkeit steht, umso stärker ist er für Suggestionen offen". Das lässt sich an diversen Situationen beobachten, die nicht nur für die Kindheit und Jugend gelten, sondern auch in den folgenden Beispielen:
- in streng hierarchisch gegliederten Kollektiven wie Sekten, Religionsgemeinschaften, politischen Gruppen mit hoch verbindlicher Ideologie, Ordensgemeinschaften, militärischen und paramilitärischen Organisationen,
- in Situationen der Abhängigkeit von einem Kundigen in einer Situation erschwerter Orientierung, wie etwa die Abhängigkeit der Bergsteiger von ihrem Bergführer,
- in der Situation einer Abhängigkeit in Ratlosigkeit von einem Wissenden und der Situation eines Neulings unter Erfahrenen.

In allen Gruppierungen oder Situationen der Abhängigkeit der einen Menschen von anderen, ist die Suggestibilität[3] der Abhängigen gegenüber den Dominierenden und die Suggestivität[4] der Dominierenden über die Abhängigen erhöht. Im Extremfall kann dies bis zur Hörigkeit gehen.

„Suggestion“ bedeutet wörtlich „Unterschiebung“. Im vorliegenden psychologischen Zusammenhang heißt dies: Meinungen, Ansichten, Vorstellungsinhalte, evtl. auch Wahrnehmungen können vom Suggestor auf den/die Suggerierten unter Umgehung deren eigener kritischer Kontrolle eingeflößt werden. Höchste Formen dieser Suggestion sind die Indoktrination und die Hypnose. Indoktrinationen werden dabei gewöhnlich nicht in ihrer Qualität als Suggestionen, sondern entsprechend ihrem Inhalt als behauptete oder wirkliche Tatsachen oder als abstrakte Werte oder Ziele benannt. Erst die Möglichkeit einer Suggestion macht diese Inhalte zur Indoktrination. Die Beteiligten, von denen die Indoktrination ausgeht, aber auch die Betroffenen erkennen gewöhnlich nicht, dass die Vermittlung der Inhalte auf suggestivem Wege geschieht. Dagegen ist bei einer Hypnose im Rahmen einer Hypnotherapie die Absicht, Suggestionen zu geben bzw. zu empfangen, sowohl dem Therapeuten wie dem Patienten bekannt und ein zwischen beiden planmäßig gestalteter Vorgang.

Im vorliegenden Zusammenhang aber geht es um die Beziehung zwischen Erwachsenen und Kindern sowie Jugendlichen. Hier laufen Suggestionen meist unbemerkt und unreflektiert, dafür jedoch nicht weniger wirksam ab. Es geht vorliegend auch um die Suggestion in menschlichen Kollektiven, insbesondere den Massen, denn solche wurden in der NS-Zeit vielfach geschaffen. Menschen in Massen sind Suggestionen aber besonders zugänglich, wie zahlreiche Beispiele aus Politik und Religion belegen.

In der Hitler-Jugend war Suggestion aus doppeltem Grunde mit besonderem Nachdruck am Werk. Denn die Mitglieder der HJ waren Jugendliche und sie waren zugleich in einem Kollektiv organisiert, welches zahlreiche Massen-Phänomene hervorrief. Auf diese doppelte Effizienz von Suggestionen passt der zitierte Satz „Wer die Jugend hat, hat die Zukunft“ deswegen nachdrücklich, weil in der Kindheit und Jugend suggestiv gesetzte Inhalte – hier die NS-Ideologie – gewöhnlich lebenslang wirksam und nur schwer zu verändern und kaum zu löschen sind. Diese Psychodynamik hat sich das Hitler-Regime mit der Schaffung der Hitler-Jugend massiv und wirksamst zunutze gemacht.

Soweit die formale Psychodynamik der Suggestion. Die Inhalte der Suggestionen in der Hitler-Jugend waren Prinzipien der nationalsozialistischen Ideologie und zwar besonders jene Inhalte, welche die dem jungen Menschen eigene Motivationsstruktur so veränderten, dass sie sich auf die Verwirklichung der vorgegebenen ideologischen Ziele hin ausrichtete. Indem jeder einzelne Jugendliche zunächst zwar freiwillig, seit 1936 dann aber durch ein Gesetz verpflichtend in die HJ einzutreten hatte und andere kirchliche oder sonstige Jugendgruppen „gleichgeschaltet“, d. h. kollektiv und zwangsweise in die Hitler-Jugend zu übernehmen waren, wurden praktisch alle jungen Deutschen von den Nazi-Indoktrinationen erfasst. Anstelle der in der Zeit der Pubertät und des Heranwachsens sich sonst individuell prägenden Wertbindungen und Sinngehalte des Lebens traten Wertsetzungen und Sinngehalte des Nazi-Systems. Der persönlichen Suche nach dem Lebenssinn – eine Frage, die gerade Jugendliche vielfach beschäftigt oder gar belastet – wurde ein kollektiver Lebenssinn entsprechend der nationalsozialistischen Ideologie aufgeprägt. Wie beschrieben gelang dies aufgrund der hohen Suggestibilität im Jugendalter und durch die zahlreichen Massenphänomene im Rahmen der

Hitler-Jugend hervorragend gut und nachhaltig. Die individuell unterschiedlichen geistigen und ethischen Prägungen in der Jugendzeit wurden so unterdrückt und an ihre Stelle traten kollektiv-gleichartige Inhalte.

Andreas Ploeger: „Kanonenfutter". Die Verführung der Hitler-Jugend in den Tod. Zur Psychologie des „Totalen Krieges". Lengerich: Pabst Science Publishers 2001, S. 34–36

Anmerkungen:
Andreas Ploeger (1926–2018) war Universitätsprofessor, Doktor der Medizin und Diplom-Psychologe, Arzt für Neurologie und Psychiatrie und veröffentlichte zahlreiche wissenschaftliche Untersuchungen und Publikationen.

1 Indoktrination: ideologische Durchdringung, Beeinflussung (Wahrig: Deutsches Wörterbuch)
2 Suggestion: seelische Beeinflussung, Willensübertragung (Wahrig: Deutsches Wörterbuch)
3 Suggestibilität: Bereitschaft oder Empfänglichkeit, suggestiv übermittelte Informationen über bestimmte Sachverhalte in die eigenen kognitiven Systeme (Wahrnehmen, Denken, Erinnern usw.) zu integrieren
4 Suggestivität: Fähigkeit, jmdn. zu beeinflussen

Bezüge der Aufgabe zu den Vorgaben 2019 – Inhaltliche Schwerpunkte
Inhaltsfeld 3: Entwicklung, Sozialisation und Erziehung
– Interdependenz von Entwicklung, Sozialisation und Erziehung
– Unterschiedliche Verläufe von Entwicklung und Sozialisation

Inhaltsfeld 5: Werte, Normen und Ziele in Erziehung und Bildung
– Erziehung in verschiedenen historischen und gesellschaftlichen Kontexten

Lösungsvorschläge

1. *Die Aufgabenstellung ist in* ***drei Aufgabenschritte*** *gegliedert. An diese Vorgabe durch die verwendeten Operatoren sollten Sie sich zwingend halten, um den Überblick nicht zu verlieren. Zunächst gilt es, – im Rahmen eines gut strukturierten Einleitungssatzes – die* ***Hauptaussage*** *des Textes zu benennen. Im Anschluss daran sollten die Angaben des Autors zu dem* ***Begriff Suggestion*** *sowie zu der* ***Hitler-Jugend*** *strukturiert wiedergegeben werden. Aus diesen Punkten resultiert letztlich ein* ***Argumentationsstrang*** *des Autors, welchen Sie abschließend verdeutlichen sollen. Versuchen Sie konsequent, auch durch Abschnitte, diese Vorgaben der Aufgabe zu verfolgen. Verwenden Sie bei Ihren Ausführungen die indirekte Rede (Konjunktiv) bzw. machen Sie durch entsprechende Formulierungen – z. B. der Autor behauptet/stellt dar/erläutert – deutlich, dass es sich um Aussagen des Autors handelt. Verzichten Sie in Aufgabe 1 auf wörtliche Zitate aus dem Text.*

   Der vorliegende Textauszug „Erziehung in der Hitler-Jugend. Voraussetzungen der Indoktrination" des Autors Andreas Ploeger, welcher im Jahr 2001 in dessen Werk „‚Kanonenfutter'. Die Verführung der Hitler-Jugend in den Tod. Die Psychologie des ‚Totalen Krieges'" in Lengerich veröffentlicht wurde, betont die **Empfänglichkeit junger Menschen für Suggestion**. Dadurch würden letztlich

individuelle Zielsetzungen durch Ziele einer breiten Masse ersetzt, was ein zentrales Element der nationalsozialistischen Erziehung der Hitler-Jugend gewesen sei. Ploeger definiert **Suggestion** dabei als einen **Transfer von Meinungen** oder Ansichten von einem sogenannten Suggestor auf einen Suggerierten **ohne kritische Prüfung** der Inhalte dieses Transfers. Da **Kinder und Jugendliche** zwangsläufig bereits in einer gewissen **Abhängigkeit** lebten, seien sie dementsprechend empfänglicher für Suggestion. In extremen Ausprägungen könne dies zu einem Hörigkeitsverhältnis führen. Bestimmte Faktoren würden Suggestion begünstigen, beispielsweise **hierarchisch angeordnete Kollektive** und Situationen, in denen der Suggerierte eine gewisse **Orientierungslosigkeit** oder **Unsicherheit** vorfinde. Auch hier zeige sich eine erhöhte Relevanz für Kindheit und Jugendalter. Im Extremfall könne aus Suggestion **Indoktrination** oder Hypnose hervorgehen, wobei letztere im Gegensatz zur Indoktrination eine Kenntnis des Suggerierten voraussetzt. Insbesondere bei Heranwachsenden geschehe Suggestion meist latent und unreflektiert. Ein Beispiel für diesen Mechanismus sieht Ploeger in der Erziehung der Hitler-Jugend des Nationalsozialismus.
Der Autor betont im Zusammenhang mit der Hitler-Jugend, dass diese die Inhalte der Suggestion dabei nationalsozialistisch gestaltete und gezielt auf die **Motivation der Jugendlichen** ausrichtete. Zusätzlich sei die Verpflichtung zur Teilnahme in der Hitler-Jugend ab 1936 essenziell zur Erfassung aller Jugendlichen zur Zeit des Nationalsozialismus gewesen. So seien **Werte und Sinngehalte des Nazi-Systems** an die Stelle von individuell entwickelten Systemen getreten. Aufgrund der erhöhten Suggestibilität im Jugendalter sei auf diese Weise ein enorm nachhaltiges Konstrukt der **Unterdrückung individueller Inhalte** des Jugendalters hin zu **kollektiv-gleichartigen Inhalten** entwickelt worden.
Der Autor baut seinen Text strukturiert auf, indem er zunächst die zentralen Begriffe definiert, um darauf aufbauend die Empfänglichkeit von Jugendlichen für Suggestionen zu verdeutlichen. Verbunden mit dem Zusammenhang von Abhängigkeit und Beeinflussbarkeit wird Indoktrination als stärkste Ausprägung der Suggestion in ihrer Relevanz für das Jugendalter gestärkt und von dem Autor in Bezug mit den Wirkungsweisen der Hitler-Jugend gebracht.

2. *Der Operator „Zuordnen“ erfordert von Ihnen ein gezieltes Vorgehen anhand von* ***Kriterien****. Sie sollen dabei den Text mithilfe Ihres Wissens aus dem Unterricht gezielt analysieren. Zunächst sollten Sie daher diejenigen* ***Elemente*** *des Textes herausstellen, die der* ***„Erziehung des Nationalsozialismus“*** *zugeordnet werden können. Anschließend stellen Sie diejenigen Aspekte der Erziehung des Nationalsozialismus dar, die sich als dienlich für die weitere Analyse erweisen. Achten Sie dabei darauf, nur solche Inhalte zu nennen, die im späteren Verlauf Relevanz haben. Nun* ***ordnen*** *Sie zentrale Aspekte des Textes den Inhalten des Nationalsozialismus* ***zu****, woraufhin Sie selbiges in umgekehrter Richtung vollziehen. Ihre Ausführungen sollten Sie mit entsprechenden Textbeispielen untermauern.*
Abschließend ziehen Sie ein ***Fazit****, in dem Sie sich abstrakt dazu äußern, ob die Texte einander zugeordnet werden können.*

Nach Erläuterung der zentralen Inhaltsaspekte soll der Text nun mithilfe der Kenntnisse des Nationalsozialismus analysiert werden. Dabei sollen, sofern möglich, zentrale Elemente des Textes der Erziehung des Nationalsozialismus zugeordnet werden.
Der vorliegende Text benennt konkrete Ansätze der Erziehung des Nationalsozialismus und setzt diese in Zusammenhang mit Suggestion im Jugendalter. Sicherlich war auch in Zeiten des Nationalsozialismus der Kerngedanke „**Wer die Jugend hat, hat die Zukunft**" (Z. 1) bekannt, denn es wurde ein hohes Maß an Anstrengung unternommen, um die institutionelle Erziehung – entsprechend der Gesinnungen der Zeit – optimal zu strukturieren. Zusätzlich stellt der Autor heraus, dass insbesondere der Ansatz der „Suggestion in menschlichen Kollektiven" (Z. 35) im Nationalsozialismus eine zentrale Rolle spielte. Durch die Vereinigung von jugendlichen Organisationen in Form der Hitler-Jugend ergab sich dabei eine „**doppelte Effizienz**" (Z. 41): Jugendliche sind ohnehin empfänglich für Suggestion, welche letztlich durch diese Kollektive noch verstärkt wurde. Die Inhalte der Suggestion wurden denen des **Nationalsozialismus** angeglichen. So waren die „Inhalte der Suggestionen in der Hitler-Jugend [...] Prinzipien der nationalsozialistischen Ideologie" (Z. 47 f.). Durch die vollzogene **Gleichschaltung aller Jugendorganisationen** konnte sichergestellt werden, dass zum einen alle deutschen Jugendlichen von dieser Form der Indoktrination erfasst wurden (vgl. Z. 51–55). Zum anderen wurden hierdurch letztlich individuelle Entwicklungen des Jugendalters, wie die **Festigung eines Werte- und Normensystems**, flächendeckend durch ein **nationalsozialistisches Wertesystem ersetzt** (vgl. Z. 55 ff.).
Um eine entsprechende erzieherische Zielsetzung zu verfolgen, entwickelte der Nationalsozialismus eine Vielzahl von inhaltlichen und organisatorischen Konzepten. So galten flächendeckend **zentrale Erziehungsgrundsätze**, wie die rassistische Erziehung als **völkische Erziehung**, und eine **Erziehung zum Überlegenheitsgefühl**. Die Rolle des Einzelnen trat dabei in den Hintergrund der Volksgemeinschaft. Organisiert wurde diese Erziehung durch Gleichschaltung von Jugendorganisationen, durch vorgeschriebene Teilnahme in den Nationalsozialistischen Jugendorganisationen der Hitler-Jugend sowie durch den Bund deutscher Mädel. Hierbei wurde auch methodisch auf eine Vielzahl von Möglichkeiten zur **Vermittlung der Erziehungsgrundsätze des Nationalsozialismus** zurückgegriffen. So wurden Lieder komponiert, Abenteuer organisiert oder Aufmärsche bereits in der Jugend durchgeführt, um Ideologien zu vermitteln und einen **Kollektivgedanken** dem Wert des Individuums überzuordnen.
Im Bereich der Suggestion, welche in dem Text hervorgehoben wird, wird deutlich, dass die Erziehung des Nationalsozialismus diese Erziehung organisiert und zielgerichtet verfolgte. Suggestiv wurden beispielsweise **Inhalte in Jugendliedern** verarbeitet und transportiert. Der verstärkende **Aspekt des Kollektivs** wurde somit ebenfalls in Form von **Aufmärschen** einbezogen. Die in der Hitler-Jugend anstehenden **Führungsaufgaben** gaben den Jugendlichen ein zusätzliches Angebot der Identitätsfindung.

Zusätzlich wurde durch **Uniformen** und durch den gelebten Fahnenkult in der Hitler-Jugend bereits frühzeitig die Abgrenzung und die **Stärkung des Überlegenheitsgefühls** gegenüber andersartigem forciert. Die stark hierarchische und militärisch anmutende Verwaltung der Jugendorganisationen bereitete dabei die Jugend gezielt auf ihre Rolle im Kollektiv vor, und unterdrückte systematisch die Entfaltung des Individuums. So wurde in der Erziehung des Nationalsozialismus gezielt die **individuelle Motivationsstruktur** der Jugend durch eine derartige ersetzt, die dem Kollektiv und dem nationalsozialistischen Gedankengut untergeordnet war.
Insgesamt ist erkennbar, dass der Autor mit seinen Ausführungen zu Suggestion und deren Wirkungsweise im Jugendalter klare **Verknüpfungen zu der Erziehung des Nationalsozialismus** aufzeigt. Diese können letztlich noch ausgeweitet werden und sich auch auf andere Bereiche, wie die erzieherischen Grundsätze oder Organisationsformen der Erziehung des Nationalsozialismus, übertragen lassen. Folglich scheint sich durch die Auseinandersetzung mit dem Begriff der Suggestion eine zentrale Wirkungsweise der Erziehung des Nationalsozialismus verdeutlichen zu lassen.

3. *Bei der dritten Teilaufgabe geht es um eine **Beurteilung**. Hierbei ist zu beachten, dass durch die Aufgabenstellung bereits eine gewisse Struktur vorgegeben ist. Sie sollten daher sicherstellen, dass Sie sämtliche Aspekte der Aufgabe (Möglichkeit des Einwirkens, Lebensphase Jugend, psychoanalytischer oder psychosozialer Erklärungsansatz) abdecken. Zusätzlich verlangt der Operator selbst die Benennung von **Beurteilungskriterien** sowie ein an diesen Kriterien orientiertes **Resümee**.*
*In dem folgenden Lösungsvorschlag wird die **psychosoziale Entwicklungstheorie Eriksons** herangezogen. Als zentrales Beurteilungskriterium soll die Bildsamkeit als pädagogische Grundhaltung bzw. **Bildung im Allgemeinen** herangezogen werden. Denken Sie daran, einen überleitenden Einleitungssatz zu formulieren. Grundsätzlich sollten Sie hinsichtlich der **Möglichkeiten zur Einwirkung** möglichst konkret werden. Dementsprechend sollten Sie einen erkennbaren Fokus auf einen Handlungsbereich legen. Hier bietet sich die Schule als Bezugsrahmen an.*

Im letzten Abschnitt dieser Ausarbeitung soll nun ermittelt werden, inwiefern es möglich ist, im Hinblick auf manipulative Einflüsse während der Lebensphase Jugend pädagogisch einzuwirken.
Pädagogische Einflussnahme findet in einer Vielzahl von Kontexten statt. So erfolgt Erziehung im Elternhaus, in der Schule oder auch in anderen Einrichtungen wie Jugendgruppen. Ausgehend von den Erfahrungen des Nationalsozialismus und den vom Autor beschriebenen Empfänglichkeiten von Jugendlichen für manipulative Inhalte wird deutlich, dass eine **Ausbildung kritischer Reflexionsfähigkeit** seitens der Jugendlichen zwingend erforderlich ist. Hier soll insbesondere ein Augenmerk auf die **Schule als zentrales pädagogisches Bildungsorgan** gelegt werden. Wenn es mit Unterstützung der Schule eine Möglichkeit geben soll, manipulativen Tendenzen des Jugendalters zu begegnen, müssen diese Maßnahmen den im Text beschriebenen Mechanismen entgegenwirken. Das Kollektiv darf nicht

mehr die **individuelle Entfaltung von Normen und Werten** unterdrücken, vielmehr muss das Individuum aktiv Anteil an der Gestaltung der umgebenden Gesellschaft nehmen. Ebenfalls muss das Individuum lernen, seine eigenen Vorstellungen auch gegenüber dem „Kollektiv" zu thematisieren, durchzusetzen und zu diskutieren, ohne dabei jedoch den Blick für sein Gegenüber und dessen Wert zu verlieren. So kann ein **Abbau von Überlegenheitsgefühlen** ausgehend von einer Zugehörigkeit zu einer spezifischen Gruppe erfolgen. Dementsprechend eignen sich die drei zentralen Fähigkeiten „**Mitbestimmung, Selbstbestimmung und Solidaritätsfähigkeit**" der Bildungstheorie Klafkis als Kriterien für eine Analyse etwaiger Einwirkungsmöglichkeiten, da bei Ausbildung dieser Fähigkeiten die im Text beschriebenen Mechanismen der Suggestion deutlich gehemmt würden.
Ein Ansatz, der ebenfalls zur Betrachtung der hier aufgeführten Problemstellung herangezogen werden kann, ist die **Entwicklungstheorie Eriksons**. Sein Phasenmodell basiert zunächst auf dem **epigenetischen Prinzip**, das besagt, dass die menschliche Entwicklung einem allgemeingültigen Entwicklungsmuster unterliegt, welches letztlich von dem jeweiligen Individuum entsprechend seiner Entwicklung ausgebaut wird. Erikson unterteilt die gesamte Lebensspanne in acht Phasen, wobei jeder Phase ein **zentraler Konflikt** inne liegt. Es werden hierbei konstruktive sowie problematische Lösungswege für den Konflikt einer jeden Phase beschrieben, wodurch letztlich die Entwicklung und der Erhalt der „**Ich-Identität**" des Individuums bestimmt wird. Da in dem vorliegenden Text eine klare Fokussierung auf die Lebensphase Jugend vorherrscht, soll diese genauer untersucht werden. Die zentrale Krise in dieser Phase lautet „**Identität vs. Identitätsdiffusion**". Laut Erikson wird bei einer konstruktiven Lösung eine gesunde Ich-Identität entwickelt sowie die Mündigkeit des Individuums erlangt. Hierzu bedarf es gerade in dieser Phase einer Möglichkeit, sich an bestimmten identitätsstiftenden Angeboten zu erproben. Dieser Prozess der Abgrenzung und des Ausprobierens wird von Erikson als **Moratorium** beschrieben, welches dem Jugendlichen gewährt werden müsse. Wird dieser Konflikt problematisch oder nicht ausreichend gelöst, kann daraus letztlich eine fortwährende Suche nach Identität oder eine rein angepasste Identität des Individuums resultieren.
Die Schule kann nun an vielen dieser Aspekte ansetzen, muss aber sicherstellen, dass ihrerseits keine suggestiven Methoden Anwendung finden. Eine starre Struktur in Jahrgängen lässt zwar zunächst anmuten, dass es sich bei der Organisation von Schule um eine Annäherung an einen gewissen allgemeingültigen „Bauplan" des Menschen handeln könnte, jedoch ist zu beachten, dass die Stadien Eriksons keineswegs in einjährigen Abständen durchlaufen werden. Schule muss daher in der Lebensphase Jugend **Möglichkeiten** entwickeln, die **individuelle Position** des Jugendlichen in seiner Konfliktsituation zu diagnostizieren und dieser zu begegnen. Ein zu starrer Fokus auf forcierten Regeln, die für Schüler*innen niemals zum Diskurs standen (Noten, Versetzungen, Kurse, Jahrgänge …) ohne eine Möglichkeit, diese auch zu hinterfragen, könnte dabei eher Suggestion einer gewissen angepassten Identität bedeuten. Daher muss Schule diesen Tendenzen durch **Gremien der Mitbestimmung** (SV, Versammlungen, Beratungslehrer, …) entgegenwirken. Solche Maßnahmen würden ebenfalls dazu führen, dass sich das **Individuum als**

aktiver Gestalter einer Gemeinschaft wahrnimmt und nicht als untergeordneter Teil eines Kollektivs. Des Weiteren besteht insbesondere in einer leistungsdominierten und konsumorientierten Gesellschaft die Gefahr, den Blick für die Gemeinschaft zu verlieren. Der Gymnasiast mit gutem Abschluss entwickelt möglicherweise bereits frühzeitig ein Überlegenheitsgefühl gegenüber Schüler*innen anderer Schulformen. Der **Blick auf die Allgemeinheit** muss daher auch in der Lebensphase Jugend von der Schule ermöglicht werden. Projekte der Anteilnahme an sozialen Einrichtungen der Umgebung oder die Einführung inklusiven Unterrichts bieten hier beispielsweise im Sinne von **Identifikationsangeboten** Möglichkeiten, „über den Tellerrand" zu schauen und gesellschaftliche Realitäten wahrzunehmen. Zusätzlich gilt es auch im Bereich der Kompetenzen, jene in den Blick zu nehmen, die es der Schülerin und dem Schüler ermöglichen, manipulative Tendenzen zu erkennen, zu dekonstruieren und sie dem kritischen Diskurs preiszugeben. Eine Schule kann beispielsweise die Genese von Statistiken, die (insbesondere im digitalen Zeitalter) Entstehung medialer Berichterstattung oder die Auseinandersetzung mit manipulativen Tendenzen der Vergangenheit und Gegenwart zu expliziten Inhalten machen, um die **Reflexionskompetenz der Jugendlichen** zu stärken. Insgesamt zeigt sich, dass es beispielsweise in Schulen durchaus Möglichkeiten gibt, Jugendliche auf den Umgang mit manipulativen Einflüssen vorzubereiten und in der **Entwicklung ihrer Identität** insbesondere im Jugendalter zu unterstützen. Gleichermaßen wird jedoch deutlich, dass eine zentrale Bildungsinstitution immer auch Gefahr laufen kann, gerade solche Tendenzen zu bedienen. Eine konsequente Besinnung auf die bildungstheoretische Zielsetzung von Schule und beispielsweise auf die Entwicklung von Kompetenzen in Bereichen der Mitbestimmung, der Selbstbestimmung und der Solidaritätsfähigkeit bietet hierbei die Möglichkeit, das Potenzial einer Bildungsinstitution auszuschöpfen und Suggestion oder gar Indoktrination zu vermeiden.

Grundkurs Erziehungswissenschaft – Abiturprüfung NRW 2019
Aufgabe 2

Aufgabenstellung Punkte

1. Formulieren Sie die Hauptaussage des Autors, stellen Sie den Inhalt des Textes dar und skizzieren Sie den Argumentationsaufbau. 18

2. Setzen Sie die Auffassung des Autors zu Bildungsprozessen aus erster und zweiter Hand in Beziehung zu einem Modell der kognitiven Entwicklung sowie zur Montessoripädagogik. 34

3. Ziehen Sie vor dem Hintergrund ihrer bisherigen Ausführungen pädagogische Konsequenzen zur Unterstützung von Bildungsprozessen in Vorschuleinrichtungen. 28

Zugelassenes Hilfsmittel:
- *Wörterbuch zur deutschen Rechtschreibung*

Gerd E. Schäfer: Bildung[1] aus erster und aus zweiter Hand

Ab dem Zeitpunkt, wo Kinder sprechen können, muss zwischen zwei Bildungsprozessen unterschieden werden, die hier Bildung aus erster und aus zweiter Hand genannt werden.

Bildung aus erster Hand, das meint ein Lernen aus eigenen Erfahrungen heraus, aus dem, was man erlebt, wahrgenommen, geordnet, in Bilder gefasst und schließlich in Sprache übersetzt hat. Diese Form der Bildung entsteht also aus der Klärung der eigenen Erfahrungen. In den ersten drei Lebensjahren bilden sich Kinder nahezu ausschließlich durch eigene Erfahrungen, also durch das, was sie tun und erleben. Das heißt nicht, dass diese Erfahrungsprozesse isoliert vom sozialen Kontext verliefen. Vielmehr bestehen diese Bildungsprozesse aus der individuellen Wahrnehmung und Ausdeutung dessen, was das soziale und kulturelle Umfeld an konkreten Beziehungs- und Sacherfahrungen über zwischenmenschliche Aushandlungsprozesse präsentiert. Erfahrungen aus erster Hand sind diese Bildungsprozesse insofern, als das Kind auf seine eigenen Wahrnehmungen, Erlebnisse, emotionalen Bewertungen als Grundlage dieser Bildungsprozesse angewiesen ist. Sie bilden den Ausgangspunkt seines „Denkens". Bildung aus zweiter Hand, das meint ein Lernen als Übernahme von dem, was einem erzählt wird. Sie wird erst dann möglich, wenn Kinder einigermaßen die Sprache beherrschen. Dann kann man ihnen sagen, was sie wissen und können sollen, ohne dass sie diese Erfahrungen selbst gemacht haben: Jemand erzählt ihnen Erfahrungen, die andere erlebt, gedacht und begriffen haben. Diese Erfahrungen werden zwar als Wissen gespeichert. Aber diesem Wissen entsprechen keine Sinneserfahrungen, Handlungen, Erlebnisse, eigene Fragestellungen oder Denkbemühungen. Sie sind zwar auf der Ebene des Denkens, jedoch nicht auf der Ebene der Sinnes- und Körpererfahrungen im Gehirn repräsentiert. Sie werden erst zu eigenen Erfahrungen, wenn man sie mit bereits vorhandenen Sinnes- und Körpererfahrungen verknüpfen kann. Wenn ein Astronaut erzählt, was er auf dem Mond erlebt hat, dann kann ich das nur in dem Maß überhaupt verstehen und nachvollziehen, als mir Erfahrungen zur Verfügung stehen, mit deren Hilfe ich mir z. B. seine Erfahrungen von Schwerelosigkeit oder des „geringeren" Körpergewichts „vorstellen" kann. Bildung aus zweiter Hand geht scheinbar schneller, weil sie einige Schritte auslassen kann: Man muss nicht selbst wahrnehmen und über seine Wahrnehmungen nachdenken, sondern bekommt die Gedanken bereits logisch geordnet geliefert. Aber es taucht auch ein Problem auf: Man kann Erfahrungen in Sprache fassen, aber man kann Mitgeteiltes nicht umgekehrt unmittelbar in Erfahrung verwandeln. Das bedeutet, Erfahrungen, die einem Kind mitgeteilt wurden, sind dadurch noch lange nicht Erfahrungen des Kindes geworden. Vielleicht weiß damit das Kind etwas. Um derart Mitgeteiltes begreifen, in seiner Bedeutung einschätzen oder gar realistisch überprüfen zu können, muss man reale Erfahrungen haben, vor deren Hintergrund man das Mitgeteilte einordnen kann. Jeder muss dies tun, der z. B. einen Urlaubsprospekt liest: Um den Wirklichkeitsgehalt des Prospektes zu erfassen, muss man einiges an Urlaubs- und touristischen Reiseerfahrungen haben, sonst fällt man auf Wörter und Bilder herein. Nun kann kein Mensch all das, was eine Kultur ausmacht, aus erster Hand erfahren und erlernen. Aber ein reiches sinnlich-körperlich verankertes und durch Nachdenken geklärtes Erfahrungsrepertoire ist eine wichtige Voraussetzung für Bildungsprozesse aus zweiter Hand.

Es geht daher nicht um die Alternative, Bildung aus erster oder aus zweiter Hand, sondern um die Frage: Wie viel Bildung aus erster Hand benötigen Kinder, um das Bildungswissen aus zweiter Hand sinnvoll nutzen zu können?

Ab der Sprachentwicklung ist unser Wissen und Können doppelt verankert: Einmal in Form von Handlungs- und szenisch-bildhaften Mustern, zum anderen in sprachlichen Mustern. Bildung besteht aus solchen Mustern erlebter, in Bildern gefasster und schließlich auch sprachlich gedachter Erfahrungen. Nun ist unser alltägliches Bildungsverständnis aber völlig auf das eingestellt, was man als Bildungsgüter in unserer Kultur kennt und was man daher durch Mitteilung weitergeben kann. Das ist bislang noch die Grundlage des schulischen Bildungsverständnisses. Bereitet man Kinder nur auf die Schule vor, dann übersieht man deshalb den Bereich nicht sprachlich gespeicherter Bildungsprozesse. Damit ignoriert oder unterschätzt man auch die Formen der Bildung, die aus eigenen Erfahrungen vor Ort entstehen. Das hat Auswirkungen auf die Fähigkeit, neu auftretende Probleme zu lösen, für die man noch keine Theorie hat, sondern erst eine finden muss.

Kinder brauchen also für ihren Bildungsprozess nicht nur das, was andere in unserer Kultur sich schon ausgedacht haben, sondern auch die Fähigkeit, einen neuen Blick auf neue oder alte Probleme zu werfen, damit sie lösbar werden. Die Bildung einer differenzierten Wahrnehmungsfähigkeit, ein Geist, der seine Umwelt immer wieder mit neuen Augen sieht, ein Vorstellungsvermögen, das diese Wahrnehmungswelt neu zusammensetzt, Fantasie, die sich neue Szenarien ausdenkt, das gehört genauso zu einem produktiven, problemlösenden Denken, wie ein wacher Verstand, analytisches Denkvermögen und logisch-prüfendes Denken. Dies hervorzulocken und zu fördern stellt sich aber nicht nur den Kindertageseinrichtungen als Aufgabe, sondern auch den Schulen, wie PISA deutlich gemacht hat.

Eine der wichtigsten Thesen der neueren Neurobiologie besagt, dass unsere Hirne die Denkfähigkeiten entwickeln, die in einem bestimmten Umfeld gebraucht werden und diejenigen sich zurückbilden, die keine soziale Resonanz finden. Man muss sich einmal ausdenken, was es bedeutet, dass Kinder als Finder und Erfinder auf die Welt kommen, ihnen dann aber ein Bildungssystem – ab dem dritten Lebensjahr vielleicht oder noch früher – abverlangt, hauptsächlich das zu tun, was die Gesellschaft verbindlich erwartet und dabei die Sinnesfähigkeiten, Vorstellungswelten und erfinderischen Gedanken der Kinder immer weniger zu Wort kommen lässt. Wie können wir von solchen auf Rezeptivität[2] getunten Hirnen verlangen, plötzlich – weil PISA will – wieder neugierig, selbständig, geist- und lustvoll neue Problemnüsse zu knacken.

Gerd E. Schäfer: Was ist frühkindliche Bildung? Kindlicher Anfängergeist in einer Kultur des Lernens. 2. Auflage, Weinheim/München: Beltz Juventa 2014, S. 52–54
(Auf Zwischenüberschriften wurde aus Gründen der besseren Lesbarkeit verzichtet.)

Anmerkungen:
Gerd E. Schäfer, Jg. 1942, ist Professor i. R. für Erziehungswissenschaft, Pädagogik der frühen Kindheit, Familie, Jugend an der Universität zu Köln sowie Professor an der Hochschule der Künste, Bremen.

1 Der Autor bezieht sich auf das lange Zeit vorherrschende Bildungsverständnis, nach dem Bildung nur in der passiven Aufnahme von Bildungsgütern besteht, die eine Gesellschaft zur Verfügung stellt.
2 Rezeptivität: Aufnahmefähigkeit, Empfänglichkeit für Sinneseindrücke

---

Bezüge der Aufgabe zu den Vorgaben 2019 – Inhaltliche Schwerpunkte

Inhaltsfeld 3: Entwicklung, Sozialisation und Erziehung
- Interdependenz von Entwicklung, Sozialisation und Erziehung

Inhaltsfeld 5: Werte, Normen und Ziele in Erziehung und Bildung
- Erziehung in verschiedenen historischen und gesellschaftlichen Kontexten
  - Montessoripädagogik als ein reformpädagogisches Konzept

Lösungsvorschläge

1. *Die erste Aufgabe besteht aus drei Teilen. Die Aufgabenstellung gibt dabei die Struktur der zu erarbeitenden Teilaspekte vor. Zuerst soll der* ***Hauptgedanke*** *des Textes formuliert werden, der über das Textthema hinausgeht. Da dieser nicht ausformuliert im Text steht, muss er eigenständig und in eigenen Worten aus dem Text erschlossen und zusammenfassend dargelegt werden. Für die anschließende* ***Wiedergabe des Inhalts*** *eignet sich ein chronologisches Vorgehen, da der Text bereits vorstrukturiert ist. Es ist hierbei darauf zu achten, dass klar zwischen den Aussagen des Autors und Ihren eigenen Ausführungen zu unterscheiden ist. Dies erfolgt entweder durch die Nutzung der indirekten Rede oder durch Formulierungen wie beispielsweise „der Autor legt dar/stellt fest/nennt". Zitieren Sie bei Aufgabe 1 nicht wörtlich aus dem Text, sondern formulieren Sie Ihre Ausführungen in eigenen Worten. Bei der folgenden* ***Darstellung des Argumentationsganges*** *geht es darum, dass Sie den Gedankengang des Autors kurz darlegen, dabei allerdings auf Wertungen verzichten. Formulieren Sie einen* ***Einleitungs- und Schlusssatz,*** *die Ihre Ausarbeitung einrahmen.*

In dem Auszug aus dem Sachtext „Bildung aus erster und aus zweiter Hand" aus dem Jahr 2014 thematisiert Gerd E. Schäfer zwei Arten von kindlichen Bildungsprozessen. Die **Hauptaussage** des Textes besteht darin, dass Kinder als Bildungsgrundlage zunächst ein breites Spektrum an eigenen Erfahrungen benötigen, also **Bildung aus erster Hand**, um für die **Bildungsprozesse aus zweiter Hand**, also Erzählungen über Erfahrungen, empfänglich zu sein. Somit sind Kinder in der Lage, nicht selbst erfahrene Erlebnisse nachzuempfinden und in ihr Wissen zu integrieren, um **Probleme lösen zu können**.
Schäfer führt zunächst an, dass mit Beginn der Sprachentwicklung **zwei Bildungsprozesse** zu **unterscheiden** seien. Mit **Bildung aus erster Hand** meint Schäfer Lernprozesse aufgrund **eigener Wahrnehmung und eigenen Handelns**. Während der ersten drei Lebensjahre sei dies die vorherrschende kindliche Bildungsform, da Kinder durch aktive Interaktion mit ihrer kulturellen, sozialen und dinglichen Umwelt Erfahrungen sammeln, sie bewerten und dadurch die **Grundlage für Denkprozesse** geschaffen werde. Schäfer stellt fest, dass für die **Bildung aus zweiter Hand** die **Fähigkeit des Sprechens Voraussetzung** sei, da dieser Bildungsprozess nicht mehr auf selbst gemachten Erfahrungen basiere, sondern auf der **Erzählung über Erfahrungen anderer**.
Im weiteren Verlauf des Textes führt Schäfer aus, dass das **übernommene Wissen** durch Erzählungen anderer gespeichert werde und damit bezogen auf die **Wissensvermittlung eine Zeitersparnis** einherginge, da das Wissen bereits vorstrukturiert und geordnet vorliege. Allerdings verweist Schäfer auch darauf, dass die mitgeteilten Erfahrungen dadurch **nicht zu realen Erfahrungen** des Kindes würden.
Folglich brauche das Kind laut Schäfer ein **reichhaltiges Erfahrungsrepertoire**, auf dessen Basis es die **Erfahrungen aus zweiter Hand** nachvollziehen, prüfen und nutzen könne.

Schäfer weist auf die **doppelte Festigung von Wissen und Können** mit Beginn des Spracherwerbs hin: Zum einen werde Wissen und Können auf **szenisch-bildhafte Weise** vermittelt, zum anderen auf **sprachlicher Ebene**. Weiterhin macht Schäfer darauf aufmerksam, dass das **geltende Bildungsverständnis** sich jedoch nahezu auf das **Lernen aus zweiter Hand** beschränke und dies Auswirkungen auf die **kreative Problemlösefähigkeit** der Kinder habe. Demzufolge weist Schäfer deutlich darauf hin, dass bei Kindern **Förderungsbedarf** in Bezug auf ihren **Erfindergeist** und ihrem **Vorstellungs- und Wahrnehmungsvermögen** bestehe, um auch künftig Probleme und Herausforderungen meistern zu können. Schäfer führt in diesem Zusammenhang Erkenntnisse der Neurobiologie an, die belegen, dass es auch zu einer **Rückbildung von Denkstrukturen** kommen, wenn diese nicht auf Resonanz stießen. Daher sollte das Bildungssystem gerade im Elementarbereich Voraussetzungen schaffen, um die **Sinne und Vorstellungskraft** der Kinder auszubilden und anzuregen.
Schäfer entfaltet seine Argumentation in mehreren Schritten: Zunächst leitet er seinen Text mit der **Vorstellung** der beiden **kindlichen Bildungsprozesse** ein. Mit Blick auf die Voraussetzungen des Spracherwerbs erläutert Schäfer anschließend die **Bildung aus erster und aus zweiter Hand**. Weitergehend macht der Autor den bestehenden **Zusammenhang** und das **Zusammenwirken** der beiden **Bildungsprozesse** deutlich und nutzt dafür anschauliche Beispiele. Schließlich übt Schäfer **Kritik** am bestehenden **Bildungssystem**, welches dem erfinderischen Anfängergeist der Kinder kaum Rechnung trägt. Dazu zieht er auch Erkenntnisse der Neurobiologie heran.

Abschließend lässt sich als **Fazit** festhalten, dass Schäfer das Zusammenwirken der Bildungsprozesse aus erster und zweiter Hand als bedeutendes Element für die kindliche Entwicklung hervorhebt. Er entfaltet die Notwendigkeit der beiden Bildungsprozesse, um sich Herausforderungen und Problemen auch in Zukunft adäquat stellen zu können.

2. *In der zweiten Aufgabe wird verlangt, dass Sie die Auffassung des Autors zu den Bildungsprozessen aus erster und zweiter Hand zu einem Modell der kognitiven Entwicklung sowie zum reformpädagogischen Modell Montessoris* ***„in Beziehung setzen"****. Da in der Aufgabenstellung kein Modell der kognitiven Entwicklung vorgegeben wird, müssen Sie hier auf* ***Ihnen aus dem Unterricht bekannte Theorien*** *zurückgreifen. In diesem Lösungsvorschlag wird auf den Ansatz von Jean Piaget zurückgegriffen.*
Dieser Operator erfordert eine komplexere Struktur. Als Orientierungshilfe für die Darstellung sollten zunächst ***Kriterien*** *entwickelt und explizit benannt werden. Achten Sie hierbei auf Aspekte, die alle drei Theoretiker bzw. Theoretikerin verbinden. Damit wird auch die Struktur der Erarbeitung festgelegt, denn die Sichtweise Schäfers wird schrittweise mit den Modellen Piagets und Montessoris bezüglich* ***Übereinstimmungen, Ähnlichkeiten und/oder Abweichungen*** *in Beziehung*

gesetzt. Nach Erarbeitung eines Kriteriums können Sie ein kurzes Zwischenfazit ziehen, um den Schluss inhaltlich zu entlasten.
Ziehen Sie abschließend ein ***zusammenfassendes, beurteilendes Fazit****, das die wesentlichen Aspekte der drei Konzepte nochmals betont.*

Neben Schäfer haben sich auch Jean Piaget und Maria Montessori mit Bildungsprozessen auseinandergesetzt und zu unterschiedlichen diesbezüglichen Schwerpunkten gearbeitet. Piaget hat mit seiner strukturgenetischen Theorie die **kognitive Entwicklung** von Kindern und Jugendlichen beschrieben. Dabei steht die **Interaktion des Kindes mit seiner Umwelt** im Mittelpunkt. Die Reformpädagogin Maria Montessori hat mit ihrer **Pädagogik vom Kind aus** einen ganzheitlichen Ansatz gewählt und damit ein Konzept für die Praxis entwickelt.
Um diese drei Ansichten zu den Bildungsprozessen aus erster und aus zweiter Hand in Beziehung zu setzen, werden folgende **Kriterien** herangezogen: das Lernverständnis, das Entwicklungsverständnis, die Rolle der Umgebung und des Materials, die Rolle des Erziehers.
Schäfer spricht bei seinem **Bildungsverständnis** von zwei Prozessen (vgl. Z. 1 f.) Der erste Bildungsprozess basiert auf dem Erfahrungslernen (vgl. Z. 4). Dies ist die vorherrschende Aneignungsform des Kindes bis zum dritten Lebensjahr (vgl. Z. 7 f.) und bildet die Basis des Denkens (vgl. Z. 15 f.). Der zweite Bildungsprozess setzt Sprache voraus, da Kinder durch Erzählungen von anderen lernen (vgl. Z. 17 ff.). Diese Erfahrungen aus zweiter Hand kann das Kind sich zwar als Wissen einprägen, aber dadurch werden es nicht seine persönlichen Erfahrungen (vgl. Z. 20 ff.). Laut Schäfer setzt der zweite Bildungsprozess den ersten Bildungsprozess voraus. Dies erfordert ein breites Erfahrungsspektrum, um ein effizientes Zusammenwirken zu ermöglichen (vgl. Z. 42 ff.).
Piaget geht wie Schäfer von einem **konstruktivistischen Lernverständnis** aus, demzufolge das Kind sein Wissen aktiv durch Interaktion mit der Umwelt konstruiert. Diesen Prozess bezeichnet Piaget als **Adaptation**. Schäfers Aussage, dass Wissen durch Muster verankert werde (vgl. Z. 49 ff.), ist anschlussfähig an Piagets kognitives Modell: **Denkmuster** werden darin als **kognitive Strukturen und Schemata** bezeichnet. Diese entstehen nach Piaget durch Assimilation und Akkommodation. Von **Assimilation** spricht man, wenn neue Informationen in bereits vorhandene Schemata eingefügt werden und so das zuvor gestörte innere Gleichgewicht des Kindes, das für Lernprozesse nötig ist, wiederhergestellt wird. Bei der **Akkommodation** werden bereits bestehenden Schemata modifiziert und erweitert. Einen derartigen Prozess beschreibt Schäfer, wenn er die Zusammenhänge der beiden Bildungsprozesse thematisiert: Um Erzählungen von anderen (Bildung aus zweiter Hand) begreifen, einschätzen und überprüfen zu können, müssen reale Erfahrungen vorliegen (Bildung aus erster Hand), damit das Mitgeteilte eingegliedert werden kann (vgl. Z. 36 ff.). Die von Schäfer benannte Einordnung beschreibt die Assimilation. Soll jedoch zusätzlich eine Einschätzung und Überprüfung erfolgen, reicht Assimilation nicht aus, sodass akkommodiert werden muss. Schäfer führt weiter an, dass mangelndes Erfahrungslernen sich auf die Fähigkeit niederschlage, neu auftretende Probleme zu bewältigen, wenn man für diese noch

keine Theorie habe (vgl. Z. 57 ff.). Die hier von Schäfer genannten Probleme stellen laut Piaget **kognitive Konflikte oder Ungleichgewichte** dar. Das schrittweise Wiederherstellen des kognitiven Ungleichgewichts nennt Piaget **Äquilibration**. Hierzu nutzen Kinder ihre vorhandenen Schemata und Strukturen (**Assimilation**). Reichen diese Strukturen nicht aus, müssen sie durch **Akkommodation** erweitert werden. Auf diese Weise kann das Problem gelöst und ein **kurzfristiger Gleichgewichtszustand** (**Adaptation**) erreicht werden. Das Streben nach einem Gleichgewicht zwischen bereits vorhandenen Denkstrukturen und neu erworbenem Wissen fungiert als Motor für die **kognitive Entwicklung**. Schäfer geht auch darauf ein, dass Probleme gelöst werden, indem sie aus einem neuen oder anderen Blickwinkel betrachtet werden. Problemlösendes Denken besteht auch darin, dass durch Vorstellungen das Wahrgenommene neu zusammengesetzt wird (vgl. Z. 61 ff.). Damit werden vor allem Assimilations- und Akkommodationsprozesse beschrieben.

Montessori geht wie Schäfer und Piaget ebenfalls davon aus, dass Kinder durch Erfahrungen lernen. Ihrer Ansicht nach hat jedes Kind ein **Bedürfnis nach tätigen Sinneseindrücken** und lernt folglich mit allen Sinnen. So betont auch Schäfer, dass Erfahrungen erst zu solchen werden, wenn sie mit „bereits vorhandenen Sinnes- und Körpererfahrungen" (Z. 25) verknüpft werden. Durch die aktive Auseinandersetzung und dem Erforschen mit allen Sinnen, kommt das Kind nach Montessori **vom Greifen zum Begreifen**. Dies entspricht Schäfers erstem Bildungsprozess (vgl. Z. 4). Laut Montessori nimmt das Kind alle Reize der Umwelt in sich auf und ordnet diese zunächst noch unbewusst, bis es schließlich ab dem dritten Lebensjahr zum bewussten Arbeiter wird. Dass Kinder Wissen auf unbewusste Weise aufnehmen und abspeichern können, bezeichnet Montessori als „**absorbierenden Geist**". Auch Schäfer konstatiert, dass die „Bildung einer differenzierten Wahrnehmungsfähigkeit, ein Geist, der seine Umwelt immer wieder mit neuen Augen sieht" (Z. 62 ff.) nötig für den kindlichen Bildungsprozess sei.

Ein charakteristisches Phänomen der Montessoripädagogik, die **Polarisation der Aufmerksamkeit**, beschreibt die tiefe Versunkenheit des Kindes in eine selbst gewählte Tätigkeit, mit der sich das Kind so lange auseinandersetzt, bis es selbstständig die Arbeit beendet. Diese intensive Betätigung korreliert mit Schäfers Bildungsprozess aus erster Hand: Das Kind lernt dabei, was es „erlebt, wahrgenommen, geordnet, in Bilder gefasst und schließlich in Sprache übersetzt hat" (Z. 5 f.).

Alle drei Theorien gehen von einem konstruktivistischen Lernverständnis aus: Indem sich das Kind mit seiner Umwelt aktiv auseinandersetzt, entwickelt es sich **selbsttätig** weiter und **bildet sich selbst**. Dies stimmt mit dem ersten Bildungsprozess nach Schäfer überein. Sowohl Schäfer als auch Piaget setzen das Bilden von Denkmustern durch Erfahrungen mit der Umwelt voraus. Ebenso betonen beide, dass neue Erkenntnisse mit bereits vorhandenem Wissen verknüpft werden müssen. Außerdem werden bei beiden die Problemlösefähigkeit der Kinder thematisiert, was bei Montessori hingegen nicht explizit Beachtung findet. Schäfer und Montessori heben wiederum das Lernen aus konkreten Erfahrungen stärker hervor als Piaget.

Die kognitive **Entwicklung** im Sinne Piagets vollzieht sich in **vier Stadien**, die aufeinander aufbauen. Im ersten Stadium, dem **sensomotorischen Stadium** von null bis zwei Jahren, erweitert sich der Aktionsradius des Kindes stetig. Während zunächst das **Erfahrungslernen über Saug- und Greifschemata** geschieht, findet zum Ende des ersten Stadiums auch der **Spracherwerb** statt. Unter dieser Voraussetzung kann Lernen aus zweiter Hand in Ansätzen erfolgen (vgl. Z. 17 f.). Mit der Weiterentwicklung des Symbolsystems Sprache im präoperationalen Stadium vom zweiten bis zum siebten Lebensjahr entwickelt sich auch das **anschauliche Denken** und die **Fähigkeit zur geistigen Repräsentation** von Gegenständen und Ereignissen weiter. Das Kind kann nun das Erlebte in Sprache übersetzen (vgl. Z. 6). Schäfer erläutert, dass Wissen und Können nun zweifach gesichert werden können, nämlich in Form von Handlungs- und szenisch bildhaften, sowie sprachlichen Mustern (vgl. Z. 48 ff.). Somit können im präoperationalen Stadium **Bildung aus erster und zweiter Hand zusammenwirken**.
Die biologische Grundlage der Entwicklung nach Montessori ist ein „**innerer Bauplan**", aufgrund dessen sich das Kind selbsttätig als „**Baumeister seiner selbst**" weiterentwickelt. Die Entwicklung vollzieht sich in **sensiblen Phasen**, worunter Lernfenster zu verstehen sind, in denen Kinder für bestimmte Fähigkeiten und Fertigkeiten besonders empfänglich sind. In der ersten sensiblen Phase vom ersten bis zum sechsten Lebensjahr stehen Bewegung, Ordnung, Sozialverhalten und Sprache im Vordergrund.
Während Schäfer auf Ordnung nur im Sinne von vorstrukturierten Gedanken, die Kindern beim Lernen durch Mitgeteiltes übermittelt werden (vgl. Z. 31 f.), eingeht, ist Montessori der Ansicht, dass das Kind ordnend ist, d. h. äußere Ordnung zur inneren Ordnung führt.
Montessori geht von einer Zäsur aus, wenn das Kind ab dem dritten Lebensjahr zum **bewussten Arbeiter** wird. Auch Schäfer stellt heraus, dass Bildung in den ersten drei Lebensjahren nahezu gänzlich durch Erfahrungslernen erfolgt (vgl. Z. 7 f.). Erst danach setzt der zweite Bildungsprozess ein, für den der Spracherwerb notwendig ist (vgl. Z. 17 f.). Die Sprachentwicklung vollzieht sich auch bei Montessori in dieser Sensitivität. Sprache ist folglich ein notwendiges Mittel, um sich weiterentwickeln und bilden zu können. Gleichzeitig markiert sie den Übergang vom ersten zum zweiten Bildungsprozess, was Schäfer viel deutlicher hervorhebt als Piaget und Montessori. Schäfer unterscheidet mit dem Spracherwerb der Kinder zwei Bildungsprozesse (vgl. Z. 1 f.). Diese Akzentuierung nehmen Montessori und Piaget nicht vor: Sprache und Sprachentwicklung werden bei ihnen als Aspekte der Entwicklung des Kindes betrachtet.
Schäfer führt weiter an, dass Bildungsprozesse aus erster Hand „aus der individuellen Wahrnehmung und Ausdeutung dessen, was das soziale und kulturelle Umfeld an konkreten Beziehungs- und Sacherfahrungen über zwischenmenschliche Aushandlungsprozesse präsentiert" (Z. 10 ff.), bestehen. In Bezug auf die dinglich materielle Umwelt konkretisiert Schäfer nicht weiter, wie ein Umfeld, das Lernen aus eigenen Erfahrungen ermöglichen soll, zu gestalten sei. Auch Piaget spricht lediglich von einer für die kognitive Entwicklung notwendigen **anregenden Umwelt**. Montessori hingegen hat ihre Theorie praktisch umgesetzt und sehr

genaue Vorstellungen von einer Umgebung, die Kinder in ihrer Entwicklung und Bildung unterstützen soll, formuliert.
Die **vorbereitete Umgebung** ist deutlich in **Themenbereiche** gegliedert und entspricht somit der ersten Sensitivität. Laut Montessori führt äußere Ordnung zur inneren Ordnung beim Kind. Das **Mobiliar** soll **kindgerecht**, der Raum hell und freundlich gestaltet sein, um eine angenehme Atmosphäre zu schaffen. In einer derartigen Umgebung kann sich das Kind frei bewegen und eigenständig tätig werden. Folglich ermöglicht eine solche Umgebung Bildung aus erster Hand. Entscheidend in der vorbereiteten Umgebung ist jedoch auch das **Montessorimaterial**, welches entsprechend angeordnet ist. Für Montessori sind die Materialien **„der Schlüssel zur Welt“**: Durch Erkunden, Erforschen, Arbeiten mit dem Material eröffnen sich dem Kind neue Gedankenwelten und es kann sich die Welt und Umgebung selbst begreiflich machen und erklären. Diesbezüglich gibt es große Übereinstimmungen zwischen Schäfer und Montessori.
Die von Montessori entworfenen **Entwicklungsmaterialien** entsprechen folgenden fünf Kriterien: Die Materialien sollen **ästhetisch** sein und damit das Kind zur Beschäftigung einladen. Sie sollen zudem zum **aktiven Gebrauch** anregen und vielfältig nutzbar sein. Des Weiteren sollen sie eine **Fehlerkontrolle** zur eigenständigen Überprüfung beinhalten, eine **Eigenschaft isoliert** betrachten und nur in **begrenzter Menge** vorhanden sein. Auch die **Übungen des täglichen Lebens** und die **Sinnesmaterialien** erfüllen diese Kriterien. Mithilfe der Materialien soll die **Selbstständigkeit** und die **Selbsttätigkeit** des Kindes gefördert werden, wodurch ebenfalls **Primärerfahrungen** in verschiedenen Bereichen gesammelt werden können. Dies entspricht dem ersten Bildungsprozess.
Laut Schäfer lassen sich Erfahrungsprozesse nicht vom sozialen Kontext trennen (vgl. Z. 9). Er beschreibt auch, dass sich Denkfähigkeiten zurückbilden, wenn sie „keine soziale Resonanz finden“ (Z. 72). Das macht deutlich, dass es sowohl für den ersten, als auch vor allem für den zweiten Bildungsprozess der **sozialen Interaktion** bedarf. Bezogen auf die Rolle der Erziehenden hat Piaget keine direkten Aussagen getroffen. Montessori hingegen stellt besondere Anforderungen an die Erziehenden. Da es sich um eine **Pädagogik vom Kind aus** handelt, sollen sich die Erziehenden selbst zurücknehmen, feinfühlig auf die **Entwicklungsbedürfnisse** der Kinder eingehen und sie achten. Die neue Lehrkraft ist **Wegbegleitende** bei dem Selbstbildungsprozess der Kinder: Sie **unterstützt** jedes Kind **individuell**, gibt **Hilfe zur Selbsthilfe**, hat **Geduld**, nimmt **keine Fehlerkorrektur** vor, **zwingt nicht**, sondern gibt **Anregung**.
Die Erziehenden sind **aktiv**, wenn sie das Kind mit dem Material in Verbindung bringen, das Material erklären, zeigen etc. Sie sind hingegen **passiv**, wenn das Kind mit dem Material arbeitet, und beobachten währenddessen lediglich. Demzufolge stehen die **Erziehenden als Lernbegleitende** zur Verfügung, wenn die Kinder sie benötigen, sie halten sich jedoch ansonsten zurück. Dieses erzieherische Verhalten ermöglicht den Kindern **Freiräume für selbsttätiges Erkunden**. Des Weiteren erfahren Kinder auch soziale Resonanz durch **kooperatives Lernen in heterogenen Gruppen**, wodurch beide Bildungsprozesse ineinandergreifen können.

Abschließend lässt sich festhalten, dass Schäfers Position deutliche Übereinstimmungen mit den Aussagen Piagets und Montessoris aufweist. Vor allem die **Bedeutung der Selbstständigkeit und Eigenaktivität** des Kindes wird in allen Theorien hervorgehoben. Konsens besteht bei allen Theorien auch darin, dass Umwelteinflüsse Lernprozesse initiieren können. Während Schäfer und Montessori auch soziale Aspekte berücksichtigen, beschränkt sich Piaget vielmehr auf die kognitive Entwicklung. Eine detaillierte Darlegung und Unterscheidung zweier Bildungsprozesse, die zusammenwirken, erfolgt – trotz inhaltlicher Vergleichbarkeit – bei Piaget und Montessori in dieser Form nicht.

3. *In der letzten Aufgabe sollen Sie* ***pädagogische Konsequenzen*** *zur Unterstützung von Bildungsprozessen in Vorschuleinrichtungen ziehen. Dabei sollen Sie Ihre bisherigen Ausführungen, das heißt, den* ***Text und die Referenztheorien Piagets und Montessoris****, berücksichtigen. Vermeiden Sie völlig neue Gedankengänge und/oder Theorien. Es empfiehlt sich, im einleitenden Teil eine Verknüpfung von Theorie und Text herzustellen und aufzuzeigen, warum pädagogische Konsequenzen notwendig sind. Anschließend sind* ***Kriterien für pädagogische Handlungsoptionen*** *aufzustellen und zu benennen, wodurch Sie ebenfalls die Struktur der Aufgabenerarbeitung festlegen. Im Anschluss schließen Sie* ***theoriegeleitet relevante Schlussfolgerungen*** *für die Unterstützung von Bildungsprozessen in Vorschuleinrichtungen. Führen Sie dabei konkrete Maßnahmen aus, auf welche Weise pädagogisch unterstützt werden kann. Schließen Sie Ihre Ausführungen mit einem* ***kritischen, beurteilenden Fazit*** *ab, das wesentliche Aspekte der Erarbeitung betont und in dem deutlich wird, dass es keine allgemeingültigen erzieherischen Maßnahmen geben kann.*

Schäfer kritisiert in seinem Text das heutige Bildungssystem, welches zu sehr darauf fokussiert sei, den Kindern vorwiegend Bildung aus zweiter Hand zu vermitteln (vgl. Z. 51 f.). Er weist außerdem darauf hin, dass von Kindern verlangt werde, dass diese „neugierig, selbständig, geist- und lustvoll neue Problemnüsse […] knacken" (Z. 79) sollen, weil den Forderungen nach den Ergebnissen der ersten PISA-Studie 2001 insofern nachzukommen sei, als dem elementarpädagogischen Bereich im Rahmen der Frühförderung mehr Beachtung geschenkt werden müsse. Um produktives und problemlösendes Denken zu fördern, wie Schäfer fordert (vgl. Z. 66), sollte man beide Bildungsprozesse berücksichtigen. Kinder sollten möglichst viele **Primärerfahrungen** sammeln, weil sie erst dann die **Bildungsprozesse aus zweiter Hand** damit in Verbindung bringen und nutzen können (vgl. Z. 46 f.). Demzufolge ist es notwendig, Orientierungshilfen zur Förderung beider Bildungsprozesse anhand folgender **Kriterien** zu erläutern: Sichtweise der kindlichen Entwicklung, Rolle der Umgebung und der Materialien, Rolle der Erziehenden.

Eine Voraussetzung für erzieherische Prozesse ist die **Sichtweise auf das Kind**, denn diese prägt das Verhalten und den Interaktionsprozess. Nach Schäfer werden

Kinder als Finder*innen und Erfinder*innen geboren (vgl. Z. 73 f.) und sind demzufolge wissbegierig und aktiv. Nach Piaget und Montessori möchte das Kind sich selbst weiterentwickeln und sich selbst bilden. Dazu muss das **Individuum in den Mittelpunkt** gestellt und auf seine Bedürfnisse eingegangen werden.
Nach Montessori folgt das Kind einem **inneren Bauplan** in seiner Entwicklung. Als Baumeister seiner selbst strebt es an, seine Entwicklung selbsttätig voranzubringen. Piagets Annahme einer **stufenweisen kognitiven Entwicklung** stimmt damit überein. Auch diese Erkenntnis ist für Erziehende wichtig, denn sie müssen über die **Entwicklungsprozesse der Kinder informiert** sein, um Bildungsprozesse anregen zu können. Dabei soll es weder zu einer Unter- noch Überforderung kommen. Erziehende sollten sich darüber bewusst sein, dass sich die kognitive Entwicklung nicht beschleunigen lässt, und Kinder eine eigene Logik besitzen. Daher ist es zwar ratsam, zum eigenständigen Problemlösen anzuregen, aber auch fehlerhafte Assimilationsvorgänge zu respektieren.
Nach Montessori lernt ein Kind vom **Greifen zum Begreifen**, d. h. vom Konkreten zum Abstrakten. Der bei Montessori im Fokus stehende Lernprozess mit allen Sinnen entspricht der Erfahrung aus erster Hand. Folglich müssen dem Kind Möglichkeiten zur Erkundung der **materiellen Umwelt** geboten werden. Dazu eignen sich **Freiarbeitsphasen**, in denen das Kind entscheiden kann, womit es sich auseinandersetzen möchte. Die Materialien der Freiarbeit sollen frei zugänglich sein, um dem Kind tatsächlich auch eine Wahl ermöglichen zu können. Zudem ist es wichtig, dass das Kind sich über eine längere Zeit mit den Materialien auseinandersetzen kann, um auch damit experimentieren zu können. Auf diese Weise kann es **selbsttätig** und **aktiv** seine Umwelt erkunden.
Die Umgebung sollte laut Montessori vorbereitet und klar strukturiert sein. Eine **Reizüberflutung** ist folglich zu **vermeiden**, da diese aufgrund des absorbierenden Geistes eine Überforderung nach sich ziehen könnte. Durch den **absorbierenden Geist** der Kinder würden ungefiltert alle Eindrücke aufgenommen und unbewusst gespeichert. Eine Gliederung des Raumes in Themenbereiche und feste, geordnete Plätze für die Materialien erzeugen eine angenehme Atmosphäre, in der sich Kinder wohlfühlen und orientieren können. Außerdem haben Kinder im Vorschulalter nach Montessori entsprechend der sensiblen Phase einen erhöhten **Ordnungsdrang**, der bedient werden sollte. Räume, in denen sich Kinder frei bewegen und ihren Aktionsradius stetig erweitern können, sind mögliche Erfahrungsräume: Sie können zum aktiven Tun anregen, alle Sinne ansprechen, Erfahrungslernen zulassen, wobei **Selbstbildungsprozesse** initiiert werden. Folglich sollte eine vorbereitete Umgebung für Kinder bereitgestellt werden. Um Kinder jedoch auch in ihrer Kreativität, Fantasie und in ihrem Forscher- und Erfindungsdrang unterstützen zu können, wäre eine Erweiterung der Räumlichkeiten um ein Atelier, eine Werkstatt oder ein Forschungslabor sinnvoll, um möglichst vielen unterschiedlichen Bedürfnissen Rechnung zu tragen.
Zur Aufgabe der Erziehenden gehört nach Montessori auch, das Kind aktiv mit dem Material in Verbindung zu bringen und danach in passiver Haltung das Kind

lediglich zu beobachten. Auf pädagogisches Handeln der Erziehenden soll keineswegs komplett verzichtet werden, was der Grundsatz der Montessoripädagogik „**Hilf mir, es selbst zu tun!**“ verdeutlicht.
Aufgrund der Konzeption der Montessorimaterialien als Lernmaterialien kann das Kind durch den Umgang damit sowohl seine **kognitiven Fähigkeiten** fördern und festigen als auch durch Übungen sein Können perfektionieren, wodurch **Assimilations- und Akkommodationsprozesse** erfolgen. Durch Überprüfung mittels Fehlerkontrolle kann das Kind ein kurzfristiges kognitives Gleichgewicht erlangen (Adaptation) oder zum weiteren Üben angeregt werden. Es kann durch selbstgemachte Erfahrungen aus seinen eigenen Fehlern lernen und sich erneut überprüfen. Allerdings können Erziehende auch unterstützend eingreifen, wenn das Kind darum bittet, und somit ihrer Rolle als Lernbegleitende gerecht werden.
Setzt sich ein Kind intensiv und ausdauernd mit einer Tätigkeit auseinander, ist es tief versunken und lässt sich davon nicht ablenken. Montessori bezeichnet dieses Phänomen als **Polarisation der Aufmerksamkeit**. Erziehende können dafür sorgen, dass das Kind währenddessen nicht gestört wird. Das Kind beendet seine Arbeit anschließend selbst und wirkt intelligenter, weil es sich während seiner Beschäftigung selbstständig etwas beigebracht hat. Materialien, die zum eigenständigen Entdecken mit allen Sinnen einladen und bestenfalls eine Fehlerkontrolle beinhalten, sollten in jeder Kindertagesstätte vorhanden sein. Da **Montessorimaterial** aufgrund seiner Fokussierung auf Lernen **kein Spielzeug** ist, sollte dieses lediglich als Ergänzung anderer Spielzeuge eingesetzt werden. Des Weiteren ist das Montessorimaterial eher auf Einzelarbeit ausgerichtet und vorstrukturiert, sodass es wenig Möglichkeiten für alternative Lösungsmöglichkeiten bietet. Folglich finden Kreativität und Fantasie keine Berücksichtigung. Hierfür sollten daher für eine ganzheitliche Förderung des Kindes andere Materialien zur Verfügung stehen.
Da Bildungsprozesse nicht isoliert vom sozialen Kontext betrachtet werden können (vgl. Z. 9), bedarf es sowohl anderer Kinder als auch Erziehender, die dem Kind als **Wegbegleitende** zur Seite stehen. Kinder benötigen eine **sprachreiche Umgebung mit sprachlichen Vorbildern**, da in der ersten Sensitivität eine besondere Empfänglichkeit für Sprache vorherrscht und für Erfahrungen aus zweiter Hand Sprache eine Grundvoraussetzung ist (vgl. Z. 17 f.). In einer Kindertagesstätte können solche Vorbilder einerseits andere Kinder sein, da in heterogenen Gruppen Sprache auch durch beispielsweise gemeinsames Spielen gelernt werden kann, andererseits sollten Erziehende als Sprachmodell fungieren. Durch das **Kommentieren gemeinsam gemachter Erfahrungen aus erster Hand** kann der Wortschatz erweitert werden. Wenn Erziehende Kinder dazu anregen, selbst über ihre gemachten Erfahrungen und Erlebnisse zu erzählen, damit andere daraus Schlüsse ziehen und lernen können, kann dies zur **Förderung beider Bildungsprozesse** beitragen.
Kinder sind **von Natur aus neugierig** und stellen viele Fragen zu Phänomenen, Dingen, Aspekten des Alltags, mit denen sie sich gerade auseinandersetzen. Um Kinder in ihrer Problemlösefähigkeit zu fördern, sollten die **Lösungen der Fragen** nicht mitgeteilt werden, was dem **Lernen aus zweiter Hand entspräche**, sondern

Kinder sollten angeregt werden über Gegenfragen, Experimente etc. **Primärerfahrungen** zu machen. Die Lösungsfindung sollte nach dem Leitspruch der Montessoripädagogik erfolgen: „**Hilf mir, es selbst zu tun!**" Auf diese Art und Weise können auch **Äquilibrationsprozesse, Assimilations- und Akkommodationsprozesse sowie Adaptationsprozesse initiiert** werden. Das Kind darf selbstständig nachdenken, Hypothesen formulieren, in Kooperation mit anderen Kindern und den Erziehenden ausprobieren, gemeinsam lernen und seine „Denkfähigkeiten entwickeln" (Z. 71). Mithilfe seiner Vorstellungskraft und Wahrnehmungsfähigkeit kann es zu Lösungen kommen (vgl. Z. 64 ff.).
Auch wenn es den Anschein erweckt, dass Kinder ihre eigene Entwicklung aktiv selbst gestalten können und sich Schäfer, Montessori und Piaget diesbezüglich einig sind, so sind **Erziehende keinesfalls überflüssig**. Damit sie als Wegbegleitende für Kinder fungieren können, sollten sie das Kind in seiner **Entwicklung achten** und den jeweiligen **Entwicklungsstand berücksichtigen**. Dadurch wird eine Über- oder Unterforderung und ein Verlust der kindlichen intrinsischen Motivation vermieden. Weiterhin sollen Erziehende die **Umgebung** so einladend gestalten, dass sich das Kind selbsttätig weiterbilden kann. Auch soll das Kind zum aktiven Tun angeregt werden. Das stellt Erziehenden jedoch vor Herausforderungen: Sie selbst müssen über Kompetenz verfügen im Hinblick auf die **kindliche Umgebung** und die **Materialien**. Es ist erforderlich, dass Erziehende die **Funktionsweise** der Materialien verstehen und über Wissen verfügen, wie sie dem Kind **Hilfestellungen** geben können.
Die genannten Möglichkeiten für die Unterstützung der beiden Bildungsprozesse sind Orientierungsmaßnahmen, jedoch keine „erzieherischen Rezepte" zur Umsetzung, da jedes Kind individuell und innerhalb seiner Gruppe zu betrachten ist.

Grundkurs Erziehungswissenschaft – Abiturprüfung NRW 2019
Aufgabe 3

Aufgabenstellung Punkte

1. Formulieren Sie die Hauptaussage des Autors und stellen Sie den Inhalt des Textes strukturiert dar, indem Sie die Bedingungsfaktoren des Egozentrismus sowie die Merkmale und Auswirkungen der alten und neuen Pädagogik herausarbeiten. 22
2. Erläutern Sie ausgehend von den in Aufgabe 1 dargestellten Strukturmerkmalen die im Text genannten Besonderheiten der kindlichen Moralentwicklung **entweder** auf der Grundlage eines Modells der kognitiven Entwicklung **oder** auf der Grundlage eines Modells der moralischen Entwicklung. 30
3. Ziehen Sie vor dem Hintergrund der von Piaget dargestellten neuen Pädagogik konkret pädagogische Konsequenzen hinsichtlich der Sozialisation des Kindes im institutionellen Bereich. 28

Zugelassenes Hilfsmittel:
- *Wörterbuch zur deutschen Rechtschreibung*

Jean Piaget: Der Sozialisationsprozeß

Derart[1] bleibt das Kind in allen Bereichen – was in moralischer Hinsicht noch leichter zu zeigen ist als in intellektueller – insoweit egozentrisch, als es den sozialen Realitäten der Außenwelt nicht angepaßt ist. Dieser Egozentrismus bildet einen Aspekt jeder seiner geistigen Strukturen. Wie paßt es sich also dem sozialen Leben an, oder, besser gesagt, welche sind die Sozialisierungsprozesse?

Hier erweist sich die Originalität der neuen Erziehungsmethoden. Die herkömmliche Schule führte jegliche Sozialisierung, ob moralisch oder geistig, auf einen Mechanismus des Zwangs zurück. Die aktive Schule dagegen unterscheidet fast durchwegs peinlich zwischen zwei Prozessen mit ganz verschiedenen Resultaten, die sich nur dann ergänzen, wenn man viel Sorgfalt und Takt aufwendet: dem Zwang vonseiten des Erwachsenen und der Zusammenarbeit der Kinder untereinander.

Der Zwang vonseiten des Erwachsenen zeitigt[2] um so wichtigere Ergebnisse, als er äußerst tief greifenden Tendenzen der kindlichen Mentalität entspricht.

Das Kind empfindet nämlich für den Erwachsenen im allgemeinen und für seine Eltern im besonderen jenes grundlegende, aus Furcht und Verehrung gemischte Gefühl, das man Achtung nennt. [...] Denn in dem Maß, als eine Person vom Kind geachtet wird, werden die Befehle und Ratschläge, die sie erteilt, als obligatorisch empfunden. Die Entstehung des Pflichtgefühls ergibt sich so aus der Achtung und nicht umgekehrt, was die essentielle Bedeutung der Einwirkung des Erwachsenen auf das Kind hinlänglich unterstreicht.

Doch diese Situation, daß am Beginn der Entwicklung der Erwachsene die Quelle jeglicher Moral und jeglicher Wahrheit ist, birgt ihre Gefahren. Zum Beispiel in geistiger Hinsicht: Das Ansehen, das er in den Augen des Kindes genießt, führt dazu, daß es die Aussagen des Lehrers fix und fertig akzeptiert und daß ihm die Autorität das Überlegen erspart. Da die egozentrische Einstellung den Verstand zu unkontrollierten Behauptungen veranlaßt, verstärkt die Achtung vor den Erwachsenen oft die Ichbezogenheit statt sie zu korrigieren; sie ersetzt nämlich den individuellen Glauben einfach durch einen auf die Autorität gestützten Glauben – ohne jedoch zu jenem Überlegen und zu jener kritischen Diskussion zu führen, die die Vernunft bilden und die allein die Zusammenarbeit und die echte Wechselbeziehung entwickeln können. In moralischer Beziehung ist die Gefahr analog; dem Verbalismus der geistigen Unterwerfung entspricht eine Art von moralischem Realismus: „gut" und „schlecht" bedeutet einfach mit den Regeln der Erwachsenen übereinstimmend oder nicht. Diese im wesentlichen heteronome[3] Moral des Gehorsams zieht alle möglichen Schädigungen nach sich; unfähig, das Kind zu jener Autonomie des persönlichen Gewissens anzuleiten, die die Moral des Guten im Gegensatz zu der reinen Pflicht bedeutet, vermag sie nicht, es mit den grundlegenden Werten der modernen Gesellschaft vertraut zu machen.

Daher das Bemühen der neuen Pädagogik, die Unzulänglichkeit der von außen oktroyierten[4] Disziplin durch eine innere, auf dem sozialen Leben der Kinder selbst beruhende Disziplin auszugleichen.

Nicht nur, daß die Kinder in ihrer eigenen Gesellschaft und vor allem bei ihren Gemeinschaftsspielen imstande sind, sich Regeln aufzuerlegen, die sie oft gewissenhafter und überzeugter respektieren als manche von den Erwachsenen gegebenen Ratschläge – sondern es ist auch allgemein bekannt, daß es außerhalb der Schule und mehr oder weniger heimlich oder auch in der Klasse selbst und manchmal in Opposition zum Lehrer ein ganzes System gegenseitiger Hilfe auf der Grundlage einer speziellen Solidarität sowie eines Gerechtigkeitsgefühls sui generis[5] gibt. Die neuen Methoden trachten alle, diese kollektiven Kräfte zu nützen, statt sie zu vernachlässigen oder gar gegen sich zu kehren.

Die Zusammenarbeit der Kinder untereinander hat in dieser Hinsicht eine ebenso große Bedeutung wie das Einwirken von seiten des Erwachsenen. In bezug auf die Intelligenz ist sie am ehesten geeignet, den echten Austausch von Gedanken und Meinungen zu fördern – das heißt so alle Verhaltensweisen, die den kritischen Verstand, die Objektivität und das diskursive[6] Überlegen zu entwickeln vermögen. In bezug auf die Moral hat sie ein tatsächliches Üben der Grundzüge des Benehmens zur Folge, und nicht bloß eine äußerliche Unterordnung. Mit anderen Worten, das soziale Leben, das sich in den Klassen durch eine echte Zusammenarbeit der Schüler und eine autonome Gruppendisziplin äußert, bringt das Ideal einer Aktivität mit sich, die wir im vorhergehenden als für die neue Schule charakteristisch beschrieben haben: Es ist die Moral der Tat, so wie das „aktive" Arbeiten die Intelligenz in Aktion ist. Überdies führt die Zusammenarbeit zu einem Komplex besonderer Werte, beispielsweise zu einer auf der Gleichheit basierenden Gerechtigkeit und zu einer „organischen" Solidarität[7].

Selbstverständlich – einige Extremfälle ausgenommen – trachten die neuen Erziehungsmethoden keineswegs, das soziale Wirken des Lehrers auszuschalten; sie möchten nur die Zusammenarbeit der Kinder mit der Achtung vor den Erwachsenen vereinen. [...]

Jean Piaget: Theorien und Methoden der modernen Erziehung. Frankfurt am Main: Fischer 1987, S. 147 ff. Aus dem Französischen von Wolfgang Teuschl.
(Die Rechtschreibung richtet sich nach der Materialgrundlage.)

Anmerkungen:
Jean Piaget (9. August 1896 bis 16. September 1980) war ein Schweizer Biologe und Pionier der kognitiven Entwicklungspsychologie.

1 *hier:* dementsprechend (Es handelt sich beim vorliegenden Text um einen Auszug aus einem Kapitel mit mehreren Zwischenüberschriften. Der vorangehende Abschnitt beschäftigt sich mit dem kindlichen Egozentrismus.)
2 zeitigen: *hier:* bewirkt, bedingt
3 heteronom: fremdbestimmt
4 oktroyieren: auferlegen
5 sui generis: einzigartig, von besonderer, eigentümlicher Art
6 diskursiv: begründend, hinterfragend; *hier:* Gemeint ist ein begriffliches Denken, im Gegensatz z. B. zu Erkenntnisformen wie Imagination, Inspiration und Intuition, das von einer bestimmten Vorstellung zu einer bestimmten anderen logisch fortschreitet und das ganze Gedankengebilde aus seinen Teilen aufbaut.
7 Der Begriff der „organischen Solidarität" stammt von E. Durkheim und beschreibt, dass durch die intensive Arbeitsteilung in unserer Gesellschaft sich ein Aufeinander-angewiesen-Sein der einzelnen Individuen, die einander nicht ähnlich, aber aufeinander angewiesen sind, ergibt. In Analogie zum menschlichen Organismus haben die einzelnen Teile der Gesellschaft wie menschliche Organe jeweils verschiedene Funktionen, die nur in ihrer Gesamtheit ein Ganzes bilden.

Bezüge der Aufgabe zu den Vorgaben 2019 – Inhaltliche Schwerpunkte

Inhaltsfeld 3: Entwicklung, Sozialisation und Erziehung
- Interdependenz von Entwicklung, Sozialisation und Erziehung
- Pädagogische Praxisbezüge unter dem Aspekt von Entwicklung, Sozialisation und Erziehung in Kindheit, Jugend und Erwachsenenalter

Inhaltsfeld 6: Pädagogische Professionalisierung in verschiedenen Institutionen
- Institutionalisierung von Erziehung
  - Chancen und Grenzen pädagogischer Einwirkungen in Vorschuleinrichtungen

Lösungsvorschläge

1. *Die erste Aufgabe besteht aus zwei Teilen und die Aufgabenstellung gibt Ihnen die Struktur der Bearbeitung vor. In einem ersten Schritt soll die* ***Hauptaussage*** *des Textes* ***formuliert*** *werden. Achten Sie darauf, dass Sie an dieser Stelle detaillierter auf die Aussage des Textes eingehen. In einem zweiten Schritt* ***stellen*** *Sie den* ***Inhalt des Textes dar*** *und berücksichtigen dabei besonders* ***zwei Aspekte****, die in der Aufgabenstellung genannt werden: die Bedingungsfaktoren des* ***Egozentrismus*** *sowie die Merkmale und Auswirkungen der* ***alten und neuen Pädagogik****. Im vorliegenden Lösungsvorschlag gliedern diese beiden Aspekte die Inhaltswiedergabe. Vermeiden Sie möglichst wörtliche Zitate aus dem Text und benutzen Sie stattdessen eigene Worte. Um Ihre Ausführungen von den Aussagen des Autors abzuheben, verwenden Sie die indirekte Rede (Konjunktiv) oder entsprechende Formulierungen wie etwa: der Autor legt dar/bekräftigt/erläutert.*

Der vorliegende Sachtext „Der Sozialisationsprozeß“ wurde von Jean Piaget verfasst und 1987 veröffentlicht. Als **Hauptgedanke** seiner vorliegenden Überlegungen lässt sich festhalten: Das Kind durchlaufe geistige und moralische Sozialisationsprozesse, durch die es sich schließlich dem sozialen Leben in der Gesellschaft anpasst. Dies geschehe im Rahmen von Erziehungsprozessen entweder durch Vorbild und Autorität des Lehrers oder durch die gemeinschaftliche Arbeit der Kinder.
Zunächst geht Piaget auf Bedingungsfaktoren des **Egozentrismus** ein: Er stellt heraus, dass Egozentrismus **Teil der geistigen Strukturen** des Kindes sei. Seine Überwindung geschehe nach Piaget in Form von **Anpassungs- bzw. Sozialisierungsprozessen**. In erzieherischen Interaktionen verstärke die Autorität des Erwachsenen den kindlichen Egozentrismus, da das Kind anstelle von sich selbst als Ausgangspunkt seiner Überlegungen den Erwachsenen setze. So gelange es nicht zu vernunftgeleiteter Denkweise, sondern zu fremdbestimmter Moral und Pflichtgefühl aufgrund von Achtung des Erwachsenen.
Zu den Merkmalen und Auswirkungen der **alten Pädagogik** sind folgende Aspekte relevant: Piaget attestiert der herkömmlichen Schule Strukturen, die durch Zwänge geprägt sind. Er sieht dabei in **geistiger Hinsicht** die Gefahr, dass das Kind seine Ichbezogenheit nicht überwinde, sich aus Achtung vor dem Lehrer unkritisch anpasse und folglich keine autonome Vernunft ausbilde. In **moralischer Hinsicht** sieht Piaget ein ähnliches Risiko: Das Kind bilde eine fremdbestimmte Form des Gehorsams und könne kein autonomes Gewissen entwickeln.
Demgegenüber stellt Piaget die Merkmale und Auswirkungen der **neuen Pädagogik**. Kernelement dieser Pädagogik sei die **Zusammenarbeit der Kinder**. An die Stelle einer von außen, d. h. durch Lehrkräfte, auferlegten Disziplin tritt laut Piaget eine innere Disziplin, die auf **sozialer Interaktion der Kinder** beruhe. Dies werde erreicht durch **Gemeinschaftsspiele** der Kinder mit selbst aufgestellten Regeln, durch Solidarität und Gerechtigkeitsempfinden der Kinder untereinander. Der hierarchiefreie Diskurs der Kinder fördere ihre Intelligenz- und Moralentwicklung. Piaget sieht einen **Zusammenhang** zwischen der gelingenden **Zusammenarbeit** der Schüler*innen und ihrer **moralischen Weiterentwicklung**.

2. *In dieser Aufgabe sollen Sie mit Rückgriff auf Aufgabe 1 die Besonderheiten der kindlichen Moralentwicklung auf Basis eines kognitiven Entwicklungsmodells oder eines moralischen Entwicklungsmodells erläutern. Der Operator „**erläutern**" gibt Ihnen den Hinweis, dass Sie auf die benannten **Textinhalte** eingehen und diese mit zusätzlichen Informationen und Beispielen **nachvollziehbar veranschaulichen**. Für die Planung der Lösung sollten Sie also berücksichtigen, dass Sie aufgabenbezogen relevante Aspekte aus dem Text auswählen, dafür **geeignete Theoriebezüge** darstellen und **Text** sowie **Theorie** differenziert miteinander **verknüpfen**.*
*Als Bezugstheorie wird exemplarisch das **kognitive Entwicklungsmodell nach Piaget** herangezogen, da die Nähe zu den Textaussagen desselben Autors die Bezüge erleichtert. Resümieren Sie Ihre Ergebnisse in Form eines **Fazits** auf einer abstrakteren Ebene.*

Als Bezugstheorie wird für diese Aufgabe das Modell der kognitiven Entwicklung nach Piaget gewählt, da mehrere Anknüpfungspunkte naheliegend sind. Piaget geht in seinem vorliegenden Textauszug auf die **Ichbezogenheit des Kindes** als üblichen Teil intellektueller und moralischer Entwicklung ein (vgl. Z. 1–3). Er kennzeichnet die **kindliche Mentalität** (vgl. Z. 13), indem er kindliche Furcht vor und Verehrung von Erwachsenen als „Achtung" (Z. 16) beschreibt. „Befehle und Ratschläge" (Z. 17) würden unhinterfragt übernommen, was der Entwicklung hin zur Autonomie im Denken und Urteilen im Wege stünde (vgl. Z. 27–30). Das Kind entwickele im Prozess seiner Sozialisation ein **Bewusstsein für Regeln**, wobei das gemeinschaftliche Spiel von Kindern besonders förderlich wäre, um schließlich die „Spielregeln der Gesellschaft" zu beherrschen (vgl. Anpassung an soziale Realitäten, Z. 2 f.). Hierarchiefreier Diskurs unter Gleichen wäre für die Entwicklung von **selbstbestimmter Vernunft** und „Autonomie des persönlichen Gewissens" (Z. 35) förderlich. Dazu gehörten auch die Ausbildung von Werten wie **Gerechtigkeit** und organische **Solidarität** (vgl. Z. 62).
Piaget konzipierte ein **Stufenmodell der kognitiven Entwicklung**, welches typische Merkmale im Denken von Kindern in Form von Entwicklungs- und Altersstufen systematisiert. Für die im Text angesprochene Schulzeit sind die **präoperationale**, die **konkret-operationale** und die **formal-operationale** Entwicklungsstufen relevant. Als **Egozentrismus** bezeichnet Piaget die Unfähigkeit des Kindes im präoperationalen Stadium von etwa zwei bis sieben Jahren, seinen Standpunkt im Denken zu verändern: Das Kind begreift sich als Mittelpunkt seiner Erfahrungen und ist nicht in der Lage, die Sichtweise einer anderen Person einzunehmen. Piaget geht davon aus, dass sich das Kind in der Auseinandersetzung mit seiner Umwelt weiterentwickelt. Dies geschieht mithilfe geistiger Strukturen, die von Piaget als **Schemata** bezeichneten Bausteine für kognitives Wachstum. Die bei der Interpretation der Umwelt entstehenden Fragen und Probleme führen laut Piaget zu einem **Ungleichgewicht** zwischen dem Kind und der Umwelt, worauf das Kind mit Anpassungsversuchen (**Adaptation**) reagiere: Entweder passt es die eigene kognitive Struktur an die Umwelt an (**Akkommodation**) oder es passt seine Umwelt an die vorhandenen kognitiven Strukturen an (**Assimilation**). Mit solchen Anpassungsversuchen gelangt das Kind zu einem neuen Gleichgewichtszustand

auf einem **höheren Strukturniveau**. Das bedeutet: Kognitive Schemata ändern sich in Abhängigkeit von den Erfahrungen.
Weitere Merkmale der präoperationalen Stufe sind laut Piaget die **Zentrierung im Denken**, also die Tendenz des Kindes, nur einen einzigen Aspekt in einer Situation zu betrachten, und das fantasievolle, **magische Denken**, das mit einer wachsenden Imaginationskraft einhergeht. Denkprozesse sind in dieser Phase auf **Anschaulichkeit** angewiesen, denn der Umgang mit Symbolen ist laut Piaget noch nicht elaboriert.
Auf der nächsten Stufe der **konkreten Operationen** begreift das Kind im Alter von sieben bis elf Jahren typischerweise das Phänomen der **Invarianz**, d. h. der Erhaltung der Masse trotz Veränderung der äußeren Form, z. B. Invarianz flüssiger Mengen. Das Kind macht erste Schritte hin zum beginnenden **abstrakten Denken**, etwa in Form des Ordnens von Gegenständen nach bestimmten Merkmalen, und **überwindet** die in der vorherigen kognitiven Entwicklungsstufe vorherrschende **Zentrierung**.
In der letzten Stufe der **formalen Operation** ist der Heranwachsende etwa ab dem 11. Lebensjahr schließlich in der Lage, über das konkrete Denken hinaus **Hypothesen** zu bilden, Probleme auf symbolischer Ebene zu lösen und **komplexe logische Denkfähigkeit** zu entwickeln. Auf dieser Stufe sind Jugendliche in der Lage, zu erkennen, dass ihre Vorstellung nur eine von mehreren möglichen Vorstellungen ist. Dies zeigt sich u. a. darin, dass sie **systematisch** nach Antworten suchen, z. B. über die Welt und das Dasein.
Werden das Entwicklungsmodell und die Aussagen Piagets zum Sozialisationsprozess parallel betrachtet, können Zusammenhänge hergestellt werden. Piaget versteht den Wechsel zwischen Akkommodation und Assimilation als **Gleichgewichtsprozess** und als **Motor menschlicher Entwicklung**. Dies wird indirekt deutlich, wenn er im Text Anforderungssituationen und Erkenntnisprozesse beschreibt wie beispielsweise Gemeinschaftsspiele mit selbst auferlegten Regeln (vgl. Z. 41–44) als Form „autonome[r] Gruppendisziplin" (Z. 57 f.). Piaget sieht die **Überwindung des Egozentrismus** als wichtige Aufgabe im Anpassungsprozess an die Gesellschaft (vgl. Z. 1–5) und bezieht sich damit auf eine zentrale Aufgabe des Kindes zwischen zwei und sieben Jahren im präoperationalen Stadium. Das Kind nehme „die Aussagen des Lehrers fix und fertig" (Z. 24) an und sei zu diesem Zeitpunkt noch nicht in der Lage, die Perspektive zu wechseln und autonom zu denken.
Bezogen auf die „**alte Pädagogik**" bedeutet dies, dass schulische Zwänge (vgl. Z. 10 f.) aufgrund des **Egozentrismus** zu einer **Unterordnung**, zu **Achtung** und **Pflichtgefühl** führten. Erwachsene würden in diesem Stadium kindlicher Kognition unhinterfragt als Autorität akzeptiert. Dabei ist das für das präoperationale Stadium charakteristische **magische Denken** und eine **Zentrierung im Denken** zu erkennen. Nach dem Gleichgewichtsmodell würden Kinder also in diesem Stadium **permanent assimilieren** anstatt die eigene kognitive Struktur durch aktive Auseinandersetzung mit der Umwelt weiterzuentwickeln, um zu einem Zustand des Gleichgewichts zu gelangen. Dies gelte nach Piaget ebenso für die „heteronome Moral des Gehorsams" (Z. 34).

Bezogen auf die **neue Pädagogik** lässt sich mit dem Modell Piagets schlussfolgern, dass **Gemeinschaftsspiele** von Kindern untereinander für die Entwicklung eines **autonomen Gewissens** und **innerer Disziplin** bedeutsam sind. Für die Entwicklung von Autonomie im Denken sind damit die oben skizzierten Assimilationsprozesse nicht hinreichend, vielmehr müssen Anregungen für **Akkommodationsbemühungen** des Kindes gegeben werden. Dies kann laut Piaget durch Formen der Zusammenarbeit geschehen, mit denen **kritischer Verstand**, **Objektivität** und „**diskursives Überlegen**" (Z. 54) entwickelt werden können. Mit der Nutzung „kollektive[r] Kräfte" (Z. 48) und „gegenseitiger Hilfe" (Z. 46) ist die Anregung der Kinder zum Perspektivwechsel und damit zur **Überwindung von zentrierter Wahrnehmung** angesprochen. Nach Piagets Stufenmodell ist das Ziel des autonomen intellektuellen und moralischen Denkens auf der letzten Stufe der formalen Operation erreichbar, wenngleich Kritiker der Stufentheorie anmerken, Piaget unterschätze Kinder in seiner recht starren Einteilung nach kognitiver Leistungsfähigkeit. Piaget stellte fest, dass das Individuum im letzten Stadium **kognitive Reife** und damit **logische Denkfähigkeit** erlange. Es sei damit mit solchen Denkwerkzeugen ausgestattet, mit deren Hilfe es immer komplexere Anpassungen an seine Umwelt vornehmen könne.

Zusammenfassend lässt sich festhalten, dass Piaget „neues" erzieherisches Handeln als bedeutsam für die **Entwicklung und Förderung von Autonomie** einschätzt. Er sieht Kinder nicht als kognitiv defizitär, sondern als **Konstrukteure ihrer Entwicklung**, die über spezifische erzieherische Einwirkungen im Sinne eines Zulassens von gemeinschaftlichem Spielen und Arbeiten der Kinder in ihrer **intellektuellen und moralischen Entfaltung** unterstützt werden können.

3. *Mit dieser Aufgabe sind Sie aufgefordert, konkrete **pädagogische Konsequenzen** hinsichtlich der Sozialisation des Kindes im institutionellen Bereich zu **ziehen** (Anforderungsbereich III). Sie sollen sich dabei auf die von Piaget dargestellte **neue Pädagogik** beziehen.*
*Gehen Sie bei der Bearbeitung der Aufgabe strukturiert vor. Formulieren Sie einen **überleitenden Einleitungssatz**, in dem Sie den Bezug zu Piaget und der Fragestellung herstellen. Anschließend formulieren Sie begründet die **pädagogische Frage nach Konsequenzen** und wählen schließlich **pädagogische Kriterien für Handlungsoptionen** aus. Vermeiden Sie völlig neue Gedankengänge, sondern beziehen Sie sich auf Ihre bisherigen Ausführungen.*
*Entwickeln Sie schließlich pädagogische **Schlussfolgerungen** – hier: exemplarisch für die Institutionen Schule und Kindergarten – und beziehen Sie sich systematisch auf die zuvor entwickelten Kriterien und auf Piagets Vorstellung der neuen Pädagogik. Im vorliegenden Lösungsvorschlag werden die Piaget-Bezüge in die Entwicklung von Kriterien integriert.*
***Resümieren** Sie Ihre pädagogischen Konsequenzen, indem Sie die eingangs formulierte Frage nach solchen Konsequenzen in Form eines **kriteriengeleiteten Urteils** beantworten.*

Piaget stellt in seinen Ausführungen zum Sozialisationsprozess die positiven Wirkungen der „kollektiven Kräfte“ (Z. 48) der Kinder für den Sozialisationsprozess und die Überwindung des Egozentrismus zugunsten von moralischer und intellektueller Autonomie heraus. Vor diesem Hintergrund steht nun abschließend die Frage im Raum, wie diese positiven Effekte in erzieherisch wirksamen Institutionen – etwa in der Schule und im Kindergarten – gefördert werden können.
Piaget bezieht sich mit seinen Überlegungen zum Sozialisationsprozess auf erzieherische Interaktionen zwischen Erwachsenen und Kindern sowie zwischen Kindern untereinander. Insofern lassen sich auch **Erziehungsziele** solcher Interaktionen benennen, die für Heranwachsende bedeutsam sind. Dazu zählen etwa die **Förderung von selbstbestimmtem moralischen und intellektuellen Denken**, was die Überwindung von kindlichem Egozentrismus einschließt. Als weiteres Erziehungsziel lässt sich die **Förderung von Kritikfähigkeit** (statt eines „auf die Autorität gestützten Glauben[s]“, Z. 28), **Objektivität und Diskursfähigkeit** (vgl. Z. 54) benennen. Kinder sollen laut Piaget in Gemeinschaftsspielen die Bedeutung von Kooperation und Regeln selbst erfahren; daraus lässt sich das Erziehungsziel der **Förderung von gemeinschaftlicher, kooperativer Arbeit** ableiten. Die Zusammenarbeit soll laut Piaget zu **Gerechtigkeit und Solidarität** (vgl. Z. 62) führen, womit weitere Erziehungsziele benannt sind.
Für pädagogisches Handeln in der **Institution Schule** kann das bedeuten: Heranwachsende sollten mit Anforderungssituationen konfrontiert werden, in denen sie sich bewähren und Kompetenzen entwickeln können. Dies kann etwa in Form eines Sozialpraktikums geschehen, in dem Jugendliche in Kindergärten, Altenheimen etc. **Selbstwirksamkeit** durch **solidarischen Einsatz** für andere Menschen praktizieren. Insgesamt liegt es nahe, aus dem Plädoyer Piagets für die Nutzung kollektiver Kräfte von Heranwachsenden solche Lernarrangements zu folgern, die auf **Kooperation und Verantwortungsübernahme** von Schüler*innen angelegt sind wie z. B. die Erarbeitung neuer Inhalte als Gruppenpuzzle. Zur Förderung von **Gerechtigkeit und Solidarität** schlägt Kohlberg **Dilemmadiskussionen** vor, in denen sich Heranwachsende mit moralisch schwierigen Situationen auseinandersetzen und Handlungsoptionen auf einer nächsthöheren Stufe moralischer Urteilsbildung entwickeln (Plus-1-Prinzip). Damit können Schüler*innen zum **Perspektivwechsel** und zur **Empathie** angeregt werden. Alle Formen des argumentativen Austauschs erscheinen geeignet, Kritik- und Diskursfähigkeit sowie Objektivität von Lernenden zu fördern. Dazu zählt etwa die strukturierte Urteilsbildung in Fächern wie Pädagogik oder Sozialwissenschaften, in deren Rahmen der Prozess vom spontanen unreflektierten Meinen zum elaborierten Urteilen anhand aktueller, strittiger Entscheidungsfragen begleitet wird. Dazu zählen auch **Podiumsdiskussionen**, in denen Positionen argumentativ vertreten, kritisch geprüft und abgewogen werden. Mit Methoden wie „Lernen durch Lehren“ können Schüler*innen die Rolle der Lehrenden übernehmen und im Sinne Piagets **untereinander positiv wirken**. Auf den Peer-Ansatz, in dem die förderliche Wirkung Gleichaltriger genutzt wird, greifen auch Initiativen wie etwa die vom Land NRW geförderten „Medienscouts“ zurück, die mit Gleichaltrigen Chancen und Risiken von z. B. sozialen Netzwerken erarbeiten.

Für pädagogisches Handeln in der **Institution Kindergarten** kann die Förderung der oben benannten Erziehungsziele bedeuten, dass Kindergartengruppen **projektbezogen** und **kooperativ** Themen bearbeiten, die von den Kindern selbst artikuliert werden. Für die **Überwindung des Egozentrismus** erscheint es förderlich, Kindergartenkinder an Entscheidungen, die Leben und Lernen im Kindergarten betreffen, partizipieren zu lassen. Dies kann z. B. über die Mitwirkung auf inhaltlicher Ebene (z. B. Festlegen von Projekt- und Arbeitsthemen) oder auf organisatorischer Ebene (z. B. Essensauswahl, Abstimmung und Bestellung von neuem Spielmaterial) geschehen. Auf diese Weise könnten äußere Zwänge in Form von Entscheidungen der Erzieher*innen bewusst reduziert werden zugunsten von **Partizipation der Kinder** mit dem Ziel, ihre Bereitschaft zu konstruktivem Austausch, zur disziplinierten Arbeit und zur Schaffung von Regeln zu erweitern.

Insgesamt lässt sich die eingangs aufgeworfene Frage nach pädagogischen Konsequenzen hinsichtlich der Sozialisation des Kindes im institutionellen Bereich dahingehend beantworten, dass aus Piagets Begründungszusammenhängen **notwendige Konsequenzen für institutionelle Erziehung** folgen. Diese wurden für die Bereiche Schule und Kindergarten konkretisiert; dabei stellte sich heraus, dass in beiden Institutionen durch ein **Selbstverständnis der erzieherisch Handelnden im Sinne Piagets** die systematische Förderung von selbstbestimmtem moralischen Denken, von Kritik- und Diskursfähigkeit sowie Objektivität, von Kooperationsbereitschaft, Gerechtigkeit und Solidarität möglich ist. Gerade vor dem Hintergrund aktueller problematischer gesellschaftlicher Entwicklungen – etwa politische Radikalisierungstendenzen, im Zuge derer vermeintlich einfache Lösungen für komplexe Fragen angeboten werden – erscheint es dringlich, Heranwachsende in Kindergarten und Schule ernst zu nehmen, ihnen Anlässe zu bieten, um selbstbestimmtes, verantwortliches und humanes Denken und Handeln zu entwickeln.

Grundkurs Erziehungswissenschaft – Abiturprüfung NRW 2020
Aufgabe 1

Aufgabenstellung Punkte

1. Formulieren Sie die Hauptaussage(n) des Autors, stellen Sie den Inhalt dar und skizzieren Sie den Argumentationsaufbau. 18

2. Vergleichen Sie die Auffassungen Andreas Schleichers und Wolfgang Klafkis zur Bildung miteinander. 32

3. Nehmen Sie vor dem Hintergrund Ihrer bisherigen Ausführungen Stellung zur Auffassung von Bildung des Autors unter besonderer Berücksichtigung Ihrer Kenntnisse **entweder** zum Modell der produktiven Realitätsverarbeitung nach Klaus Hurrelmann **oder** zu den Funktionen von Schule nach Helmut Fend. 30

Zugelassenes Hilfsmittel:
– *Wörterbuch zur deutschen Rechtschreibung*

Andreas Schleicher: Warum es so wichtig ist, das *WAS* in der Bildung neu zu denken

Die Anforderungen an die Lernenden und folgerichtig auch an die Bildungssysteme entwickeln sich rasant. Früher ging es im Bildungswesen darum, dass man Leuten etwas beigebracht hat. Heute wollen wir sicherstellen, dass Menschen einen zuverlässigen Kompass und Fähigkeiten zur sicheren Navigation entwickeln, sodass sie ihren eigenen Weg finden, um durch eine zunehmend unsichere, unbeständige und mehrdeutige Welt zu steuern. Heute können wir nicht mehr mit Gewissheit vorhersagen, wie sich die Dinge weiterentwickeln. Wir werden oft überrascht und müssen auch anhand von Ausnahmefällen lernen. Und manchmal werden wir dabei Fehler machen. Oft werden es gerade Fehler und Misserfolge sein, die uns – wenn wir sie richtig verstehen – den Weg für Lernen und Wachstum bereiten. Noch eine Generation vor uns konnten die Lehrenden davon ausgehen, dass sie ihren Schülerinnen und Schülern etwas für das Leben – und zwar für das ganze Leben – beibrachten. Die Vorbereitung, die Schulen ihren Schülerinnen und Schülern heute mitgeben können, zielt auf einen wirtschaftlichen und sozialen Wandel, der schneller ist als jemals zuvor, auf Jobs, die es noch gar nicht gibt, auf die Benutzung von Technik, die noch gar nicht erfunden wurde, und auf die Lösung von sozialen Problemen, deren Entstehen wir noch nicht erahnen.

Wie gelingt es uns, motivierte und engagierte Lernende zu fördern und darauf vorzubereiten, die unvorhersehbaren Herausforderungen der Zukunft (ganz zu schweigen von der Gegenwart) zu bewältigen? Es gibt ein Dilemma für Pädagoginnen und Pädagogen: Diejenigen Fähigkeiten, die am einfachsten zu unterrichten und zu prüfen sind,

sind identisch mit den Fähigkeiten, die am einfachsten zu digitalisieren, zu automatisieren oder ins Ausland zu verlagern sind.[1] Es steht außer Frage, dass Fachwissen auf Höhe der Zeit immer von Bedeutung bleiben wird. Innovative und kreative Menschen haben in der Regel stets besondere Fähigkeiten in einem Wissens- oder Praxisfeld. Und auch wenn Lernen zu lernen eine wichtige Kompetenz ist, so lernen wir das Lernen doch immer an einem konkreten Gegenstand. Lernerfolg definiert sich heute nicht mehr in der Hauptsache darüber, dass wir unser Wissen einfach wiedergeben können, sondern darüber, dass wir unser Wissen erweitern und auf neuartige Situationen anwenden können. Einfach gesagt: Die Welt belohnt Menschen nicht mehr für ihr Wissen – Suchmaschinen wissen alles – sondern für das, was sie mit ihrem Wissen anfangen können, dafür, wie sie sich in der Welt verhalten und wie sie sich wandeln können. Das macht heute den Unterschied aus. Deswegen geht es in der Bildung heute mehr um Kreativität, kritisches Denken, Kommunikation und Kollaboration[2], um modernes Wissen (dazu gehört die Fähigkeit, das Potenzial neuer Technik zu erkennen und zu nutzen) und schließlich auch um Charaktereigenschaften, die erfüllten Menschen helfen, mit anderen zusammenzuleben, zusammenzuarbeiten und eine nachhaltige Menschheit aufzubauen.

In unserer traditionellen Herangehensweise haben wir Probleme in kleine, handhabbare Stücke heruntergebrochen und Schülerinnen und Schülern Techniken für den Umgang mit diesen Teilstücken beigebracht. Heutzutage entsteht Wertschöpfung auch darüber, verschiedene Einzelteile zusammenzufügen. Dazu braucht es Neugier, Aufgeschlossenheit und die Fähigkeit, Verbindungen zwischen Ideen zu finden, die bisher (vermeintlich) gar nichts miteinander zu tun hatten. Dafür muss man auch mit Wissen vertraut bzw. für Wissen empfänglich sein, das bisher außerhalb des eigenen Feldes lag. Wenn wir unser ganzes Leben nur innerhalb der Grenzen einer einzelnen Disziplin verbringen, werden wir nicht die Vorstellungskraft entwickeln, die es braucht, um die einzelnen Punkte miteinander zu dem Bild zu verbinden, aus dem die nächste Erfindung erkennbar wird.

Die Welt ist nicht mehr in Spezialisten einerseits und Generalisten andererseits aufgeteilt. Spezialisten haben tiefgehende Kenntnisse und Fähigkeiten in einem eng abgegrenzten Feld. Ihre Expertise wird von Gleichgesinnten anerkannt, findet aber jenseits ihres Fachgebietes kaum Wertschätzung. Generalisten haben einen großen Aktionsradius, aber in diesem nur begrenzte Kenntnisse und Fähigkeiten. Heute kommt es immer mehr auf Versatilität an, also auf Vielseitigkeit, Beweglichkeit und Wandelbarkeit. Versatilisten können fundierte Kenntnisse auf eine ständig wachsende Bandbreite von Situationen und Erfahrungen anwenden. Sie entwickeln dabei neue Kompetenzen, bauen Beziehungen auf und wechseln in neue Rollen. Sie sind in der Lage, sich immer wieder umzustellen, zu lernen, sich zu entwickeln, sich selbst zu positionieren und in einer sich schnell verändernden Welt neu zu positionieren.

Vielleicht das Wichtigste: In den Schulen von heute lernen die Schülerinnen und Schüler typischerweise individuell, jeder für sich, und am Ende des Schuljahres bescheinigen wir jedem seine individuellen Leistungen. Aber je größer die wechselseitigen Abhängigkeiten in der Welt werden, desto mehr sind wir auf Menschen angewiesen, die gut zusammenarbeiten, die gut verschiedene Stimmen orchestrieren[3] und die sich gut mit anderen als Menschen, als Kollegen oder als Bürger zusammentun können. Auch Innovationen entstehen heute selten als Produkt individueller, isolierter Arbeit, sondern als Ergebnis von mobilisiertem, geteiltem und vernetztem Wissen. Schulen müssen ihre Lernenden auch auf eine Welt vorbereiten, in der Menschen mit unterschiedlichen kulturellen Hintergründen zusammenarbeiten, in der verschiedene Ideen, Perspektiven und Werte existieren, sodass Menschen entscheiden müssen, wie sie Vertrauen und Zusammenarbeit über solche Unterschiede hinweg aufbauen. Es ist eine Welt, in der unser Leben von Dingen beeinflusst wird, die nicht an nationalen Grenzen haltmachen. Anders ausgedrückt: Schule muss einen Wandel gestalten, weg von einer Welt, in der traditionelles Wissen rasch an Wert verliert, hin zu einer Welt, in der die Bedeutung von fundierten Kompetenzen zunimmt, aufbauend auf einer Verbindung von traditionellem und modernem Wissen zusammen mit Skills, Charaktereigenschaften und aufbauend auf selbst gesteuertem Lernen.

Rund um den Erdball gibt es viele Schulen, in denen hart daran gearbeitet wird, dass Schülerinnen und Schüler diese Arten von Wissen, Skills und Charaktereigenschaften entwickeln können. Aber der Status Quo hat viele Beschützer. Das wird jeder bestätigen, der schon einmal versucht hat, in den überfüllten Lehrplänen Raum für neue Lerngegenstände zu schaffen. Im Ergebnis sehen wir ausgedehnte, aber nur oberflächliche Curricula, überladen mit nicht immer relevanten Inhalten. Solche Lehrpläne dominieren den heutigen Schulalltag und behindern die Entwicklung von fundierten Kompetenzen und fortschrittlicher Pädagogik. […]

Andreas Schleicher: Warum es so wichtig ist, das WAS in der Bildung neu zu denken. In: Charles Fadel, Maya Bialik, Bernie Trilling: Die vier Dimensionen der Bildung. Was Schülerinnen und Schüler im 21. Jahrhundert lernen müssen. Deutsche Übersetzung von Jöran Muuß-Merholz. Hamburg: Verlag ZLL21 e. V. 2017, S. 6–8 (Zwischenüberschriften und Quellangaben wurden zugunsten einer besseren Lesbarkeit weggelassen. Die Rechtschreibung entspricht dem Original.)

Anmerkungen:
Andreas Schleicher, geb. 1964 in Hamburg, ist Direktor des Direktorats für Bildung bei der für die PISA-Studien verantwortlichen OECD (Organisation für wirtschaftliche Zusammenarbeit und Entwicklung). Er war Mitglied im Beratungsgremium von Pearson, einem der größten privaten Bildungskonzerne, der bei der Entwicklung der PISA-Testaufgaben eine Schlüsselrolle spielt.

1 Anmerkung zum Verständnis der Aussage: Der Vorgang lässt sich analog bei der wirtschaftlichen Verlagerung von Produktionsstätten ins Ausland beobachten.
2 Kollaboration: Zusammenarbeit, als Form der Kooperation
3 Orchestrieren im Sinne Schleichers: miteinander verknüpfen, kombinieren

---

Bezüge der Aufgabe zu den Vorgaben 2020 – Inhaltliche Schwerpunkte
Inhaltsfeld 4: Identität

- Besonderheiten der Identitätsentwicklung in Kindheit, Jugend und Erwachsenenalter sowie deren pädagogische Förderung
  - Streben nach Autonomie und sozialer Verantwortlichkeit im Modell der produktiven Realitätsverarbeitung
- Identität und Bildung
  - Bildung als Ausbildung von Selbstbestimmungs-, Mitbestimmungs- und Solidaritätsfähigkeit bei Klafki

Inhaltsfeld 6: Pädagogische Professionalisierung in verschiedenen Institutionen
- Institutionalisierung von Erziehung
  - Funktionen von Schule nach H. Fend

Lösungsvorschläge

1. *Die Aufgabenstellung verlangt hier ein Vorgehen in* ***drei Schritten:*** *Zunächst formulieren Sie die* ***Hauptaussage(n) des Textes****. Achten Sie darauf, dass Sie sich an dieser Stelle auf wenige ausgewählte Kernaspekte des Textes konzentrieren und detaillierter auf diese eingehen. Benutzen Sie dafür möglichst eigene Worte und versuchen Sie, direkte Zitate aus dem Text zu vermeiden. Um die eigenen Aussagen von denen des Textes abzugrenzen, bieten sich die Verwendung des Konjunktivs oder Einleitungen wie „Der Autor behauptet/ legt dar/ hebt hervor" etc. an.*
   Bei der ***Darstellung des Inhaltes*** *kann es hilfreich sein, sich an der im Textauszug gegebenen Struktur zu orientieren (beispielsweise ein Inhaltspunkt pro Abschnitt). Konzentrieren Sie sich abschließend ausschließlich auf den* ***Argumentationsaufbau****. Gegebenenfalls ist hier ein Satz ausreichend, da Sie sonst Gefahr laufen, erneut den Inhalt wiederzugeben.*
   Um Ihren Ausführungen einen Rahmen zu geben, ist es sinnvoll, einen ***Einleitungssatz*** *sowie einen resümierenden* ***Schlusssatz*** *zu formulieren. Im einleitenden Satz kann bereits die Hauptaussage des Textes integriert werden, sodass nicht zu viel Zeit für das Verfassen der beiden weiteren Aufgabentexte verloren geht.*

   Der vorliegende Textauszug „Warum es so wichtig ist, das WAS in der Bildung neu zu denken", der im Jahr 2017 in Hamburg veröffentlicht und von Andreas Schleicher verfasst wurde, befasst sich mit den **Herausforderungen**, denen sich die **Schule der Gegenwart und der Zukunft** in einer modernen Gesellschaft stellen muss, und formuliert hierbei den Anspruch einer neuen inhaltlichen Füllung des Bildungsbegriffes. Hierzu benennt der Autor, dass sich ein **Wandel von der reinen Vermittlung** trägen Wissens hin zu einem neuen Fokus auf **vielseitig einsetzbaren Kompetenzen**, Fähigkeiten und Charaktereigenschaften vollziehen müsse, um als junger Mensch auf die Schnelllebigkeit unserer Gesellschaft reagieren zu können.
   Der Autor beschreibt zunächst die **Entstehung neuer Anforderungen** im Bildungsbereich und die aus dem umgreifenden gesellschaftlichen Wandel resultierenden **notwendigen individuellen Fähigkeiten**. Ausgehend von dieser These konkretisiert Schleicher die Qualifikationen, wobei die bisher im Schulsystem traditionell anerkannten Fähigkeiten nicht mehr benötigt würden. Ein Grund dafür ist die immer weiter zunehmende **Digitalisierung**, wodurch beispielsweise reines **Wissen** von Informationen heutzutage von Computern übernommen werden könne. Vielmehr seien aktuelles **Fachwissen**, **Kreativität**, **kritisches Hinterfragen, kommunikative Fähigkeiten**, **Zusammenarbeit** und **Ausbildung von Charaktereigenschaften** Bereiche, die von Schule fokussiert und gefördert werden

müssten. Dieser Bildungsanspruch wird vom Autor zusätzlich durch eine **disziplinübergreifende Vielseitigkeit** ergänzt. So seien es in der heutigen Zeit oftmals **multinationale Kooperationen**, die über die Entwicklung unserer und der zukünftigen Gesellschaft entscheiden würden. Daher könne sich auch an Schulen der Bildungsbegriff nicht mehr rein individuell und auf klar trennbare Disziplinen beziehen. Lernende müssten die Fähigkeit entwickeln, **Lernen selbst zu lenken** und sich dadurch **grundlegende Qualifikationen** erwerben, mit denen sie sich in sich ständig verändernden Zeiten bewähren können. Abschließend benennt der Autor **Bedingungen** innerhalb der Schulen, die einen Wandel im Bildungssystem hemmen, wie zu **umfangreiche Curricula** und das Bestreben, den aktuellen Status in der Bildungslandschaft aufrechtzuerhalten.
Insgesamt baut der Autor seine Argumentation zielgerichtet auf, wobei er zunächst die Notwendigkeit erläutert, den **Bildungsbegriff neu zu definieren**. Hierzu benennt er Zielsetzungen seines Bildungsbegriffes und erläutert diese. Als nächsten Schritt verortet er die von ihm genannten Ziele in der modernen und globalen Gesellschaft und übt letztlich **Kritik an dem trägen Bildungswesen** und den hemmenden Faktoren: Diese stünden einer Reaktion auf die gesellschaftlichen Entwicklungen der letzten Jahrzehnte seitens des Bildungswesens im Wege.

2. *Bei dieser Aufgabe sollen die Aussagen Klafkis mit denen des Autors verglichen werden. Nach einem überleitenden Einleitungssatz sollten Sie möglichst strukturiert an diese Aufgabe herangehen, um Redundanzen zu vermeiden. Verzichten Sie auf eine erneute allgemeine Zusammenfassung des Textes, indem Sie bereits in der Vorbereitung auf den Schreibprozess* ***kriteriengeleitet*** *diejenigen Aspekte des Textes herausarbeiten, die sich für den* ***Vergleich*** *eignen. Die zu erwartende Struktur des Operators wäre nun die* ***Benennung des Kriteriums*** *oder der Kriterien des Vergleichs (hier: Bildungsinhalte sowie antizipierte Fähigkeiten und Kompetenzen), die* ***Erläuterung der Theorie Klafkis*** *(achten Sie hierbei nach einer allgemeinen Einführung der Theorie auf eine der Aufgabe angemessene Auswahl der Inhalte, die sie beschreiben) und das* ***Herausarbeiten der wichtigsten Aussagen*** *des Textes zu dem gewählten Kriterium, das* ***Aufzeigen von Gemeinsamkeiten und Unterschieden****. Schließlich runden Sie Ihre Ausführungen mit einem Fazit ab. Sie könnten auch die einzelnen Schritte miteinander verzahnen (beispielsweise nach Nennung der Kriterien jeweils einen Punkt der Theorie und dann einen des Textes diesem gegenüberstellen), jedoch führt dies oft zu unübersichtlichen und schwer nachvollziehbaren Texten.*

Nachdem der Text in Bezug auf Hauptaussage und zentrale inhaltliche Aussagen dargestellt worden ist, sollen die Ausführungen Schleichers nun mit dem bildungstheoretischen Konstrukt Klafkis verglichen werden. Um diesen Vergleich möglichst transparent vollziehen zu können, werden die beiden Konzepte anhand ihrer Darlegungen zu Bildungsinhalten sowie antizipierten Fähigkeiten und Kompetenzen der Schüler*innen verglichen.

Klafkis Bildungstheorie basiert grundlegend auf dem Ansatz des demokratischen Grundrechtes von **Bildung für alle** und der Schaffung einer **mündigen Gesellschaft**, die auf etwaige Herausforderungen durch vielschichtig gebildete Mitglieder*innen reagieren kann. Hierbei benennt Klafki **drei Fertigkeiten** als zentrale gesellschaftliche Zielsetzung: Die **Fähigkeit zur Selbstbestimmung**, der letztlich die Mündigkeit und Bildsamkeit des Individuums zugrunde liegt, und die es dem Individuum ermöglichen soll, sich bestmöglich zu entfalten. Weiterhin die **Fähigkeit zur Mitbestimmung**, die es dem Individuum ermöglichen soll, ein aktiv partizipierender Teil der Gesellschaft zu werden, und schließlich die **Solidaritätsfähigkeit**, die sicherstellt, dass eine Gesellschaft Verantwortung für alle Menschen trägt und schwächere Individuen geschützt werden. Ebenfalls konzipiert Klafki ein neues Verständnis von **Allgemeinbildung**, das sowohl die **Bildung im Medium des Allgemeinen** auf inhaltlicher Ebene konkretisiert als auch Bildung in allen **Grunddimensionen** menschlicher Fähigkeiten und Fertigkeiten. Letzteres meint, dass durchaus auch **praktische und lebensweltliche Dinge** wie handwerklich-technische Themen, z. B. Hauswirtschaft, oder das Ausbilden zwischenmenschlicher Beziehungsmöglichkeiten, eine Berechtigung im Bildungskontext erhalten; Ersteres bedeutet, dass Bildungsinhalte sich anhand von **epochaltypischen Schlüsselproblemen** konkretisieren sollten; diese sollten einen **Gegenwartsbezug** zur Gesellschaft haben. Heutzutage wären sicherlich Fragen der Klimapolitik, interkulturelle Gesellschaftsfragen sowie die Geschlechterfrage exemplarisch aufzuführen. Dies sollte letztlich dazu führen, dass Wissen nicht träge, sondern in Bezug auf konkrete und relevante gesellschaftliche Entwicklungen angeeignet und angewandt wird. Dadurch werden **Kritik- und Empathiefähigkeit** sowie **Argumentationsfähigkeit** ausgebildet und gefördert.

Schleicher stellt in seinen Ausführungen heraus, dass das gegenwärtige Bildungsverständnis nicht geeignet sei, um auf die Schnelllebigkeit der Gesellschaft zu reagieren (vgl. Z. 1–17). Daher muss es bei Bildung um Fähigkeiten gehen, die im Rahmen der Digitalisierung nicht von beispielsweise Suchmaschinen übernommen werden können, sondern um Qualifikationen wie „Kreativität, kritisches Denken, Kommunikation und Kollaboration, […] modernes Wissen […] und schließlich auch um Charaktereigenschaften, die erfüllten Menschen helfen, mit anderen zusammenzuleben, zusammenzuarbeiten und eine nachhaltige Menschheit aufzubauen“ (Z. 34–38). Der Autor möchte, dass über fachliche Grenzen hinweg gelernt wird. So würde die Vielseitigkeit der Schüler*innen, über diese Grenzen hinweg zu denken, gefördert (vgl. Z. 45 ff.). Letztlich würde das so antizipierte Maß an Kollaboration über die Grenzen von Disziplinen hinaus auch eine internationale Kooperation, die in modernen Gesellschaften erforderlich ist, ermöglichen. Schüler*innen würden so auf diese Form der Zusammenarbeit im globalisierten Kontext vorbereitet (vgl. Z. 69–78).

Es zeigt sich, dass sowohl Schleicher als auch Klafki in Bezug auf ihr Verständnis von Wissen und Wissenserwerb ähnliche Ansätze verfolgen. So dienen Wissen und Inhalte der adäquaten Begegnung mit Herausforderungen. Es geht bei beiden darum, **Wissen anzuwenden** und insbesondere bei gesamtgesellschaftlichen Problemstellungen **Handlungsfähigkeit** für das Individuum herauszubilden. Im Rahmen der drei Kernfertigkeiten Klafkis zeigt sich außerdem, dass beide Autoren individuelle Handlungsfähigkeit (Selbst- und Mitbestimmungsfähigkeit) im Einklang oder direkten Austausch mit gesellschaftlicher Verantwortung und Wirksamkeit zu sehen scheinen (Solidaritätsfähigkeit). Zudem wird bei beiden Ansätzen deutlich, dass Fähigkeiten nicht mehr in isolierten Disziplinen, sondern anhand von **anwendbaren Herausforderungen der Gesellschaft** erworben werden sollen. Klafki benennt diese als **epochaltypische Schlüsselprobleme**, Schleicher bezieht sich auf **internationale Kollaborationen**. Ein zentraler Unterschied der beiden Positionen kann darin gesehen werden, dass die beiden Ansätze jeweils einen unterschiedlichen Anlass aufweisen: Klafkis Konzeption beginnt mit einem demokratischen **Grundrecht des Individuums auf Bildung** und entwickelt sich von dort aus, wohingegen Schleicher den Ursprung seines Bildungsverständnisses ausgehend von der **gesellschaftlichen Entwicklung der letzten Jahrzehnte** zu sehen scheint.

Abschließend kann festgehalten werden, dass Schleicher und Klafki – betrachtet man deren Bildungsverständnis – sich in Bezug auf Inhalte und zu antizipierende Fähigkeiten und Kompetenzen stark ähneln: Inhalte sollen nicht an Disziplingrenzen festgemacht werden und Kompetenzen sollen ermöglichen, dass sich ein möglichst handlungsfähiges Individuum in komplexen modernen und globalisierten Gesellschaften entwickelt. Die Unterschiede im Hinblick auf die Ursprünge der jeweiligen Konzeption erscheinen zunächst marginal, geben Bildung jedoch sehr unterschiedliche Zuschreibungen: Bei Klafki ein Grundrecht, das allgemein zuzugestehen ist, oder bei dem Autor des Textes ein Instrumentarium zur Reaktion auf gesellschaftliche Entwicklung.

3. *Die dritte Teilaufgabe erfordert von Ihnen eine **Stellungnahme**. Wichtig ist hierbei, dass es um persönliche Meinungen und Einschätzungen gehen soll und kann, diese aber dennoch wissenschaftlich eingebettet sein sollen und sich daher an Kriterien orientieren müssen. Ebenfalls haben Sie bei dieser Aufgabe die Möglichkeit, zwischen zwei **Bezugstheorien** auszuwählen. Die folgende Ausarbeitung wird sich auf die **Funktionen von Schule nach Fend** beziehen. Hier können Sie den überleitenden Einleitungssatz mit dem ersten Arbeitsschritt verbinden, indem Sie direkt ein **Beurteilungsproblem** für ihre Stellungnahme generieren. Es soll dabei der Fragestellung nachgegangen werden, ob ein solches Bildungsverständnis nicht letztlich zu einer veränderten Funktionalität von Schule führen muss oder ob der im Text erwähnte Status quo auch hier ein Hemmnis darstellt. Benennen Sie dann ein **zentrales (pädagogisches) Kriterium**, an dem sich ihre Stellungnahme orientieren soll. Sie könnten beispielsweise hinterfragen, ob die gesellschaftlichen Entwicklungen Klafkis und Schleichers in Verbindung mit der Bezugstheorie pädagogisch wünschenswert sind und daher verfolgt werden sollten oder ob sie die Zielsetzung der Mündigkeit untersuchen. In dieser Ausarbeitung wird das grundlegende **Menschenbild der Bildsamkeit** herangezogen.*

Stellen Sie die Bezugstheorie dar, um davon ausgehend die Ausführungen Klafkis und Schleichers zu durchleuchten. Als letzten Bearbeitungsschritt setzen Sie die bisherigen Ausführungen in Bezug zu dem von Ihnen gewählten Kriterium.

Abschließend sollen die Ausführungen Schleichers und Klafkis hinsichtlich ihrer **Eignung für eine moderne Schule** betrachtet werden. Hierbei werden die Funktionen von Schule nach Fend herangezogen, um letztlich zu prüfen, ob sich ein solches Bildungsverständnis im Rahmen der regulären Funktionen von Schule implementieren ließe, oder ob sich unter Umständen Veränderungen in der wahrgenommenen Funktionalität von Schule ergeben müssten. Zentrales Kriterium soll hierbei die **Bildsamkeit des Menschen** als pädagogische Grundhaltung gegenüber dem Individuum sein. Gemeint ist damit, dass jedes Individuum als unbestimmt lernfähig wahrgenommen wird und Konzepten dieser Anspruch zugrunde liegen sollte, um eine bestmögliche Entwicklung der Individuen möglich zu machen.
Fend konstatiert, dass Schule in Bezug auf die Gesellschaft **vier Grundfunktionen** erfüllt. Diese lassen sich durchaus auf das Individuum herunterbrechen, jedoch ist Schule in erster Linie ein gesellschaftliches Instrument, das auch ausgehend von den derzeitigen Bedingungen und gesellschaftlichen Fokussierungen aufgestellt ist. Im Rahmen der **Enkulturationsfunktion** von Schule werden durch die Sozialisation an Schulen kulturelle Teilhabe und eine entsprechende kulturelle Identität antizipiert. Die **Qualifikationsfunktion** verfolgt durch Unterricht und Lehre die Entwicklung berufsspezifischer Fähigkeiten und Fertigkeiten. Die **Allokationsfunktion** ermöglicht schließlich dem Individuum, durch Prüfungen und Berechtigungen eine Stellung in der Leistungsgesellschaft zu entwickeln, die **Integrationsfunktion** wiederum versucht durch institutionelle Teilhabe und das Erlernen von hierarchischen Strukturen politische Teilhabe und soziale Integration für das Individuum zu ermöglichen.
Im Rahmen verschiedener Überprüfungen des Schulsystems wurde in der Vergangenheit immer deutlicher, dass sich unterschiedliche Diskrepanzen entwickelt haben, im Bezug darauf, wie diese Funktionen von Schule, die für jedes Individuum allgemeingültig sind, verfolgt werden. So scheint Allokation in die Leistungsgesellschaft häufig mit dem sozialen und kulturellen Status der eigenen Familie zusammenzuhängen. Außerdem muss hinterfragt werden, ob die von den Autoren beschriebene antizipierte Vielseitigkeit und der Wunsch nach kollaborativen Fähigkeiten auch durch die gesellschaftlichen Funktionen von Schule mitgetragen werden. Die antizipierten Fähigkeiten und Kompetenzen von Schleicher und Klafki lassen sich gut in die Theorie Fends integrieren, sofern der Anspruch, einschränkende Disziplingrenzen aufzulösen, gewährleistet würde. Hierbei zeigt sich im Rahmen der Allokationsfunktion und der Gestaltung von Prüfungen, die sich nach wie vor an Fachgrenzen und der oftmals reinen Wiedergabe von trägem Wissen orientieren, eine maßgebliche Einschränkung bei einer Eingliederung des Bildungsbegriffes von Schleicher und/oder Klafki in das derzeitige Bildungssystem. Sollte eine neue Füllung des Bildungsbegriffes erfolgen, könnte jedoch eventuell vermieden werden, dass Prüfungsverfahren und damit verbundene Qualifikation und Allokation der Schüler*innen sich nicht mehr an realen Kompetenzen unserer

gegenwärtigen und zukünftigen Gesellschaft orientieren. Zusätzlich könnte es ein Ansatz sein, um die **Chancengleichheit** im deutschen Schulsystem zu verbessern. Anerkennung von kollaborativen und auch interkulturellen Kompetenzen könnten Schüler*innen aus bildungsferneren Familien motivieren und unter Umständen Fähigkeiten wie Mehrsprachigkeit anerkennen; so könnte eine tatsächlich individualisierte Allokation in der Gesellschaft ermöglicht werden.

Abschließend lässt sich festhalten, dass die Diskrepanzen des heutigen Bildungswesens auch im Hinblick auf die Anerkennung der individuellen Kompetenzen und damit der persönlichen und unbestimmten Lernfähigkeit, folglich der Bildsamkeit des Menschen, durch einen veränderten Blick auf Inhalte und antizipierte Kompetenzen möglicherweise aufgehoben werden könnten. Zentrale Herausforderungen wie die Chancengleichheit des Bildungswesens könnten positiv bestärkt und eine **funktionale Ausrichtung** von Schule als Institution zur Vorbereitung auf tatsächliche moderne und auch zukünftige gesellschaftliche Tendenzen in die Wege geleitet werden. Diese pädagogisch wünschenswerte Ausrichtung scheint jedoch, wie bereits von Schleicher beschrieben, gehemmt zu werden, da aktuelle Regularien, beispielsweise Prüfungen und Prüfungsformate, Bestand haben sollen. Es scheint also eher eine Frage zu sein, inwieweit Entscheidungsträger bereit sind, Änderungsprozesse in Gang zu setzen. Diese Entscheidungsträger können jedoch in den meisten Fällen als „Profiteure des Status quo“ bezeichnet werden.

Grundkurs Erziehungswissenschaft – Abiturprüfung NRW 2020
Aufgabe 2

Aufgabenstellung Punkte

1. Formulieren Sie die Hauptaussage(n) des Textes, stellen Sie den Inhalt dar und skizzieren Sie den Aufbau der Argumentation. 18

2. Erläutern Sie die Ausführungen des Autors mithilfe einer psychosozialen Entwicklungstheorie und des Modells der produktiven Realitätsverarbeitung nach Klaus Hurrelmann. 34

3. Erörtern Sie auf der Grundlage Ihrer bisherigen Erarbeitung den Beitrag von Schule zur Prävention von Internetabhängigkeit sowie zur Förderung von Medienkompetenz. 28

Zugelassenes Hilfsmittel:
– *Wörterbuch zur deutschen Rechtschreibung*

Bert te Wildt: Soziale Risikofaktoren

Die Erfahrungen, die wir mit den Menschen in unserem Umfeld machen, prägen[1] uns nachhaltig. Je jünger wir sind, desto größer sind die sozialen Auswirkungen auf unsere seelische Gesundheit. Die erste Umgebung, die Familie, in die wir hineingeboren werden, prägt uns deshalb am nachhaltigsten. Auch die Erlebnisse, die wir in Kindergarten und Schule, in Ausbildung und Studium machen, wirken noch nachhaltig ein auf unser Leben. In dieser Zeit machen wir auch die ersten Erfahrungen mit Freundschaften und Partnerschaften, die unsere Persönlichkeit weiter prägen. […] Wenn sich Menschen so weit wie möglich aus der konkret-realen Welt zurückziehen, um lieber in der digitalen Welt ihr Glück zu suchen, dann hat das immer auch etwas mit negativen sozialen Erfahrungen in diesen Lebensphasen zu tun. […].

In den letzten Jahren haben sich vor allem asiatische Forscherteams aus Südkorea, Taiwan und China mit neuen Studienergebnissen zu vielen Aspekten der Internetabhängigkeit hervorgetan. Aus kulturellen Gründen sind die Ergebnisse allerdings nicht immer eins zu eins auf uns übertragbar. In einer Studie des chinesischen Forscherteams um Xiuquin Huang beispielsweise ging es unter anderem um elterliche Erziehungsstile als Risikofaktoren für Internetabhängigkeit. In der Untersuchung mit über 200 Internetabhängigen zeigte sich, dass chinesische Eltern von Internetabhängigen im Durchschnitt einerseits in der Erziehung übermäßig involviert sind, andererseits aber vergleichsweise wenig emotionale Wärme zeigen, wenn sie sich nicht sogar ablehnend ihnen gegenüber verhalten. Man muss bei der Interpretation einer einzelnen Studie zwar sehr vorsichtig sein. Aber die Ergebnisse könnten darauf hindeuten, dass sich viele Internetabhängige schon in der Familie emotional nicht richtig angenommen gefühlt haben, obwohl die erzieherische Zuwendung der Eltern eventuell recht ausgeprägt war. Im Grunde geht es dabei um eine frühe Nähe-Distanz-Problematik. Hierin werden zwei potenzielle Gründe dafür erkennbar, warum sich Heranwachsende ins Internet flüchten. Sie entziehen sich damit erstens einem übermäßig fordernden Erziehungsstil und suchen zweitens nach entbehrten positiven emotionalen Erfahrungen. Wenngleich dieses Muster auf der Beziehungsebene keinesfalls in allen betroffenen Familien anzutreffen ist, findet es sich auf der Verhaltensebene der Patienten häufig wieder. Die zumeist jungen Internetabhängigen entziehen sich oft den Erwartungen der Erwachsenenwelt – sei es in der Ausbildung, im Beruf oder in der Partnerschaft. Und sie suchen im Netz nach Bestätigung und Befriedigung ihrer ungestillten emotionalen oder sexuellen Wünsche. Dies sind natürlich ziemlich vereinfachte und verkürzte Erklärungen. […]. Wenn wir auf die Welt kommen, brauchen wir eine Familie, die uns körperlich und seelisch wärmt, in der wir uns geborgen fühlen, in der wir wir selbst sein können. Wenn das nicht der Fall ist, dann läuft schon unsere erste Begegnung mit der Welt schief. Dann ist es kein Wunder, wenn wir der realen Welt immer wieder mit Skepsis begegnen und immer auf der Suche nach einer alternativen Welt sind, die wir dann im Cyberspace zu finden glauben.

Wenn wir heranwachsen, stoßen wir spätestens in Kindertagesstätten und Kindergärten, später dann in Schule, Ausbildung und Studium auf Menschen außerhalb der familiären Sphäre. Manchmal machen wir dort dieselben Erfahrungen wie in unserer Ursprungsfamilie, manchmal sind die Erfahrungen aber auch von ganz anderer Art. Wenn für Kinder der Einstieg ins Leben schon in ihrer Familie auf die ein oder andere Art und Weise schwer war, passiert ihnen das in den pädagogischen Einrichtungen nicht selten auch. Wenn sie dagegen eher überbehütet und verwöhnt sind, was nicht notwendigerweise gleichbedeutend ist mit dem Erhalt ausreichend liebevoller Zuwendung, dann sind sie eventuell nicht genug vorbereitet auf schwierige Situationen, wenn es dort einmal nicht gut läuft, sei es mit Gleichaltrigen oder den Pädagogen. Aber auch unabhängig davon, welche Erfahrungen sie ganz am Anfang ihres Lebens gemacht haben, negative Erlebnisse in Kindergarten und Schule können dazu führen, dass sie die Welt außerhalb der Familie als unfreundlich erleben und die Neigung entwickeln, sich von ihr abzuwenden.

Internetabhängige berichten sehr häufig davon, dass sie es in der Vergangenheit immer wieder erlebt haben, von Gleichaltrigen ausgegrenzt zu werden. Jeder Mensch hat den Wunsch, einen Platz für sich in der Welt zu finden und dazuzugehören. Kinder möchten im Kindergarten mit anderen Kindern mitspielen dürfen. In der Schule wollen sie beim Fußball in der Pause dabei sein und im Sportunterricht nicht als Letzte in die Mannschaft gewählt werden. […]

In seinen Fähigkeiten übersehen zu werden, nicht zeigen zu können, was man zu leisten vermag, ist gerade für Jugendliche und junge Erwachsene besonders kränkend. Wenn sie eigentlich auf dem Absprung sind, das Elternhaus zu verlassen, selbständig zu werden und im besten Falle die Welt – oder zumindest *ihren* Platz in der Welt – zu erobern, aber immer nur Niederlagen verkraften müssen, dann laufen sie Gefahr, die Lust zu verlieren, überhaupt ganz erwachsen zu werden. Das Internet bietet dann verführerische Alternativen an, sich von der Welt abzuwenden. Anstatt herauszutreten, sich in seiner Emotionalität, seiner Körperlichkeit und seinen Leistungen in der Welt zu zeigen und zu beweisen, kehren ihr die Internetabhängigen den Rücken zu. Manch einer verliert völlig das Interesse daran, in der Gesellschaft, in der er eigentlich lebt, überhaupt noch anzukommen. Dann verkehrt sich die erlittene Abwertung durch die Menschen ins Gegenteil. Als Gegenreaktion werten dann nicht wenige Abhängige ihr gesellschaftliches Umfeld ab. Sie sagen sich dann: In der Welt, so wie sie die Erwachsenen erschaffen und gestaltet haben, spiel ich nicht mit! Zu der will ich gar nicht dazugehören.

Menschen, die sich unverstanden und abgelehnt fühlen, ziehen sich aus sozialen Beziehungen zurück. Aus Angst vor Enttäuschungen trauen sie sich immer weniger, auf andere zuzugehen. Gerade junge Menschen, die unter Einsamkeit leiden, laufen eher Gefahr, eine Internetabhängigkeit zu entwickeln. Diejenigen Internetabhängigen, die sich bei uns vorstellen, haben in der realen Welt häufig gar keine Freunde mehr. Und nicht selten haben sie noch nie eine gelingende feste Partnerschaft erlebt. [...]

Bert te Wildt: Digital Junkies. Internetabhängigkeit und ihre Folgen für uns und unsere Kinder. München: Droemer 2015, S. 138 –144 (Auf Zwischenüberschriften und Anmerkungen wurde aus Gründen der besseren Lesbarkeit verzichtet. Die Rechtschreibung entspricht dem Original.)

Anmerkungen:
Bert te Wildt leitet als Oberarzt die Ambulanz der Klinik für Psychosomatik und Psychotherapie des Universitätsklinikums der Ruhr-Universität Bochum, im Rahmen derer er Internet- und Computerspielabhängige behandelt. Er hat sich zum Thema Internetabhängigkeit habilitiert und ist Mitbegründer des Fachverbands Medienabhängigkeit.

1 Prägen von Prägung, meint einen starken, jedoch nicht reversiblen Beeinflussungszusammenhang.

Bezüge der Aufgabe zu den Vorgaben 2020 – Inhaltliche Schwerpunkte

Inhaltsfeld 3: Entwicklung, Sozialisation und Erziehung
- Interdependenz von Entwicklung, Sozialisation und Erziehung
- Erziehung in der Familie
- Erziehung durch Medien und Medienerziehung

Inhaltsfeld 4: Identität
- Besonderheiten der Identitätsentwicklung in Kindheit, Jugend und Erwachsenenalter sowie deren pädagogische Förderung
  - Streben nach Autonomie und sozialer Verantwortlichkeit im Modell der produktiven Realitätsverarbeitung

Inhaltsfeld 6: Pädagogische Professionalisierung in verschiedenen Institutionen
- Institutionalisierung von Erziehung

Lösungsvorschläge

1. *Die Bearbeitung der ersten Teilaufgabe besteht aus drei Schritten. Sie sollen zunächst den Hauptgedanken des Textes „**formulieren**" und dann den Inhalt des Textes strukturiert „**darstellen**" sowie den Argumentationsaufbau des Autors skizzieren. Alle drei Operatoren entsprechen dem Anforderungsbereich I. Es bietet sich an, nach einer allgemeinen Quellenangabe zunächst die **Hauptaussage** des Textes in **komprimierter Form** darzulegen. Hierauf kann nun die strukturierte und möglichst knappe Wiedergabe der zentralen Aspekte folgen. Versuchen Sie unter Berücksichtigung der Zeitökonomie und der noch folgenden Teilaufgaben, sich nicht in Details zu verlieren. Achten Sie darauf, Ihren Text **klar** zu **gliedern**. Dies kann z. B., wie im Folgenden gezeigt, durch eine Einteilung in Teilabschnitte geschehen. Schließlich sollten Sie den Gedankengang des Autors nochmals herausstellen. Sie können dies vor Ihrer bzw. im Anschluss an Ihre inhaltliche Darstellung machen, oder aber auch, wie hier zu lesen, in die Darlegung der zentralen Aspekte integrieren.*
Achten Sie darauf, eigene Worte zu verwenden und auf wörtliche Zitate zu verzichten, um Textdistanz zu wahren. Sie können dazu auch Formulierungen wie „Der Autor stellt dar/erläutert" etc. wählen.

Beim vorliegenden Text handelt es sich um einen Auszug aus dem 2015 erschienenen Buch *Digital Junkies – Internetabhängigkeit und ihre Folgen für uns und unsere Kinder* von Bert te Wildt, dem im Erscheinungsjahr des Textes noch leitenden Oberarzt der Ambulanz für Psychosomatik und Psychotherapie des Universitätsklinikums der Ruhr-Universität Bochum. Der Textauszug thematisiert das **Aufkommen von Internetabhängigkeit** durch belastende Erfahrungen von Ausgrenzung und Kränkung im sozialen Umfeld und das daraus als Ausgleich resultierende **Streben nach Bestätigung und Stillen** nicht genährter **Wünsche** in der **digitalen Welt**.
Der Text lässt sich in vier Teilabschnitte unterteilen. Im ersten Abschnitt (Z. 1–10) stellt der Autor zunächst die **zentralen Sozialisationsinstanzen**, nämlich die Familie und das pädagogische soziale Umfeld dar. Er erläutert, dass **negative soziale Erfahrungen** (vgl. Z. 9) zum Rückzug aus der realen Welt führen können.
Der zweite Abschnitt (Z. 11–39) konkretisiert das Aufkommen von Internetabhängigkeit durch den **Einfluss familiärer Risikofaktoren**. Internetabhängigkeit könne als Folge von emotionalem Mangel innerhalb der Familie verstanden werden. Der Autor stellt in diesem Zusammenhang **elterliche Erziehungsstile** dar, die mit nicht ausreichender emotionaler Aufmerksamkeit, aber auch mit übermäßiger Involviertheit einhergehen (vgl. Z. 18 ff.). Als Konsequenz entzögen sich Internetabhängige häufig den Erwartungen der Erwachsenenwelt in den Bereichen Ausbildung, Beruf und Partnerschaft. Um solche Erfahrungen von fehlender emotionaler Wärme und die dadurch entstandene Skepsis in Bezug auf die reale Welt zu kompensieren, wenden sich Jugendliche und junge Erwachsene auf ihrer Suche nach emotionalem Halt **Angeboten der digitalen Welt** zu, um dort ihre Wünsche zu stillen, die in der realen Welt nicht befriedigt werden (vgl. Z. 37 ff.).

Im dritten Abschnitt (Z. 40–53) befasst sich Bert te Wildt mit der Übertragung der bisher dargestellten Grunderfahrung von Ausgrenzung und Kränkung in der Familie auf den **Bereich der weiteren Sozialisationsinstanzen**, wie der Kita, der Schule, der Ausbildungsstätten sowie der Universitäten. In diesen bestehe die Gefahr, dass sich die **negativen Erfahrungen noch verstärken**, unter anderem auch, weil Kinder, die wenig emotionale Wärme erfahren haben, nicht hinreichend auf schwierige Situationen mit Mitschüler*innen oder Lehrkräften vorbereitet seien und Kinder dadurch Neigungen entwickeln könnten, sich von der **sozialen Umwelt abzuwenden** (vgl. Z. 52 f.).
Schließlich beschreibt der Autor, wie sich der Rückzug von realen sozialen Beziehungen ins Virtuelle vollzieht (vgl. Z. 60–80). Dieser könne aus Angst, wiederum verletzende Erfahrungen zu machen und Misserfolge zu erleben, entstehen. So könnten Jugendliche und junge Erwachsene die Lust verlieren, ganz erwachsen zu werden (vgl. Z. 64 f.). Das **gesellschaftliche Umfeld** werde **abgewertet** und das Interesse, in der realen Gesellschaft anzukommen, könne verloren gehen (vgl. Z. 68 ff.).
Bert te Wildt resümiert abschließend, dass gerade junge Menschen, die unter Einsamkeit leiden und in der realen Welt häufig keine Freunde oder feste Partnerschaften mehr hätten, Gefahr liefen, eine Internetabhängigkeit zu entwickeln. Aufgrund dessen scheiterten sie an den Ansprüchen, die Erwachsene an sie stellen, und zögen sich folglich in die virtuelle Welt zurück (vgl. Z. 75 ff.).

2. *In der Aufgabenstellung wird verlangt, dass Sie die Ausführungen des Autors mithilfe einer psychosozialen Entwicklungstheorie und des Modells der produktiven Realitätsverarbeitung nach Klaus Hurrelmann* ***erläutern****. Der Operator „****erläutern****“ bezieht sich auf den Anforderungsbereich II. Hierfür soll ein Sachverhalt oder eine These mit zusätzlichen Informationen und Beispielen nachvollziehbar veranschaulicht werden. Sie sollen* ***passende Textaussagen*** *finden und diese mit den* ***Bezugstheorien*** *näher erklären. Die psychosoziale Bezugstheorie können Sie im Prinzip frei wählen. Allerdings liegt die Wahl der psychosozialen Entwicklungstheorie von Erik H. Erikson nahe, da er sich ausgiebig mit der Entwicklung von Urvertrauen in der frühen Kindheit sowie mit der Entwicklung von Identität im Jugendalter beschäftigt hat. Darüber hinaus müssen Sie sich auf das Modell der produktiven Realitätsverarbeitung nach Klaus Hurrelmann beziehen.*
Es ist für die Bearbeitung der Aufgabe wichtig, zunächst die entsprechenden ***Textstellen****, auf die Sie sich beziehen wollen,* ***herauszustellen****. Die* ***Bezüge zu den Theorien****, die für die jeweiligen Textaussagen relevant sind, müssen jeweils* ***vorgestellt werden****. Dies kann mit direkten Bezügen zum Ausgangstext oder aber auch als geschlossener Text mit anschließendem Textbezug geschehen. Am Ende der Bearbeitung der zweiten Teilaufgabe sollten Sie ein Fazit ziehen, in dem Sie zu einer abstrakteren Ebene wechseln und die zentralen Aussagen noch einmal knapp hervorheben.*

Der vorliegende Text legt Schwerpunkte für die geforderte Erläuterung nahe. Es soll darauf eingegangen werden, welche Bedeutung das soziale Umfeld auf die Entwicklung von Internetabhängigkeit, auf die Identitätsentwicklung und die dazugehörigen Störfaktoren sowie auf die Verfügbarkeit und Relevanz von Verarbeitungsstrategien hat.
Um den theoretischen Hintergrund zu den Schwerpunkten zu beleuchten, lassen sich die Theorie der **psychosozialen Entwicklung** nach **Erik H. Erikson** sowie das **Modell der produktiven Realitätsverarbeitung** nach **Klaus Hurrelmann** anwenden. Insbesondere soll die Notwendigkeit positiver emotionaler Grunderfahrungen in der Familie nach Erik H. Erikson in den Blick genommen werden. Davon ausgehend sollen die Gefahren, die infolge mangelnder emotionaler Grunderfahrung entstehen können, beleuchtet werden; dazu zählt, den Ansprüchen, die das Erwachsenwerden mit sich bringt, nicht gerecht zu werden, sozial ausgeschlossen zu sein, sich zur Kompensation in die virtuelle Welt zu flüchten sowie Abwertungsstrategien aufzubauen.
Erik H. Erikson entwickelte ein aus **acht Stufen** bestehendes **Modell der psychosozialen Entwicklung**. Jede einzelne Stufe zeichnet sich durch eine bestimmte Thematik aus, mit der sich das Individuum auseinandersetzen und die folglich auftretenden **Krisen** bewältigen muss, d. h. es muss eine **Balance** zwischen zwei Spannungspolen erlangt werden. Das **erfolgreiche Durchlaufen der einzelnen Krisen** ist Voraussetzung dafür, die nächste Stufe der psychosozialen Entwicklung zu erreichen. In der **frühen Kindheit** gilt es, drei Krisen zu bewältigen, nämlich die Krisen „**Urvertrauen vs. Urmisstrauen**“ (0– ca. 1,5 Jahre), „**Autonomie vs. Scham und Zweifel**“ (ca. 1,5–3 Jahre) und „**Initiative vs. Schuldgefühl**“ (ca. 3–6 Jahre).
Im Verlauf der ersten Phase sind die Eltern, insbesondere die Mutter, die Hauptbezugspersonen des Kindes. Das Kind ist völlig abhängig von ihr, denn sie gibt ihm Nahrung und vermittelt ihm ein Gefühl von Geborgenheit. Erikson betont für diese Stufe, dass das Kind seine **Umwelt** in erster Linie **über den Mund** wahrnimmt. Hier ist ein starker Bezug zur „**oralen Phase**“ nach **Sigmund Freud** erkennbar. Bei einer positiven Bewältigung der Krise erlangt das Kind ein Gefühl der **tiefen inneren Geborgenheit**, das sogenannte „**Urvertrauen**“. Dieses ist eine wesentliche Voraussetzung dafür, auch die weiteren Krisen erfolgreich zu meistern. Allerdings ist Urvertrauen nicht die einzige Grundlage. Ein **gewisses Maß an Urmisstrauen** ist ebenso wichtig, um **Autonomie** zu entwickeln, sodass das Kind im späteren Leben nicht leichtfertig sein Vertrauen schenkt. Es muss auch Zurückweisungen oder Niederlagen hinnehmen können. Urvertrauen ist zudem eine wichtige Voraussetzung dafür, **Beziehungsfähigkeit** auszubilden. Kinder brauchen **stabile und liebevolle Bezugspersonen**, die sich fortwährend um sie bemühen. Dazu zählen in der heutigen Zeit nicht nur Eltern, sondern eben auch häufig Erzieher*innen.
Bert te Wildt bezieht sich in seinem Text auf die Ergebnisse einer chinesischen Studie, die darauf hinweisen, dass es einen Zusammenhang zwischen dem elterlichen Erziehungsstil und der Entwicklung von Internetabhängigkeit gibt (vgl. Z. 14 ff.). Die Eltern von Internetabhängigen seien einerseits in der Erziehung stark involviert, andererseits zeigten sie wenig emotionale Wärme (vgl. Z. 18 f.). Das

Gefühl der inneren Geborgenheit, das laut Erikson in der ersten Krise der psychosozialen Entwicklung entstehen sollte, kann bei zu geringer emotionaler Zuneigung nicht hinreichend entwickelt werden. Dies führt ggf. zu einem Überhang an Urmisstrauen, wodurch die Ausbildung einer ausgewogenen und stabilen Identität und Widerstandskraft erschwert werden kann. Die „[…] entbehrten positiven emotionalen Erfahrungen“ (Z. 27) werden in der virtuellen Welt gesucht. Das extreme Involviert-Sein der Eltern Betroffener benennt te Wildt als „[…] übermäßig fordernden Erziehungsstil […]“ (Z. 27 f.), dem sich die Internetabhängigen entzögen (vgl. ebd.).
Es folgt nach dem Modell von Erikson im Anschluss die **zweite Stufe** der psychosozialen Entwicklung: die Krise zwischen **Autonomie und Scham/Zweifel**. Bei der Beschreibung dieser Stufe lehnt sich Erikson stark an die **anale Phase** nach Sigmund Freud an. Freud ging davon aus, dass während dieser Phase der erste Schritt in Richtung **Über-Ich**, also der **Entwicklung des Gewissens**, gemacht wird. Ihm ging es in erster Linie um die Lust oder Unlust beim Zurückhalten oder Loslassen von Ausscheidungen. Erikson geht sogar noch einen Schritt weiter und erkennt einen wichtigen Schritt der Persönlichkeitsentwicklung: Das Kind möchte **autonom** sein und Dinge **selbstständig** tun. Es kann laufen und sich sprachlich immer besser mitteilen. Das Kind wird aber auch zunehmend mit den Ansprüchen der Gesellschaft und Verboten konfrontiert – seine Autonomie, sein eigener Wille, wird eingeschränkt. Es wird vielleicht **wütend oder aggressiv**. Die Eltern müssen darauf achten, dass das Kind in dieser Phase weder zu viele Regeln und Grenzen noch zu viele Zugeständnisse erfährt. Das Kind spürt den **inneren Konflikt**, dass es etwas möchte, was es aber nicht tun soll. Dadurch entsteht **Scham**, die wichtig ist, damit das Kind allmählich gesellschaftliche Regeln internalisieren kann.
Aus der bereits erwähnten chinesischen Studie geht hervor, dass die Eltern Internetabhängiger häufig in der Erziehung stark involviert seien (vgl. Z. 18). Ein übermäßig fordernder Erziehungsstil hemmt nach Erikson jedoch die Entwicklung von Autonomie. Durch den daraus resultierenden Überhang an **Scham** und **(Selbst-) Zweifeln** kann wiederum die Flucht aus der realen in die virtuelle Welt begründet werden.
Das Modell Eriksons folgt dem **epigenetischen Prinzip**. Erikson geht davon aus, dass die psychosoziale Entwicklung einem **Grundplan** nachkommt, der für alle Menschen gleich aufgebaut ist. Alle Stufen des Modells fügen sich zu einem Ganzen zusammen. In Eriksons Theorie geht es um den Aufbau einer **stabilen Ich-Identität**. Probleme in den frühen Phasen der Entwicklung wirken sich demnach auf alle späteren Phasen und auf die Fähigkeit, die auftretenden Krisen positiv zu bewältigen, aus. De Wildt bestätigt in Übereinstimmung mit Eriksons Annahme, dass „wir eine Familie [brauchen], die uns körperlich und seelisch wärmt“ (Z. 34 f.). Er legt dar, dass „schon unsere erste Begegnung mit der Welt“ (Z. 36 f.) schieflaufe, wenn die Zuwendung der Familie fehle.
In der Phase „**Initiative vs. Schuldgefühl**“ wird das **Gewissen** (nach Sigmund Freud „**Über-Ich**“) ausgebildet. Hier werden nach und nach **gesellschaftliche Normen und Werte geschaffen und internalisiert**. Das Kind entwickelt **Initiative**, eine Form von Autonomie, und möchte dafür **Anerkennung** erfahren. Werden

dem Kind Grenzen aufgezeigt, so können **Neid** oder **Schuldgefühle** entstehen. Das Kind ist nun allerdings nicht mehr in dem Maße von erwachsenen Bezugspersonen, insbesondere den Eltern, abhängig wie noch zuvor. Andere Kinder in der Kita oder Geschwister gewinnen in dieser Phase zunehmend an Bedeutung.
In diesem Zusammenhang zeigt te Wildt auf, dass ein Kind, das schon auf den ersten zwei Stufen der Entwicklung eine problematische Krisenbewältigung durchlaufen hat, häufig auch in anderen Erziehungssituationen, z. B. in der Kita oder in der Schule, auf ähnliche Probleme mit neuen Bezugspersonen stoße. Wenn dagegen Überbehütung und Verwöhnung erkennbar seien, was nicht gleichbedeutend mit ausreichend liebevoller Zuwendung sei, dann seien sie gegebenenfalls nicht genug auf schwierige Situationen mit Gleichaltrigen oder Pädagogen vorbereitet (vgl. Z. 44 ff.). Eine mögliche Folge sei die Entwicklung von Neigungen, sich von der Welt außerhalb der Familie abzuwenden (vgl. Z. 49 ff.), was sich in der Schule fortsetze. Te Wildt legt dar, dass Internetabhängige vielmals von Ausgrenzung in der Schule berichten. Jeder Mensch, so te Wildt, habe den Wunsch, einen Platz für sich in der Welt zu finden und dazuzugehören (vgl. Z. 55 f.). Alle möchten für ihre Ergebnisse und Produkte gelobt werden. Bei häufigen Misserfolgserlebnissen entwickelt sich nach Erikson ein Gefühl der **Minderwertigkeit**. Die zentrale Krise während der Grundschulzeit ist die **vierte Stufe** der psychosozialen Entwicklung – die Krise zwischen **Kompetenz und Minderwertigkeit**. Die Angst vor dem Gefühl von Minderwertigkeit bleibt im Verlauf der weiteren Entwicklung schließlich bestehen. In seinen Fähigkeiten übersehen zu werden, nicht zeigen zu können, was man zu leisten vermag, sei gerade für Jugendliche und junge Erwachsene besonders kränkend (vgl. Z. 60 f.).
Die Krise des **Jugendalters**, nach Erikson die **fünfte Stufe** der psychosozialen Entwicklung, manifestiert sich anhand der Pole **Identität** und **Identitätsdiffusion**. Minderwertigkeitsgefühl stellt einen erheblichen Störfaktor im Rahmen einer gesunden Identitätsentwicklung dar. Die im Text thematisierte Internetabhängigkeit kann als Ausdruck einer **Identitätsdiffusion** und als **kompensatorischer Versuch** bei der Ausbildung von Identität verstanden werden.
Während sich Erik H. Erikson nicht ausschließlich, aber doch hauptsächlich auf die Entwicklung in der frühen Kindheit bezieht, richtet der Sozialisations- und Bildungsforscher **Klaus Hurrelmann** sein Hauptaugenmerk auf das **Jugendalter**. Sein Modell der „**produktiven Realitätsverarbeitung**“ besagt, dass sich die Persönlichkeit durch eine **aktive Auseinandersetzung** mit der **inneren** und **äußeren Realität** entwickelt. Die Beschäftigung mit der inneren Realität kennzeichnet das **Streben des Individuums** nach **Autonomie**, die wiederum beschränkt ist durch die Ansprüche der äußeren Realität, der **Umwelt**. Hurrelmann geht zwar davon aus, dass die Spannung zwischen **Individuation** (innere Ansprüche) und **Integration** (äußere Ansprüche) ihren Höhepunkt während der Jugendphase erreicht, sie aber dennoch ein Leben lang anhält.
Internetabhängigkeit kann gedeutet werden als Zeichen einer **unzureichenden Synthese** von **Individuation** und **Integration** infolge einer nicht ausreichend von emotionaler Wärme geprägten Beziehung zu den Eltern und **Misserfolgserleb-**

nissen in den weiteren **Sozialisationsinstanzen**. Erfährt ein Kind bzw. ein*e Jugendliche*r einen Erziehungsstil, der wenig Zuwendung aufweist, so kann dies als **negative Erfahrung der äußeren Realität** gedeutet werden. Nach Hurrelmann hat dies nachhaltige Folgen für die Konstruktion der **inneren Realität** (vgl. Z. 14 ff.). Darüber hinaus lässt sich das Phänomen der Internetabhängigkeit dadurch erklären, dass die **Synthese von Individuation und Integration nicht erfolgreich** stattgefunden hat; dies kann darauf zurückgeführt werden, dass Gemeinschaftserlebnisse in der realen Welt vernachlässigt wurden.
Nach Klaus Hurrelmann ist Sozialisation als ein **Interaktionsprozess** definiert, der das gesamte Leben erfasst und die Beziehung zwischen der sich entwickelnden Persönlichkeit, den **organismischen** und **ererbten** Strukturen sowie den umgebenden **sozialen** und **materiellen** Strukturen, ihrer **Prägungs-**, **Ermöglichungs**- und **Verhinderungstendenz**, einschließt. Daraus ergibt sich, dass Sozialisation die Entstehung und Entwicklung der Persönlichkeit in wechselseitiger Abhängigkeit von und in Auseinandersetzung mit der gesellschaftlich vermittelten sozialen und materiellen Umwelt beschreibt. Hurrelmann ist ebenso der Ansicht, dass im Sozialisationsprozess frühe, kontinuierliche und dominante Einflüsse Vorrang haben. Die Erfahrung ihrer Verarbeitung in frühen Lebensphasen zeigt sich fortwährend. Der Sozialisationsprozess beinhaltet laut Hurrelmann unterschiedliche Perspektiven. Während in älterer Literatur noch von **acht bis zehn Maximen** bzw. später auch von **Thesen der produktiven Realitätsverarbeitung** gesprochen wird, gehen **Klaus Hurrelmann** und **Ullrich Bauer** heute (2020) von **zehn Prinzipien** aus, die im Sozialisationsprozess eine Rolle spielen.
Zunächst umfassen die Prinzipien erkenntnistheoretische und konzeptionelle Grundannahmen zum Verhältnis von innerer und äußerer Realität (erstes Prinzip) und zur aktiven Gestaltung („Produktion“) der eigenen Persönlichkeit (zweites Prinzip).
Die nächsten drei Prinzipien bezeichnen die produktive Realitätsverarbeitung im Lebenslauf mit dem Prinzip zur Bewältigung von lebenslaufspezifischen Anforderungen der Realitätsverarbeitung (3), dem Prinzip zur Bildung einer Ich-Identität (4) und dem Prinzip zur Persönlichkeitsentwicklung im Lebenslauf (5).
Die lebenslaufspezifischen Anforderungen, die das sich entwickelnde Individuum bewältigen muss, liegen in den Bereichen **Binden**, **Konsumieren**, **Qualifizieren** und **Partizipieren**. Werden diese Anforderungen nicht erfüllt, entsteht nach Hurrelmann **Entwicklungsdruck**. Insbesondere die Bereiche **Binden** und **Konsumieren** sind im Zusammenhang mit Internetabhängigkeit von Relevanz. Bei einem Kind, das nur unzureichend emotionale Zuneigung von der Familie erfahren hat und in seinem sozialen Umfeld häufig ausgegrenzt oder gekränkt wurde, lassen sich eventuell nur schwach ausgebildete **personale und soziale Ressourcen** erkennen; diese sind jedoch notwendig, um die **Entwicklungsaufgabe Binden** erfolgreich zu bewältigen. **Entwicklungsdruck** kann zudem auch dazu führen, dass der bzw. die Heranwachsende sein bzw. ihr Umfeld herabsetzt, sich sozialen Beziehungen entzieht und schließlich eine Internetabhängigkeit entwickelt (vgl. Z. 36 ff.).

Schließlich umfassen die Prinzipien die Kontexte der Sozialisation zur Bedeutung der Familie für die Sozialisation (6), zur Bedeutung der Bildungsinstitutionen (7), zur Bedeutung der alltäglichen Lebenswelt für die Sozialisation (8), zur Bedeutung intersektionaler Ungleichheiten (9) und, aktuell ganz zentral, die Gestaltung und Bewältigung gerade präsenter gesellschaftlicher Herausforderungen (10).
Aufgrund der Bezüge zu den Theorien von Erik H. Erikson und Klaus Hurrelmann lässt sich zusammenfassend feststellen, dass sich die emotionale Qualität des sozialen Umfelds auf die **Prävention von Internetabhängigkeit** auswirkt. Störfaktoren wie das Fehlen von emotionaler Wärme oder Frustrationserfahrungen in der Kita bzw. der Schule hingegen spielen eine bedeutende Rolle bei der Entwicklung einer Internetabhängigkeit. Im Sinne der Prävention müssen Kindern und Jugendlichen Verarbeitungsstrategien verfügbar gemacht werden. Bis zu einem gewissen Grad kann die Schule hier einen Beitrag leisten, worauf in der folgenden Teilaufgabe eingegangen werden soll.

3. *In der dritten Teilaufgabe werden Sie dazu aufgefordert, auf der Grundlage Ihrer bisherigen Erarbeitung den Beitrag von Schule zur Prävention von Internetabhängigkeit sowie zur Förderung von Medienkompetenz zu* ***erörtern*** *(Anforderungsbereich III). Das bedeutet, dass Sie zu einer vorgegebenen Problemstellung eine* ***reflektierte, kontroverse Auseinandersetzung führen*** *und zu einer abschließenden,* ***begründeten Bewertung*** *gelangen sollen. Beziehen Sie sich demnach auf die Thesen des Autors sowie auf Ihre Kenntnisse zur Prävention von übermäßigem Konsum und zur Förderung von Medienkompetenz. Dabei sollen Sie den Fokus auf den Beitrag der Schule legen. Dies zeigt Ihnen eine Beschränkung des Aufgabenumfangs an. Beginnen Sie mit einem einleitenden Satz, der die Fragestellung aufgreift, und verfassen Sie am Ende Ihrer Ausführungen ein* ***abwägendes Fazit****.*

In der folgenden Ausführung soll gemäß der Aufgabenstellung der Frage nachgegangen werden, inwieweit Schule zur **Prävention von Internetabhängigkeit** und zur **Förderung von Medienkompetenz** beitragen kann. Dabei ist zu überprüfen, inwieweit Schule mit ihren Ressourcen in der Lage ist, unzureichende Erfahrungen von emotionaler Zuwendung im familiären Umfeld zu kompensieren und dadurch der Suchtgefahr entgegenzuwirken.
Dazu muss erörtert werden, inwiefern die Sozialisationsinstanz Schule Schüler*innen beim Knüpfen realer Beziehungen unterstützen und vor Suchtgefahren in der virtuellen Welt bewahren kann. Es soll in diesem Zusammenhang auch beleuchtet werden, inwieweit Schule einen Beitrag leisten kann, Schüler*innen vor Kränkungen, Isolierungen und Ausgrenzungen zu schützen, um präventiv entgegenzuwirken, dass sie sich in die digitale Welt flüchten. Schließlich ist der Beitrag der Schule im Hinblick auf den Aufbau einer **stabilen Ich-Identität** im Sinne Klaus Hurrelmanns und Erik H. Eriksons herauszustellen.
Bei der Erörterung soll der Fokus auf die Unterstützung der Entwicklungsaufgaben nach Klaus Hurrelmann, auf die Relevanz von emotionaler Zuwendung nach Erik

H. Erikson sowie auf den Aufbau von Bewältigungsstrategien bei Ausgrenzungserfahrungen gerichtet werden.
Für Klaus Hurrelmann ist Schule eine wichtige **sekundäre Sozialisationsinstanz.** Erziehung und Unterstützung der Sozialisation sind wichtige Handlungsfelder der Institution Schule. Laut § 1 des Schulgesetzes des Landes Nordrhein-Westfalen hat jede Schülerin und jeder Schüler das Recht auf **individuelle Förderung.** Wenn die Schule dies ernst nimmt – wozu sie neben der gesetzlichen Verbindlichkeit, auch moralisch und ethisch verpflichtet ist –, dann leistet sie einen Beitrag zum **Aufbau personaler und sozialer Ressourcen** im Sinne Klaus Hurrelmanns; dies trägt wesentlich zum Aufbau einer stabilen **Ich-Identität** bei. Die Schule kann Schüler*innen bei der **produktiven Realitätsverarbeitung** unterstützen, indem sie z. B. Arbeitsgemeinschaften anbietet, Projektarbeit in den Unterricht integriert oder den Unterricht so aufbaut, dass unterschiedliche Lernwege einbezogen werden können. Dazu gehört auch ein bewusster und verantwortungsvoller Umgang mit modernen Medien, insbesondere mit Angeboten der virtuellen Welt. So sollen Schüler*innen **Medienkompetenz** entwickeln. Darunter versteht man die Fähigkeit, sich den Medien seiner Umwelt als aktiv Handelnder bedienen zu können. In der **Primarstufe** und der **Sekundarstufe I** des Landes Nordrhein-Westfalen sind Lehrkräfte verpflichtet, Medienkompetenz im Unterricht aufzubauen und die Vorgaben aus dem **Medienkompetenzrahmen NRW** sukzessive in die schulinternen Lehrpläne einfließen zu lassen. Bei der Umstellung von G 8 auf G 9 werden Aspekte aus dem Medienkompetenzrahmen NRW in das Curriculum eingearbeitet. Dabei ist das vorrangige Ziel, dass das Lernen mit digitalen Medien selbstverständlich wird. Dazu gehört insbesondere auch die Förderung einer **kritischen Sichtweise** auf Medien. Insofern kann festgehalten werden, dass in der Schule **präventiv gegen Internetabhängigkeit** eingewirkt werden kann, wenn die Schule ihre Aufgabe, die Medienkompetenz der Schüler*innen zu fördern, ernst nimmt.
Wenn es im Rahmen der familiären Erziehung an emotionaler Wärme mangelte und sich dadurch beim Kind mehr Urmisstrauen als Urvertrauen entwickelt hat, kann die Schule dies nur zu einem gewissen Grad kompensieren. Laut Erik H. Erikson ist es zwar prinzipiell möglich, Versäumnisse aus früheren Krisen aufzuarbeiten, allerdings ist die zeitliche Distanz zur frühen Kindheit bei Schulkindern bereits recht groß. Für den pädagogischen Bezug zwischen Lehrkräften und Lernenden ist emotionale Zuwendung zweifelsohne wichtig, aber bei einer Klassenstärke von ca. 30 Schüler*innen ist es kaum möglich, die potenziellen Versäumnisse aller Kinder zu erkennen. Vielmehr kann und soll die Schule die Schüler*innen bei der Bewältigung der aktuellen Krisen **Werksinn vs. Minderwertigkeit** und **Identität vs. Identitätsdiffusion** unterstützen. Die Leistung aufrichtig anzuerkennen, sich **an Ressourcen** statt an **Defiziten** der Lernenden zu orientieren und die **innere Differenzierung** von Lernangeboten sind Möglichkeiten und Chancen, die sich im Unterricht bieten. Wenn die Schule einen Beitrag zur Entwicklung von Werksinn und zur Identitätsfindung leistet, gelingt es ihr auch, unterstützend bei der Prävention von Internetabhängigkeit mitzuwirken. **Ich-Stärke** und **Selbstbewusstsein** sind dabei wichtige Voraussetzungen für die Entwicklung von Widerstandskraft.

Alternative Unterrichtsmethoden, wie z. B. **Projektarbeit** oder **Wochenplanarbeit** im Fachunterricht, können, wenn sie pädagogisch sinnvoll gestaltet werden, zum Aufbau personaler Ressourcen beitragen; angeleitete Debatten wiederum können einen Beitrag zur Förderung der Konfliktfähigkeit leisten. Klassenfahrten und Exkursionen können so angelegt werden, dass sie z. B. erlebnispädagogische Elemente beinhalten, bei denen es unter anderem um die Förderung des Klassenzusammenhalts sowie um das Erlernen von Frustrationstoleranz geht. Bei Klassen mit einer starken Gemeinschaft und respektvollem Miteinander lassen sich vergleichsweise wenige Kränkungs- und Ausgrenzungserfahrungen beobachten.
Wenn die Schule die oben genannten Möglichkeiten umsetzt, kann sie Kindern und Jugendlichen bei den Entwicklungsaufgaben eine wertvolle Unterstützung bieten. Dies leistet ein respektvoller Umgang miteinander in der Klasse, der den Entwicklungsbereich **Binden** fördert.
Die Schule kann darüber hinaus über Möglichkeiten und Gefahren digitaler Angebote informieren und Schülerinnen und Schülern eine kritische Sichtweise ermöglichen. Somit kann Schule auch bei der Entwicklungsaufgabe **Konsumieren** unterstützend einwirken. Die Entwicklungsaufgabe **Qualifizieren** ist allemal eine der Hauptaufgaben der Schule. Werden unterschiedliche Standpunkte in der Schule, z. B. bei strukturierten Diskussionen, angenommen und berücksichtigt, trägt die Schule zudem auch zur Entwicklungsaufgabe **Partizipieren** bei.
Die Umsetzung aller genannter Punkte ist ohne Zweifel eine Utopie, die sich schwer und nur von wenigen Schulen umsetzen lässt. Die straffen curricularen Vorgaben lassen oftmals kaum Zeit für den Einbezug neuer Möglichkeiten. Die Schule kann sicherlich nicht alles auf einmal leisten, aber sie sollte sich entsprechend dem Medienkompetenzrahmen NRW konstant darum bemühen.
Gerade die Schulschließungen aufgrund der „Corona-Pandemie“ haben sicherlich nicht zu einem starken Klassenzusammenhalt beigetragen. Auf der einen Seite haben Schüler*innen und Lehrkräfte ihre Medienkompetenz zwar deutlich verbessert, auf der anderen Seite hat die Gefahr, sich in die virtuelle Welt zurückzuziehen, während der Krise deutlich zugenommen. Folglich ist es umso bedeutender, Medienkompetenz und die Fähigkeit zur Medienkritik zu verbessern. Die Schulen müssen also dazu aufgefordert werden, Medienbildung in möglichst allen Fächern der Primarstufe und Sekundarstufe I zu integrieren. Wenn es erfolgsträchtige Konzepte gibt, kann die Schule auch einen Beitrag zur Prävention von Internetabhängigkeit leisten. Aktuell scheinen die meisten Schulen auf einem guten Weg zu sein. An den Erfolg versprechenden, oftmals aus der Not der „Corona-Krise“ geborenen Ansätzen der vergangenen Monate sollte an allen Schulen weitergearbeitet werden; dabei bleibt die pädagogische Arbeit an einem (Wieder-)Aufbau des Klassenzusammenhalts in der realen Welt eine wichtige Grundlage. Die Schule muss präventiv der Ausgrenzung und Kränkung im sozialen Umfeld durch angemessene pädagogische Konzepte gegensteuern. Das Einsamkeitsgefühl als Risikofaktor für die Entwicklung einer Internetabhängigkeit hat sich während der „Corona-Pandemie“ deutlich verstärkt. Auch daran muss die Schule mithilfe von geeigneten Konzepten für die **Förderung des sozialen Miteinanders** arbeiten.

Aufgabenstellung Punkte

1. Formulieren Sie die Hauptaussage(n) der Autorin und stellen Sie den Inhalt des Textes strukturiert dar. Berücksichtigen Sie hierbei insbesondere die Aspekte interkulturelle Kompetenz und kommunikative Kompetenz. 18
2. Setzen Sie die Aussagen der Autorin in Beziehung zu einem Ihnen bekannten Konzept der Interkulturellen Bildung. 32
3. Prüfen Sie vor dem Hintergrund Ihrer bisherigen Ausführungen den im Text dargestellten Präventionsansatz hinsichtlich der Förderung von Moralentwicklung. 30

Zugelassenes Hilfsmittel:
– *Wörterbuch zur deutschen Rechtschreibung*

Sanem Kleff: Der Präventionsansatz von Schule ohne Rassismus – Schule mit Courage

Interkulturelle Kompetenz definiert Schule ohne Rassismus – Schule mit Courage als die Fähigkeit, eigene wie fremde Werte, Normen, Traditionen und Haltungen nicht als „angeborene" Wesensmerkmale einer Gruppe zu sehen, sondern die historischen Hintergründe ihres „So-Geworden-Seins" zu erkennen. So betrachtet wird die eigene Position, Haltung, Norm richtigerweise lediglich als eine mögliche betrachtet; neben anderen, denen, in entsprechende Kontexte eingebunden, ihre Legitimation ebenfalls nicht abgesprochen werden kann. Geht es um die heterogene Einwanderungsgesellschaft – den „Fremden" und den „Anderen" – fällt häufig sehr bald der Begriff „interkulturelle Kompetenz" oder „interkulturelle Pädagogik". Was darunter zu verstehen ist, divergiert allerdings stark; einen sicheren, eindeutigen Umgang mit den Begriffen gibt es nicht. Zum Teil liegt das daran, dass der Begriff „Kultur" längst so inflationär verwendet wird, dass er konturlos und verschwommen ist. Tatsächlich sind Kulturen nicht als in sich geschlossene, statische Systeme zu betrachten, sondern als Klammern für Bündel von Werteordnungen und Traditionen in allen Lebensbereichen – wie politische Überzeugungen, Familienideale, Geschlechterrollen, Kunstformen, religiöse und weltanschauliche Orientierungen innerhalb bestimmter historischer Kontexte.

Die Schule ist der Ort, an dem Kinder und Jugendliche täglich mit den Herausforderungen einer heterogenen Gesellschaft konfrontiert sind. Keine einfache Sache: Der Umgang mit verschiedenen Lebensentwürfen, Religionen und Weltanschauungen fordert alle heraus. Es kommt sehr darauf an, ein Verständnis für die Hintergründe sozialer, politischer, religiöser und weltanschaulicher Bezugssysteme und Orientierungen des „Anderen“ zu entwickeln – eine wesentliche Voraussetzung für Offenheit, gegenseitigen Respekt, aber auch für die Abwehr von menschenverachtenden Ideologien. Dies ist keineswegs als Plädoyer für einen Werterelativismus zu verstehen. Vielmehr geht es darum, handfeste Fähigkeiten zu entwickeln: die Heterogenität von Haltungen und Werten muss ausgehalten und eigene Positionen müssen begründet werden. Es muss gelernt werden, in unterschiedlichen Handlungsmustern universell-menschliche Bedürfnisse und gemeinsame Absichten zu erkennen. Die Motivation verschiedener Individuen unterschiedliche Handlungsmuster zu favorisieren, ist den unterschiedlichen Kontexten angepasst. Ihre universellen Bedürfnisse, die sie befriedigen wollen, sind ihnen gleichermaßen eigen. Diese Sicht führt dazu, die eigenen Haltungen als relativierbar zu erkennen, ohne alle Wertmaßstäbe aus der Hand zu legen.

Die Kultusministerkonferenz schreibt dazu: „Interkulturelle Kompetenz, deren Erwerb eine Kernkompetenz für das verantwortungsvolle Handeln in einer pluralen, global vernetzten Gesellschaft ist, bedeutet aber nicht nur die Auseinandersetzung mit anderen Sprachen und Kulturen, sondern vor allem die Fähigkeit, sich selbstreflexiv mit den eigenen Bildern von Anderen auseinander und dazu in Bezug zu setzen sowie gesellschaftliche Rahmenbedingungen für die Entstehung solcher Bilder zu kennen und zu reflektieren.“

Fehlinterpretationen interkultureller Kompetenz halten sich an Schulen hartnäckig; beispielsweise in einer Vielzahl gut gemeinter, aber ihre Ziele verfehlender Projekte und Methoden. So manches Mal geht es um „Toleranz gegenüber Fremden“; in dieser simplen Form führt das allerdings oft geradewegs hinein in eine „anything goes-Haltung“, die zu einem Werterelativismus[1] führt. Zum Beispiel können dann ideologisch geschulte Jugendliche aus ultraorthodoxen[2], fundamentalistischen Gruppen für ihre Ansichten eine Plattform erhalten und offen menschenverachtende Aussagen machen, ohne dass die PädagogInnen intervenieren. Von einem festen eigenen Standpunkt aus ermöglicht interkulturelle Kompetenz jedoch, die möglichen Motivlagen des Sprechers zu verstehen und damit der Aussage erfolgreich zu begegnen.

Erfolgreiche Prävention und politische Bildungsarbeit erfordert Kommunikationsbereitschaft, -fähigkeit und -möglichkeiten. Ein zentrales Ziel von Schule ohne Rassismus – Schule mit Courage ist deshalb, den Lernort Schule so zu stärken, dass er zu einem geschützten Ort wird, an dem sich Kinder und Jugendliche, begleitet von kompetenten Erwachsenen, angstfrei und offen mit allen Themen auseinandersetzen können, die sie bewegen. Die Erhöhung der Kommunikationskompetenz aller Schulmitglieder ist ein wesentliches Anliegen. Es ist deshalb nur konsequent, dass sich Schule ohne Rassismus – Schule mit Courage für die Förderung der Mehrsprachigkeit für alle SchülerInnen einsetzt. Hierzu gehören auch der Einbezug nichtdeutscher Erstsprachen und die Vermittlung von Deutsch als Zweitsprache. Gleichzeitig sind nonverbale Kommunikationswege auszubauen.

Plattformen der Verständigung darüber müssen geschaffen werden, welche Werte die SchülerInnen teilen und welche menschenfeindlichen Einflüsse sie ablehnen, damit Prävention gelingen kann. Wichtig ist, ihrer Stimme Raum zu geben. Sind derartige Plattformen erst einmal installiert, ist auch damit zu rechnen, dass problematische Positionen offen geäußert werden. Werden diese daraufhin mit negativen Sanktionen bedacht, werden Vorurteile auch schnell wieder zurückgehalten. Dann aber entziehen sie sich der gemeinsamen Reflexion und damit auch der Bearbeitung und Veränderung. Mit offen ausgesprochenen Positionen umzugehen, die auf fundamentalistischen Weltbildern, patriarchalen Traditionen oder frauenfeindlichen Argumentationsmustern beruhen, ist für PädagogInnen eine große Herausforderung. Organisationsformen wie Open Space-Verfahren[3] bieten nicht nur den SchülerInnen, sondern auch den PädagogInnen einen guten Rahmen für eine selbstbestimmte Themenwahl und einen offenen Meinungsaustausch. [...]

Sanem Kleff: Der Präventionsansatz von Schule ohne Rassismus – Schule mit Courage. Berlin: Baustein 1, Aktion Courage e. V. 2016, S. 28–35. (Die Rechtschreibung entspricht dem Original.)

Anmerkungen:
Sanem Kleff, geb. 1955 in Ankara, ist Vorsitzende von Aktion Courage e. V. und seit 2000 Leiterin von Schule ohne Rassismus – Schule mit Courage.

1 Werterelativismus: Gemeint ist hier, dass Werte keine Geltung besitzen.
2 ultraorthodox: besonders strenggläubig (aus lateinisch *ultra* = jenseits und spätlateinisch *orthodoxus* = rechtgläubig)
3 „Open Space" (engl.) bedeutet „offener Raum" oder „Freiraum". [...] Open Space beruht auf den Prinzipien der Selbstorganisation und Selbstbestimmung der teilnehmenden Personen und dem Grundsatz einer Abkehr von Kontrolle. [...] Open Space dient methodisch zur Problemlösung, die Methode bietet eine grobe Struktur der Durchführung von Problemlösungsprozessen. Reich, K. (Hrsg.): Methodenpool. In: http://methodenpool.uni-koeln.de, 2008 (Zugriff: 19. 01. 2020).

Bezüge der Aufgabe zu den Vorgaben 2020 – Inhaltliche Schwerpunkte

Inhaltsfeld 3: Entwicklung, Sozialisation und Erziehung
- Interdependenz von Entwicklung, Sozialisation und Erziehung
  - Moralische Entwicklung am Beispiel des Just-Community-Konzeptes im Anschluss an L. Kohlberg

Inhaltsfeld 5: Werte, Normen und Ziele in Erziehung und Bildung
- Interkulturelle Bildung

Lösungsvorschläge

1. *Die erste Aufgabe besteht aus* ***zwei Teilen:*** *In einem ersten Schritt „****formulieren****" Sie die Hauptaussage(n) des Textes. Achten Sie darauf, dass Sie an dieser Stelle detaillierter auf wenige ausgewählte Kernaspekte des Textes eingehen und möglichst eigene Worte benutzen. In einem zweiten Schritt sollen Sie den Inhalt des Textes „****strukturiert darstellen****" und dabei insbesondere die Aspekte interkulturelle Kompetenz und kommunikative Kompetenz berücksichtigen. Es ist also empfehlenswert, relevante Textaussagen diesen beiden Gesichtspunkten zuzuordnen. Achten Sie auch in diesem Teil der Aufgabe darauf, möglichst eigene Formulierungen zu benutzen und Zitate zu vermeiden, damit erkennbar wird, dass Sie den Text erfasst haben. Beginnen Sie Ihre Ausführungen mit einem einleitenden Satz.*

Der vorliegende Sachtext „Der Präventionsansatz von Schule ohne Rassismus – Schule mit Courage" wurde von Sanem Kleff, der Vorsitzenden von Aktion Courage e. V. verfasst und 2016 veröffentlicht.
In dem Text setzt sich die Autorin mit der **Zielperspektive interkulturelle Kompetenz** in der Schule am Beispiel des Konzepts „Schule ohne Rassismus – Schule mit Courage" auseinander. Eine Hauptaussage ist darin zu sehen, dass **interkulturelle Kompetenz** laut diesem Konzept beschrieben wird als subjektiver Erkenntnisprozess auf Basis einer **offenen** und **respektvollen Kommunikation** im geschützten Lernort Schule mit dem Ziel der interkulturellen Verständigung.
Sanem Kleff stellt Aspekte interkultureller Kompetenz aus der Perspektive des Konzepts „Schule ohne Rassismus – Schule mit Courage" heraus. Es gehe darum, „**Werte, Normen, Traditionen und Haltungen**" (Z. 2) **nicht als absolut**, sondern als in bestimmten Zusammenhängen **gewachsen** zu sehen. In diesem Kontext weist die Autorin darauf hin, dass **Kulturen**, also Beschreibungsversuche von Werten und Traditionen wie beispielsweise Geschlechterrollen, dynamischen **Veränderungen unterworfen** seien. Kleff sieht **Schule als Ort der Begegnung** von Heranwachsenden mit Verschiedenheit und als Chance, Verständnis und Offenheit anzubahnen, **ohne** dass dies in **Werterelativismus** münde. Wichtig sei die Arbeit an der Erkenntnis dessen, was Menschen insgesamt eine, sodass im Resultat eine **humane Ethik** entstehen könne: Im Rahmen dieser setzten sich Lernende selbstreflexiv mit Fremden auseinander und durchschauten die Entstehungsbedingungen eigener Vorstellungen von denen anderer. Die Autorin weist auf die Gefahr hin, dass interkulturelle Kompetenz in Schulen als Toleranz gegenüber **radikalen, menschenverachtenden Positionen** missverstanden werden könne. Sie sieht in der Argumentation von einer festen ethischen Grundlage die Möglichkeit, solchen Positionen **entgegenzutreten**.
Um Prävention in der Schule umsetzbar zu machen, betrachtet die Autorin die Arbeit an der **Erweiterung von Kommunikationskompetenz** als zentral. Schule sei ein **geschützter Ort**, an dem angstfreie und offene Verständigung ermöglicht werden könne. Zum Aufbau kommunikativer Kompetenz gehöre konsequenterweise die **Förderung von Mehrsprachigkeit** für alle Lernenden, **Deutsch als Zweitsprache** sowie das **Stärken nonverbaler Kommunikationsmöglichkeiten**.

Als Organisationsformen für inhaltlichen Austausch und zur Erweiterung von Kommunikationskompetenz schlägt die Autorin solche vor, die offene, Teilnehmer*innen-gesteuerte Verständigung ermöglichen, etwa Open-Space.

2. *In der zweiten Teilaufgabe bearbeiten Sie den Text mit Ihrem Wissen um ein von Ihnen ausgewähltes* ***Konzept Interkultureller Bildung****. Der Operator „in Beziehung setzen" verdeutlicht Ihnen, dass Sie selbst Bezugspunkte auswählen, anhand derer Sie* ***Text- und Theorieaussagen verknüpfen*** *sollen. Im vorliegenden Lösungsvorschlag werden* ***Aussagen von Kleff und Nieke*** *verknüpft unter den Aspekten Kulturbegriff, Ziele, Lernarrangements und die Notwendigkeit interkultureller Bildung und Erziehung. Achten Sie auf präzise Text- und Theoriebezüge und ziehen Sie resümierend ein* ***Fazit*** *auf einer abstrakteren Ebene.*

Im Folgenden sollen ausgewählte Aussagen der Autorin in Beziehung zu einem Konzept der interkulturellen Bildung gesetzt werden. Als erster Gesichtspunkt soll der **Kulturbegriff**, der in den Ausführungen Kleffs zum Ausdruck kommt, näher untersucht werden. Kleff kritisiert, dass Kultur „längst so inflationär verwendet wird, dass er konturlos und verschwommen ist" (Z. 11 f.). Sie fasst unter Kultur sich verändernde „Klammern für **Bündel von Werteordnungen und Traditionen** in allen Lebensbereichen" (Z. 13 f.) zusammen und konkretisiert dies exemplarisch mit politischen Überzeugungen, Familienidealen, Geschlechterrollen, Kunstformen, religiösen und weltanschaulichen Orientierungen (vgl. Z. 15 f.). Bei Wolfgang Nieke findet sich ein ähnliches Verständnis von Kultur: Er fasst darunter **gemeinsame Symbolsysteme**, die unterschiedliche Interpretations-, Ausdrucks- und Orientierungsmuster zum Ausdruck bringen. Nieke identifiziert **drei Bereiche der Kultur:** Werkzeugkultur meint den Umgang mit der Natur, Sozialkultur bezeichnet Aspekte des Zusammenlebens wie Bräuche, Werte etc., und Symbolkultur zielt auf Religion, Sprache und Kunst. Im ersten seiner zehn Ziele interkultureller Bildung und Erziehung formuliert Nieke das Erkennen des eigenen, unvermeidlichen **Ethnozentrismus**. Dabei geht es ihm darum, in der Begegnung mit „Anderen" sich der eigenen Kultur bewusst zu werden und darüber einen „aufgeklärten Ethnozentrismus" zu entwickeln. Der Gedanke, das eigene „So-Geworden-Sein" (vgl. Z. 4) zu erkennen, findet sich auch bei Kleff in einem Ziel von „Schule ohne Rassismus – Schule mit Courage" wieder.

Mit Zielen dieses schulischen Konzepts ist ein zweiter Gesichtspunkt angesprochen. Die Autorin formuliert als Ziel, „Verständnis für die Hintergründe sozialer, politischer, religiöser und weltanschaulicher Bezugssysteme und Orientierungen des ‚Anderen' zu entwickeln" (Z. 20 ff.), **ohne** einen **„Werterelativismus"** (Z. 24) zuzulassen. Es müsse darum gehen, **eigene Positionen zu begründen** (vgl. Z. 26) und „in unterschiedlichen Handlungsmustern universell-menschliche Bedürfnisse und gemeinsame Absichten zu erkennen" (Z. 27 f.). Niekes Ziele weisen Parallelen dazu auf, zum einen im ersten Ziel des oben erläuterten **„aufgeklärten Ethnozentrismus"**, aber auch im zweiten Ziel des **konstruktiven Umgehens mit Befremdung** und im dritten Ziel, **Toleranz** grundzulegen. Nieke macht deutlich, dass diese dort ihre Grenze hat, wo grundlegende Bedingungen des menschlichen Zusammenlebens missachtet werden. So lässt sich auch Sanem Kleff verstehen, die auf die Gefahr hinweist, dass im Sinne eines Werterelativismus menschenfeindliche Aussagen unwidersprochen stehen bleiben. Der eigene feste Standpunkt (vgl. Z. 47), den sie einfordert, ist vergleichbar mit den **humanen Grundlagen gemeinschaftlichen Zusammenlebens** in Niekes drittem Ziel interkultureller Bildung und Erziehung.

Ein weiterer Gesichtspunkt, unter dem Aussagen von Kleff und Nieke betrachtet werden können, sind **Lernarrangements**, die sich aus der Erkenntnis ergeben, dass interkulturelle Erziehung und Bildung in unserer Gesellschaft erforderlich sind. Wolfgang Nieke sieht die Notwendigkeit solcher Lernmöglichkeiten, die zu den zehn Zielen einen Beitrag leisten können, er geht jedoch nicht auf konkrete Chancen und Schwierigkeiten in der pädagogischen Praxis ein. Sanem Kleff hingegen macht als Leiterin von „Schule ohne Rassismus – Schule mit Courage" die pädagogische Praxis in der Institution Schule expliziter in Form des Projekts selbst und in Form der Vorschläge, **Begründungen für eigene Positionen** einzufordern (vgl. Z. 26), „Förderung der Mehrsprachigkeit für alle SchülerInnen [...], Einbezug nichtdeutscher Erstsprachen und die Vermittlung von Deutsch als Zweitsprache" (Z. 57 ff.), den Ausbau nonverbaler Kommunikationswege (vgl. Z. 59 f.) oder die Nutzung von „Plattformen der Verständigung" (Z. 61).

Als letzter Gesichtspunkt soll die **Notwendigkeit von interkultureller Erziehung und Bildung** bei Nieke und im vorliegenden Text herausgestellt werden. Kleff sieht fundamentalistische Weltbilder, patriarchale Traditionen und frauenfeindliche Argumentationsmuster als **pädagogische Herausforderung**, die es zu bearbeiten gilt. Nieke erkennt ebenfalls die Notwendigkeit, interkulturelle Lernprozesse in Gang zu setzen. Er begreift kulturelle Konflikte als unvermeidbar in einer kulturell vielfältigen Gesellschaft wie unserer und sucht daher nach Wegen, Konflikte im Sinne eines humanen Zusammenlebens „vernünftig" (vgl. Niekes achtes Ziel) zu bearbeiten. Bildung versteht Nieke als individuelle Persönlichkeitsentwicklung, Erziehung als intentionale Einflussnahme und als Anstoß für diese Entwicklung.

Insgesamt wurde in dieser Teilaufgabe deutlich, dass das Vorhaben „Schule ohne Rassismus – Schule mit Courage" eine pädagogische Konkretisierung für die von Wolfgang Nieke geforderten Lernanlässe sein kann, Kulturkonflikte in einem geschützten Rahmen erfahrbar und den konstruktiven Umgang damit lernbar zu machen.

3. *In dieser Teilaufgabe macht Ihnen der Operator „**prüfen**" deutlich, dass Sie den im Text dargestellten Präventionsansatz, bezogen auf die Förderung von Moralentwicklung, nachvollziehen, kritisch hinterfragen und auf der Grundlage erworbener Fachkenntnisse **begründet beurteilen** sollen. Stellen Sie in einem ersten Schritt kurz das Anliegen dar, das Sie prüfen werden. Wählen Sie für Ihre Beurteilung vor allem **pädagogische Kriterien**, d. h. solche, die sich auf erzieherische Interaktion beziehen. Die Aufgabenstellung gibt Ihnen die inhaltliche Richtung der Überprüfung vor, nämlich hinsichtlich der **Förderung von Moralerziehung**. Das bedeutet, dass Sie einen Ansatz der Förderung von Moralerziehung skizzieren und für Ihre Überprüfung benutzen. Beziehen Sie sich dabei auf **mehrere Aspekte** Ihrer bisherigen Ausführungen und formulieren Sie schließlich abwägend und gewichtend ein kriteriengeleitetes **pädagogisches Urteil** zu Ihrem eingangs formulierten zu beurteilenden Anliegen.*

Sanem Kleff sieht Schule als „Ort, an dem Kinder und Jugendliche täglich mit den Herausforderungen einer heterogenen Gesellschaft konfrontiert sind" (Z. 17 f.). Eine Zielperspektive für diese Institution und konkret für den Präventionsansatz „Schule ohne Rassismus – Schule mit Courage" ist interkulturelle Kompetenz (vgl. Z. 1, 8 f.), die in der Auseinandersetzung mit sich selbst und anderen entwickelt werden kann. Der Prozess, humane, eigene Standpunkte zu gewinnen, von denen aus Haltungen, Einstellungen und Handlungen begründet und bewertet werden können, lässt sich auch mit dem Entstehen von Moralbewusstsein beschreiben. Insofern ist aus pädagogischer Sicht die Frage zu stellen, inwieweit der im Text beschriebene Präventionsansatz dazu einen erzieherischen Beitrag leistet.
In einem ersten Schritt soll das Kriterium „**Verständnis von Moralentwicklung**" näher untersucht werden. Lawrence Kohlberg hat ein Modell aufgestellt, nach dem moralische Entwicklung **stufenweise** entsteht. Er unterscheidet die Stadien **präkonventionell**, **konventionell** und **postkonventionell**. Damit wird eine zunehmend komplexere, differenzierte moralische Perspektive beschrieben: Während sich das Individuum zunächst noch an **Autoritäten** orientiert, ist im zweiten Stadium die **Gruppe** handlungsleitend, die schließlich im letzten Stadium von grundsätzlichen **ethischen Bezugspunkten** abgelöst wird.
Mit dem im Text vorgestellten Präventionsansatz können die letzten beiden Stadien gefördert werden: Regeln für Diskussionen (vgl. Z. 25 f., 51–55) und Ablehnung menschenfeindlicher Positionen (vgl. Z. 61–66) sprechen für eine **Förderung** des Denkens auf dem **Niveau des konventionellen Stadiums** „Orientierung an Recht und Ordnung" (Stufe 4) bzw. der Sozialvertragsorientierung (Stufe 5) auf **postkonventionellem** Niveau. Es wird aber auch erkennbar, dass in den Begründungen für eigene Positionen „universell-menschliche Bedürfnisse und gemeinsame Absichten" (Z. 27 f.) eine Rolle spielen sollen, was ebenfalls für ein angestrebtes Moralverständnis im postkonventionellen Stadium spricht (Stufe 6: Orientierung an ethischen Prinzipien).
Wird der Präventionsansatz auf konkrete Formen der Förderung von Moralbewusstsein in der Schule hin untersucht, ist zunächst ein Blick auf die explizite schu-

lische Umsetzung hilfreich, wie Kohlberg sie als „**Just Community School**“ konzipierte. In diesem **Modell der gerechten Gemeinschaft** sollten Lernende umfassend **Entscheidungen mitverantworten**, z. B. in Form von Komitees und Versammlungen. Heranwachsende sollten in einer Just Community School Mitspracherecht haben und über gemeinsame Entscheidungsfindungen lernen, Verantwortung in einer demokratischen Gemeinschaft zu übernehmen.

Sanem Kleff sieht die Förderung von offener, angstfreier Auseinandersetzung mit allen Themen als wichtigen Baustein schulischer Präventionsarbeit (vgl. Z. 50–55). Ihr geht es u. a. darum, „handfeste Fähigkeiten zu entwickeln: die Heterogenität von Haltungen und Werten muss ausgehalten und eigene Positionen müssen begründet werden“ (Z. 25 f.). Offene Diskussionen finden sich auch im Modell der Schule als gerechte Gemeinschaft. Dies erfolgt z. B. durch Dilemmata-Diskussionen, in denen moralische Dilemmata von Schüler*innen diskutiert werden mit dem Ziel, die Stufe moralischer Entwicklung, auf der die eigene Argumentation beruht, zu identifizieren und eine nächsthöhere Stufe argumentativ zu erreichen. Umfassende Partizipation von Lernenden ist nicht der Hauptgedanke des Textes, jedoch ist zu bedenken, dass es Sanem Kleff um das grundlegende Ziel interkultureller Kompetenz geht, die konkrete Ausgestaltung obliegt jeder einzelnen Schule, die an dem Präventionsansatz teilnimmt.

Aus pädagogischer Sicht ist die Förderung von Autonomie eine wichtige Zielperspektive, die vor dem Hintergrund der **Abwehr von gruppenbezogener Menschenfeindlichkeit** eine besondere Bedeutung hat. Im Modell moralischer Entwicklung nach Kohlberg wird **Autonomie** als zunehmende Unabhängigkeit von Autoritäten und Gruppen erkennbar. Der mündige Mensch nach Kohlberg zeichnet sich dadurch aus, dass er in seinen Denkweisen, Einstellungen und Handlungen ethische Prinzipien wie etwa die Würde jedes Menschen berücksichtigt. In der schulischen, konkreten Umsetzung wird Autonomie sichtbar, indem Heranwachsende wichtige Entscheidungen, die ihre Gemeinschaft in der Schule betreffen, vorbereiten, gemeinsam demokratisch treffen und gegebenenfalls auch überarbeiten. Im Präventionsansatz „Schule ohne Rassismus – Schule mit Courage“ ist der Autonomiezugewinn für Kinder und Jugendliche darin zu sehen, dass sie humane Haltungen erweitern und ihre Widerstandsfähigkeit gegen menschliche, rassistische, diskriminierende Argumentationen stärken. Insofern lässt sich **interkulturelle Kompetenz als eine Ausprägung von Autonomie** verstehen.

Als letzter Gesichtspunkt sollen **Voraussetzungen für schulische Moralerziehung** betrachtet werden. Um eine nach Kohlberg hohe Stufe der Moralentwicklung zu erreichen, sind **Austauschprozesse unter Heranwachsenden** zentral. Nicht pauschal zu klären ist jedoch, ob dies an allen Schulstandorten realistischerweise gelingen mag. Wenn an einer Schule Sprachbarrieren auftauchen würden, wäre es ein vordringliches Ziel, zunächst diese Sprachbenachteiligung abzubauen. Sanem Kleff geht auf diesen Aspekt ein, wenn sie eine „Erhöhung der Kommunikationskompetenz aller Schulmitglieder“ (Z. 55 f.) als „wesentliches Anliegen“ (Z. 56) identifiziert.

Bei den Voraussetzungen für schulische Moralerziehung ist auch zu bedenken: Prinzipielles Argumentieren auf einer Stufe moralischer Entwicklung bedeutet noch nicht zwingend, dass die Handlungen eines Individuums sich auch rational an dieser Stufe orientieren. Schule ist nur eine Sozialisationsinstanz und Freunde und Familie haben ebenfalls über affektive Kanäle Einfluss auf Einstellungen und Handlungen.

In den Stufen moralischer Entwicklung nach Kohlberg sind kulturspezifische Aspekte von Autorität und Gemeinschaft kaum erkennbar. Heranwachsende können von unterschiedlichen, kulturspezifischen Voraussetzungen geprägt sein, die im Rahmen schulischer Präventionsarbeit bedacht werden sollten.

Eingangs wurde aus pädagogischer Sicht die Frage gestellt, inwieweit der im Text beschriebene Präventionsansatz einen erzieherischen Beitrag zum Aufbau von interkultureller Kompetenz in der Schule leistet. Anhand des Kriteriums „Verständnis von Moralentwicklung" wurde deutlich, dass mit dem **Präventionsansatz konventionelle und postkonventionelle Stadien gefördert** werden können. Die Untersuchung von konkreten Formen, Moralbewusstsein zu stärken, zeigte, dass in der Schule als gerechte Gemeinschaft nach **Kohlberg** die **demokratische Partizipation der Lernenden** stärker im Fokus steht und im **Präventionsansatz** das Augenmerk maßgeblich auf der **Entwicklung interkultureller Kompetenz** liegt. Beide Zielperspektiven schließen sich jedoch nicht aus, wie auch das nächste untersuchte Kriterium der Förderung von Autonomie gezeigt hat. Als letzter Gesichtspunkt wurden die Voraussetzungen für schulische Moralentwicklung näher betrachtet und es wird deutlich, dass ein Präventionsansatz vermutlich eher allgemeine Aussagen treffen kann und weniger auf die konkrete Situation einer Einzelschule zugeschnitten ist, die ja ihre Ausgestaltung von „Schule ohne Rassismus – Schule mit Courage" selbst vor Ort vornehmen muss. Dennoch ist an dieser Stelle festzuhalten, dass **Benachteiligungen und andere Einflussfaktoren** bei den Heranwachsenden in der Schule die **Förderung moralischer Urteilsfähigkeit erschweren** können.

Insgesamt bleibt mit Blick auf die Kriterien resümierend zu sagen, dass mit dem im Text skizzierten **Präventionsansatz moralische Urteilsfähigkeit grundsätzlich gefördert** werden kann. Dass moralisches Urteilen noch nicht zwingend auch moralisches Handeln im Alltag bedeutet, bleibt als Herausforderung für die schulische Praxis bestehen.

Abiturprüfung NRW – Erziehungswissenschaft 2021
Grundkurs

Das Corona-Virus hat auch im vergangenen Schuljahr die Prüfungsabläufe beeinflusst. Um Ihnen die Prüfung 2021 schnellstmöglich zur Verfügung stellen zu können, bringen wir sie in digitaler Form heraus.

Sobald die Original-Prüfungsaufgaben 2021 zur Veröffentlichung freigegeben sind, können sie als PDF auf der Plattform **MyStark** heruntergeladen werden (Zugangscode vgl. Farbseiten vorne im Buch).

Prüfung 2021

www.stark-verlag.de/mystark